www.ingramcontent.com/pod-product-compliance
Lightning Source LLC
Chambersburg PA
CBHW081654270326
41933CB00017B/3164
* 9 7 8 1 9 4 2 9 1 2 3 1 6 *

سیاست خاورمیانه‌ای روسیه

روابط با ایران، ترکیه و عربستان

(از ۱۹۹۱ تا ۲۰۱۶)

بهزاد دیانسایی

عنوان: سیاست خاورمیانه‌ای روسیه : روابط با ایران، ترکیه و عربستان (از ۱۹۹۱ تا ۲۰۱۶)

نویسنده: بهزاد دیانسایی

ناشر: هنر برتر (سوپریم سنچوری)، آمریکا

شابک: ۹۷۸-۱۹۴۲۹۱۲۳۱۶

شماره کنترلی کتابخانه کنگره (LCCN) : ۲۰۱۶۹۲۰۴۳۱

آماده شده برای نشر توسط آسان نشر

www.ASANASHR.com

فهرست مطالب

ʌ

پیش‌گفتار

منطقه خاورمیانه در تطور تاریخ یکی از مهم‌ترین مناطق حیاتی جهان بوده است. از ابتدای تاریخ تا زمان حاضر، یعنی از عصر امپراطوری‌های باستان تا کنون، که عصر دولت ـ ملت‌ها یا عصر نظام وستفالیایی خوانده می‌شود، منازعات مهمی برای کنترل منطقه خاورمیانه اتفاق افتاده است. دامنه این بحران‌ها به اندازه‌ای بوده است که خاورمیانه را می‌توان کانون همیشگی بحران‌ها نامید. کانونی که منازعات و جنگ‌های مداوم همواره بخشی از تاریخ آن بوده و خواهند بود. وقوع بیش از، نیمی از جنگ‌های تاریخ در خاورمیانه، نمایانگر اهمیت حیاتی این منطقه می‌باشد.

یکی از مهم‌ترین علت‌هایی که سبب اهمیت هر چه بیشتر خاورمیانه شده است، حضور امپراطوری بزرگ در تاریخ باستان و قدرت‌های بزرگِ جهانی در عصر جدید در منطقه بوده است. جنگ‌های امپراطوری هخامنشیان با امپراطوری روم، امپراطوری عثمانی با امپراطوری‌های روم و صفویان، حضور نظامی و مستقیم چند قرنی قدرت‌های بزرگ بعد از شکل‌گیری نظام وستفالیایی در خاورمیانه، دخالت‌های مستقیم نظامی قدرت‌هایی همانند انگلستان، روسیه، فرانسه و... در قرن نوزدهم و اوایل قرن بیستم و حضور گسترده نظامی و اقتصادی آمریکا در منطقه بعد از پایان جنگ جهانی دوم در ۱۹۴۵ و بعد از پایان جنگ سرد، همگی نشان از توجه ویژه قدرت‌های بزرگ به این منطقه دارد.

در این میان، کشور روسیه که در همسایگی شمالی منطقه خاورمیانه (بیشتر مرزهای هم‌جوار با ایران) قرار دارد، به شکل تاریخی یکی از مهم‌ترین قدرت‌های بین‌المللی حاضر در خاورمیانه بوده است. بر اساس وصیت امپراطور بزرگ روس، «پتر کبیر» روسیه برای تبدیل‌شدن به یک قدرت بلامنازع بین‌المللی، نیازمند دسترسی به آب‌های آزاد است. از این‌رو، حاکمان روسیه همواره این رویا را در سر پرورانده‌اند که از طریق خاورمیانه و به‌ویژه از طریق دریای خلیج فارس و عمان، بتوانند به آسانی بر آب‌های آزاد کنترل داشته باشند. در سال‌های بعد از آغاز جنگ سرد میان بلوک شرق به رهبری اتحاد جماهیر شوروی و بلوک غرب به

رهبری ایالات متحده آمریکا، تا حدود زیادی توجهات بیش از پیش بر منطقه خاورمیانه متمرکز شد. هر چند رهبران حزب کمونیست شوروی در تعیین مناطق حیاتی به اروپای شرقی و آسیای مرکزی و حتی شرق آسیا، بیش از خاورمیانه اهیمت می‌دادند؛ اما همواره در جهت گسترش ایدئولوژی مارکسیسم نگاه ویژه‌ای به خاورمیانه و به‌طور خاص کشورهای ایران و ترکیه داشتند.

در سال‌های پایانی جنگ جهانی دوم، جبهه متفقین برای پیش‌گیری از کنترل ایران توسط نیروهای جبهه اتحاد یا آلمان هیتلری، از دو سمت جنوب و شمال وارد ایران شده و کشور را تحت اشغال خود قرار دادند. از همان ابتدای سال ۱۹٤٦م/ ۱۳۲۰ ش، روس‌ها با کنترل مناطق شمالی ایران، در پی افزایش نفوذ و اشاعه کمونیسم و نظام‌های دست نشانده برآمدند. در سال ۱۹٤٦ با حمایت از نیروهای ترک و کرد در نواحی شمال غربی ایران، مساله جمهوری‌های خودمختار آذربایجان و کردستان را برای حکومت مرکزی ایران ایجاد نمود.

در همین دوران، بعد از آغاز جنگ سرد (به‌طور رسمی بعد از ۱۹٤۸) آمریکا در مقام رهبر جهان سرمایه‌داری و بلوک غرب، در قالب طرح سد نفوذ، سیاست پیش‌گیری از اشاعه و نفوذ کمونیسم را در مرزهای خاورمیانه پی‌گیری نمود. در همین راستا، قراردادهای دو طرفه امنیتی – نظامی را با برخی از کشورهای منطقه همانند ترکیه، عربستان و ایران امضاء نمودند. هم‌چنین، ائتلاف‌های منطقه‌ای را میان قدرت‌های منطقه‌ای خاورمیانه برای جلوگیری از نفوذ کمونیسم و شوروی، در خاورمیانه ایجاد کردند. در مجموع، طی دهه‌های حاکمیت نظام دو قطبی و جنگ سرد، خاورمیانه بستر اتحادهای منطقه‌ای و رقابت دو بلوک شرق و غرب بود. اما فروپاشی بلوک شرق و تجزیه جمهوری‌های اتحاد جماهیر شوروی در سال ۱۹۹۱ تکانه‌ای بزرگ بر وضعیت حوزه نفوذ قدرت‌های بزرگ در خاورمیانه بود. در نتیجه فروپاشی اتحاد جماهیر شوروی، دگردیسی بزرگ در سطح معادلات منطقه خاورمیانه ایجاد شد که محوریت آن بر رهبری و افزایش نفوذ هر چه بیشتر آمریکا در منطقه بود. در راستای همین گسترش نفوذ آمریکا در سطح نظام بین‌الملل و منطقه خاورمیانه، در سال‌های بعد از ۱۹۹۱ چارچوب سیاست خارجی روسیه جدید نسبت به خاورمیانه و دیگر مناطق جهان شکل گرفت.

واقعیت این است که در ابتدای دههٔ ۱۹۹۰ قدرت یکه‌تازی آمریکا در نقش پلیس بین‌الملل بدون چالشی جدی قابلیت اجرایی بالایی داشت. اما در در اواخر دههٔ ۱۹۹۰، نشانه‌های از مقاومت در برابر نظام تک قطبی موجود پدیدار شد. در این میان، کشورهای روسیه و چین از یک سو و اتحادیه اروپا از سوی دیگر، به‌عنوان قدرت‌هایی جدید خواهان ایفاء نقش بیشتر در عرصهٔ نظام بین‌الملل شدند. کشورهای عضو اتحادیه اروپا به دلیل نزدیکی تاریخی و اتحاد خود با آمریکا در دوران جنگ سرد، همچنان به نوعی به همراهی خود با سیاست‌های جهانی واشنگتن ادامه دادند و در اساس سهم‌خواهی خود را در عرصهٔ نظام بین‌الملل بیشتر معطوف به ابعاد اقتصادی نمودند. اما کشورهای چین و روسیه به تدریج با مخالفت با جهان تک قطبیِ آمریکا محور، در برابر سیاست‌های کلان این کشور به مخالفت بر خواستند. این کشورها با قائل شدن حوزهٔ نفوذ سنتی برای خود هرگونه دخالت آمریکا را در نواحی مجاور مرزی خود با رویکردی امنیتی، به صورت تهدیدی برای امنیت ملی خود قلمداد نمودند.

در سال‌های ابتدایی دهه ۱۹۹۰ دورانی از نگاه مثبت نسبت به غرب که ریشه‌های آن از سال‌های پایانی دهه ۱۹۸۰ آغاز شده بود، در میان سیاست‌مداران روس حاکم شد. اما با گذشت زمانی کوتاه، بعد از بروز انگیزه‌های آمریکا برای ایجاد نظام تک قطبی و نفوذ در مناطق سنتی مجاور فدراسیون روسیه، شاهد چرخشی بزرگ در نوع رویکرد دولت‌مردان روس بودیم.

مخالفت صریح روسیه با تک قطبی شدن جهان به رهبری آمریکا و حمایت نسبی از مخالفان غرب را می‌توان از اواخر دههٔ ۱۹۹۰ به وضوح مشاهده نمود. مخالفت با سیاست‌های ناتو و عدم مشارکت با غرب در حمله به صربستان ۱۹۹۹، مخالفت و عدم همکاری با آمریکا و متحدانش در حمله به افغانستان ۲۰۰۱ و عراق ۲۰۰۳، موضع خشن و قاطع روسیه در جریان درگیری نظامی با گرجستان در سال ۲۰۰۸، عدم همراهی و هم صدایی با آمریکا و کشورهای اروپایی در قبال بحران هسته‌ای کره شمالی، منازعه میان کره جنوبی و شمالی، منازعه ژاپن و کره شمالی و مسأله انرژی هسته‌ای ایران، از جمله مهم‌ترین مواردی هستند که

طی سال‌های بعد از ۲۰۰۰ موجبات رقابت و منازعه را در عرصه سیاست داخلی میان روسیه با غرب را ایجاد نمود.

در این میان در سال‌های بعد از فروپاشی شوروی، منطقه خاورمیانه و مسائل مهم آن، به یکی از مهم‌ترین محورهای اساسی چالش سیاست‌گذاری خارجی روسیه تبدیل شده است. در سال‌های ابتدایی دهه ۱۹۹۰ با توجه به نگاه مثبتی که بر سیاست خارجی روسیه نسبت به غرب حاکم شده بود، سیاست همراهی با آمریکا در سیاست‌های کلان خاورمیانه همانند مساله اسرائیل و فلسطین، گسترش ارتباطات با ترکیه، ایجاد سپرهای دفاع موشکی در منطقه، همراهی با سیاست‌های سخت‌گیرانه واشنگتن نسبت به عراق و... در دستور کار مقامات روس قرار گرفت. اما از اواخر دهه ۱۹۹۰ و در آغاز هزاره جدید، نوعی تقابل و تضاد رویکرد میان روسیه با غرب (آمریکا) نسبت به مسائل مهم خاورمیانه بروز پیدا کرد. در این بین سه مساله بیشتر از همه دارای برجسته‌گی و اهمیت است.

۱- حمله آمریکا و متحداناش به عراق در سال ۲۰۰۳ به بهانه مبارزه با تروریسم؛

۲- مساله پرونده هسته‌ای ایران؛

۳- موضوع انقلاب‌های موسوم به بهار عربی بعد از ۲۰۱۱ (با محوریت تداوم بحران سوریه).

حمله نظامی آمریکا به کشور عراق در سال ۲۰۰۳ با شعار مبارزه با تروریسم جهانی و جنگ پیش‌دستانه برای حفظ صلح جهانی، به صراحت از سوی مقامات روسیه مورد مخالفت جدی قرار گرفت. دلایل مخالفت مسکو با اشغال عراق را می‌توان در چند دلیل عمده دانست. اولاً، روسیه یکی از متحدان سنتی خود یعنی کشور عراق به رهبری صدام حسین را از دست می‌داد. ثانیاً، از نگاه مقامات روس کنترل آمریکا بر عراق موجب تسلط واشنگتن بر یکی از عظیم‌ترین ذخایر نفتی خاورمیانه و جهان می‌شد. ثالثاً؛ اشغال عراق به معنای گسترش حوزه نفوذ هر چه بیشتر آمریکا بر خاورمیانه و نزدیک شدن به مناطق حیاتی روسیه بود. در نتیجه، مقامات روس به هیچ عنوان از حمله نظامی آمریکا به عراق خشنود نبودند.

دومین مساله‌ای که در دهه ۲۰۱۰ و سال‌های بعد از آن، موجبات اختلاف‌نظر میان روسیه و غرب را ایجاد نمود، در ارتباط با مساله پرونده هسته‌ای ایران در شورای امنیت و بعدها مذاکرات ۵ به علاوه ۱ بود. در تمامی سال‌هایی که پرونده هسته‌ای ایران در مجامع جهانی در دستور کار قرار داشت، مقامات مسکو به شدت با کشورهای غربی اختلاف‌نظر داشتند و همواره در مذاکرات جانب احتیاط و مخالفت در برابر خواسته‌های کشورهای غربی را ابراز می‌نمودند.

اما مهم‌ترین موضوعی که طی سال‌های اخیر، موجبات حضور مستقیم روسیه در منطقه خاورمیانه را فراهم نموده است در ارتباط با وقایع پس از انقلاب‌های عربی است. در ابتدای وقوع انقلاب‌های مردمی در سال ۲۰۱۱ در مساله لیبی و حمله ناتو به این کشور، روس‌ها به شدت مخالف بودند. هر چند آن‌ها در حفظ و حمایت یکی دیگر از متحدان خود در خاورمیانه نتوانستند نقشی جدّی را ایفاء نمایند؛ اما این انفعال و شکست در لیبی، زمینه‌ساز ورود مستقیم مسکو به بحران سوریه را در سال ۲۰۱۵ فراهم نمود. به‌طور کلی می‌توان بحران سوریه را کانون تضاد منافع روسیه در خاورمیانه با آمریکا و دیگر کشورهای غربی قلمداد نمود. در همین زمینه، رکسانه فرمانفرماییان[1] محقق ارشد در موسسهٔ سیاست جهانی معتقد است که خیزش‌های مردمی در کشورهای عربی مسأله‌ای جدید را در برابر سیاست خارجی واشنگتن و مسکو مطرح نمود. او معتقد است دو عامل نفت و تروریسم در خاورمیانه این پتانسیل را دارند که کشورهای آمریکا، چین، روسیه و اتحادیه اروپا را حتا وارد جنگ جهانی جدیدی نماید. در این میان، فرمانفرمائیان بحران سوریه را محور اصلی منازعات می‌داند. سوریه از آن جهت که نقشی کلیدی را در محور هلال شیعی ایران، سوریه و حزب الله دارد و هم‌چنین، پایگاهی مهم برای نفوذ اقتصادی و نظامی روسیه در تقابل با نفوذ کشورهای غربی می‌باشد و به آوردگاهی برای تقابل جدی کشورهای غربی ـ که به‌شدت دغدغه امنیت اسرائیل را دارند ـ با کشورهای ایران، روسیه و چین تبدیل شده است (Farmanfarmaian, 15 Nov 2012).

1- Roxane Farmanfarmaian

در مجموع، می‌توان عنوان نمود که بحران سوریه زمینه یکی از جدی‌ترین مداخلات نظامی تاریخ روسیه در خاورمیانه را مهیا نمود. از این رو بیش از گذشته سیاست خاورمیانه‌ای روسیه مورد توجه محققان و پژوهش‌گران قرار گرفته است. درک سیاست خاورمیانه‌ای روسیه نسبت به قدرت‌های منطقه‌ای همانند ایران، عربستان و ترکیه که همگی به شدت درگیر در بحران سوریه هستند، اخیراً به موضوعی بسیار مهم و کلیدی در بررسی مسائل خاورمیانه تبدیل شده است. در کتاب حاضر با اندکی دقت و تامل بیشتر، موضوع رویکرد سیاست خارجی روسیه نسبت به قدرت‌های منطقه‌ای خاورمیانه، در سال‌های بعد از ۱۹۹۱ (فروپاشی اتحاد جماهیر شوروی) مساله اصلی پژوهش را شکل بخشیده است.

در راستای تبیین این موضوع، در فصل اول کتاب حاضر چارچوب و رویکرد نظری نئورئالیسم تدافعی همانند ابزار تئوریکی که می‌توان از طریق آن رویکرد خاورمیانه‌ای سیاست خارجی روسیه نسبت به کشورهای ایران، ترکیه، عربستان و سوریه را مورد خوانش قرار داد مورد بحث قرار گرفته است. در این فصل بر نوع رویکرد تدافعی بودن روسیه در برابر نفوذ غرب و متحدان منطقه‌ای آن در منطقه، تاکید شده است. اصول امنیت، حفظ منطقه نفوذ و موازنه تهدید در سطح کلان و بین‌المللی سه مولفه کلی هستند که نوع رویکرد خاورمیانه‌ای سیاست خارجی روسیه بر آن‌ها تاکید شده است.

در فصل دوم، پیشینه تاریخی سیاست خاورمیانه‌ای روسیه در دوران روسیه تزاری و روسیه کمونیستی مورد بحث و مداقه قرار گرفته است. در دوران روسیه‌ی تزاری که عصر رقابت دو امپراتوری قدرت‌مند روس و بریتانیا بود، خاورمیانه به‌عنوان یکی از مهم‌ترین مناطق جهان و خلیج‌فارسی به‌عنوان یک زیرمنطقه‌ی اساسی در رقابت قدرت‌ها مورد توجه قرار گرفت. با تحولات پس از جنگ اول و دوم جهانی و تحول در موازنه‌ی قدرت جهانی، که حاصل آن فروپاشی روسیه‌ی تزاری و روی‌کارآمدن حکومت کمونیستی بود و نیز تضعیف تدریجی بریتانیای آسیب‌دیده از جنگ، که متعاقباً با ظهور قدرت ایالات متحده به عنوان بازیگری نوظهور همراه بود، شاهد تحول در رقابت برسر خاورمیانه هستیم. خاورمیانه برای دهه‌ها به کانون توجه شوروی و آمریکا و مرکز ثقل رقابت این دو قدرت بدل‌شد. بر همین

اساس، تلاش این فصل بررسی جایگاه خاورمیانه در ساحت سیاست خارجی روسیه تزاری و شوروی کمونیستی است.

در فصل سوم تحلیلی دقیق از سیاست خاورمیانه‌ای روسیه در سال‌های بعد از ۱۹۹۱ تا کنون، بر اساس دو گفتمان آتلانتیک‌گرایی و اورآسیاگرایی ارائه شده است. گفتمان آتلانتیک‌گرایی در سال‌های ابتدایی دهه ۱۹۹۰ موجب همکاری و هم‌خوانی رویکرد مسکو با غرب نسبت به مسائل خاورم‌یانه شد. اما متعاقب چرخش در رویکرد سیاست خارجی روسیه در قالب گفتمان اورآسیاگرایی، نوع تعامل مسکو با غرب در مسائل خاورمیانه تغییر بنیادین پیدا کرد. بر این مبنا که روسیه در مقام کشوری با هویت اورآسیایی وظیفه رهبری تمامی کشورهای ضد هژمونی آمریکایی را عهده‌دار شد. در این مسیر حمایت از متحدین منطقه‌ای خود در خاورمیانه همانند ایران و روسیه را افزایش داد و در مقابل سیاست اعمال فشار و همکاری با کشورهای متحد آمریکا در منطقه به‌ویژه عربستان و ترکیه را در پیش گرفت.

در فصل چهارم رویکرد خاورمیانه‌ای روسیه نسبت به جمهوری اسلامی ایران در سال‌های بعد از ۱۹۹۱ تا سال ۲۰۱٦ مورد واکاوی قرار می‌گیرد. در این فصل مروری تاریخی بر روابط ایران و روسیه ارائه شده است. سپس با نظر به همکاری‌های منطقه‌ای، نوع تعاملات مسکو با غرب، اشتراک منافع ایران و روسیه در سطح منطقه و موضوع صدور انقلاب اسلامی ایران در سال‌های اولیه بعد وقوع انقلاب اسلامی ایران زمینه‌های واگرایی و هم‌گرایی میان دو کشور در بستر تحولات منطقه‌ای و بین‌المللی مورد بحث و کنکاش قرار گرفته است. در بخش سوم و پایانی فصل، جایگاه ایران در سیاست خاورمیانه روسیه در سال‌های ۱۹۹۱ تا ۲۰۱٦ با نظر به مسائلی همانند پرونده هسته‌ای ایران، ائتلاف منطقه‌ای روسیه و ایران در برابر نفوذ غرب و بحران سوریه بررسی و چارچوب نظری پژوهش در ارتباط با روابط ایران و روسیه در سال‌های اخیر به آزمون گذارده می‌شود.

فصل پنجم سیاست خارومیانه‌ای روسیه نسبت به عربستان در سال‌های بعد از ۲۰۱٦ مورد بحث و بررسی قرار گرفته است. با عنایت به این‌که عربستان یکی از کشورهای کلیدی خاورمیانه بوده و به‌عنوان حامی رادیکالیسم اسلامی و نیز کشوری درگیر در بحران‌های

منطقه‌ای شناخته می‌شود، در فصل حاضر تلاش شده تا جایگاه این کشور برای مقامات مسکو مورد بحث و بررسی قرار گیرد. جایگاه عربستان از چند منظر متفاوت از نظر خواهد گذشت؛ از قبیل، جایگاه تاریخی عربستان در ساحت سیاست خارجی روسیه، جایگاه مبانی و مسائل مشترک میان دو کشور از ۱۹۹۱ تا سال ۲۰۱۶، اهمیت ساحت‌های اقتصادی و امنیتی عربستان برای روسیه، جایگاه بحران روسیه در روابط دو کشور و نهایتاً به بررسی تطبیقی چارچوب نظری کتاب با جایگاه عربستان در سیاست خارجی روسیه پرداخته شده است.

در فصل ششم، کتاب به موضوع سیاست خاورمیانه‌ای روسیه نسبت به ترکیه در سال‌های مابین ۱۹۹۱-۲۰۱۶ اختصاص دارد. فصل جاری تلاش دارد تا در چند بخش اصلی، یعنی مسائل مشترک در روابط روسیه و ترکیه در خاورمیانه، پیشینه‌ی تاریخی روابط میان دو کشور از گذشته‌های تاریخی تا سال ۲۰۱۶، بررسی مبانی اقتصادی اهمیت ترکیه در ساحت سیاست خارجی روسیه، زمینه‌های امنیتی این اهمیت و جایگاه آنکارا در خاورمیانه‌ی با دستورکار سیاست خارجی روسی، و موضوع بحران سوریه و مواضع هر یک از دو کشور در قالب تلاقی و تضاد آنها را مورد بررسی قرار دهد. در نهایت به روال دیگر فصل‌ها، زمینه‌های کاربست چارچوب نظری کتاب با جایگاه کشور ترکیه برای روسیه، مورد بحث و تبیین قرار گرفته است.

در پایان لازم می‌دانم از تمامی کسانی که در به انجام رساندن پژوهش حاضر نقش داشته‌اند کمال قدردانی و سپاس را داشته باشم....

فصل اول

چارچوب نظری

مقدمه

نظریه‌های روابط بین‌الملل، تفسیری کلی از جهان و کاربست این نگرش در مورد شیوه‌ی داوری و ارزیابی ما از فعالیت‌ها و ساختارهای شکل‌دهنده‌ی جهان است. محیط کنش این نظریات تا حدودی زیادی در یک بستر دولت محور است و بازیگر و بازیگردان اصلی را با درجه‌هایی از اغماض همین دولت‌ها تشکیل می‌دهند، بدین معنا که پای ثابت یا یکی از پایه‌های اساسی یا فرعی نظریات روابط بین‌الملل دولت‌ها هستند. در همین راستا، اگر اعتقاد داشته باشیم روابط بین‌الملل در محیطی متحقق می‌شود که دولت‌ها را ملزم به بیشینه ساختن قدرت‌شان نسبت به دیگران می‌کند و آنها را وادار به ترس دائمی از رفتار دیگران می‌کند، شکل‌دادن الگویی از همکاری در این وضعیت که بر اعتماد میان دولت‌ها باشد چندان قابل اعتنا نخواهد بود. بر همین اساس، محیط بین‌المللی در زمینه‌هایی الزامات خود را به دولت‌های بر اساس میزان توانایی و قدرت‌شان تحمیل می‌کند و نیز نظم بین‌المللی تا حدودی زیادی از الگوهای موازنه‌ی میان دولت‌های قدرت‌مند و بزرگ نظام بین‌الملل برمی‌خیزد. تلاش برای درک وضعیت و نوع نظم حاکم بر فضای بین‌الملل، مستلزم درک الگوهای موازنه‌ی میان نیروهای کنش‌گر در داخل این نظام است. این‌که دولت‌های مختلف بنابر میزان توانایی‌هایشان چه کنشی را در نظام بین‌الملل در بستر منطقه‌ای و بین‌المللی کنش خود پیش می‌گیرند، نیازمند درک این هم‌کنشی میان نیروهای نظام است. بر همین مبنا، چارچوبه‌های نظری که همان تئوری‌های روابط بین‌الملل هستند، به ما قدرت درک اصول، مفروضات و زمینه‌ها و قواعد کنش و چینش نظام بین‌الملل دولت‌محور را می‌دهند و ما را در درک تحولات و نیز سیاست‌های جاری و ساری بر عرصه‌ی نظام بین‌الملل در روابط میان دولت‌ها در سطوح منطقه‌ای، بین‌المللی و جهانی یاری می‌رسانند.

تئوری « نئورئالیسم تدافعی»

ارائه‌ی مبنایی نظری به‌عنوان چارچوب فهم و تبیین منازعات منطقه‌ای و بین‌المللی همواره یکی از دغدغه‌های اساسی نظریه‌پردازان روابط بین‌الملل بوده است. فهم رفتار دولت در شرایط آنارشیک و یا فراهم آوردن یک تئوری مناسب برای سیاست خارجی هم‌چنان مهم‌ترین هدف دانش روابط بین‌الملل به شمار می‌آید. کلان نظریه رئالیسم یا واقع‌گرایی از جمله پارادیم‌های مطرح در روابط بین‌الملل است که در فرایند تحلیل و تبیین تحولات نظام بین‌الملل دچار مناظره‌های میان پارادایمی گردیده، و ثمره آن ظهور خرده نظریه‌های متعددی از درون آن بوده است (Shipping, 2008). نظریه‌های رئالیستی که گاه از آن‌ها به صورت مکتب اندیشه سیاست قدرت یاد می‌شود (قوام، ۱۳۸٤: ۷۹)، از آغاز شکل‌گیری رشته روابط بین‌الملل نظریه غالب سیاست جهانی بوده‌اند (بیلیس، ۱۳۸۳: ۳۳۰). در قرن بیستم پس از ناکامی نظریه‌های لیبرالیستی در تبیین و تحلیل رویدادها و تحولات نظام بین‌الملل، تئوری‌های رئالیستی حضور چشم‌گیری در عرصه تئوریک روابط بین‌الملل یافتند. اگرچه می‌توان خط‌مشی این نظریه‌ها را تا دوران باستان نیز مشاهده نمود؛ اما استفاده از این رویکرد به صورت یک رویکردِ نظری برای تجزیه و تحلیل سیاست بین‌الملل از اواخر دهه ۱۹۳۰، و اوایل دهه ۱۹٤۰، وارد عرصه روابط بین‌الملل شد (قوام، ۱۳۸٤: ۷۹).

در میان نظریات رئالیستی، سیری متحول از تئوری‌های کاربردی به فراخور وضعیت و شرایط نظام بین‌الملل شکل گرفته است، که مهم‌ترین این رویکردها عبارتند از: رئالیسم کلاسیکِ هانس جی مورگنتا، نئورئالیسم (رئالیسم ساختاری) کنت والتز، رئالیسم نئوکلاسیک، گیدئون رز، و همچنین رئالیسم تهاجمی و رئالیسم تدافعی که این دو از درون نئورئالیسم متولد شدند. همه این نظریه ها دارای اشتراکاتی هستند که آن‌ها را تحت نام «واقع‌گرایی» قرار می دهد، اما تمایزات جزیی و یا ایده های آن‌ها درباره برخی از مسائل ماهوی روابط بین‌الملل همچون امنیت، آنارشی و دیگر عناصر شکل‌دهنده‌ی این نظریات، آن‌ها را از هم متمایز می‌سازد (Wagner, 2007: 15).

یکی از نظریاتی که در دهه‌های پایانی جنگ سرد برای تحلیل روابط دو ابر قدرت آمریکا و شوروی مطرح شد نظریهٔ نئورئالیسم تدافعی است. تئوری‌پردازان عمده نظریهٔ نئورئالیسم تدافعی از جمله کنث والتز، رابرت جرویس، استفن ون اورا، چارلز گلاسر و استفان والت با تأکید ویژه بر مسأله امنیت و ماهیت دفاعی عملکرد کشورها در سطح بین‌المللی زمینه را برای فهم بسیاری از منازعات و کشمکش‌های منطقه‌ای و جهانی مهیا نموده‌اند. لازم به ذکر است آنچه که سبب تشخّص رئالیسم تدافعی شده، ظهور و تولد رئالیسم تهاجمی «جان میرشایمر»، بوده است. به عبارت دیگر رئالیسم تدافعی روی دیگر سکه رئالیسم تهاجمی است که مفروضه های جان میرشایمر را در باب الزامات آنارشی، امنیت و افزایش قدرت دولت‌ها نپذیرفته است (Ibid).

در نظریهٔ نئورئالیسم که دو شاخه تدافعی و تهاجمی دارد، گسترش منطقه نفوذ به‌عنوان شیوه و تلاشی برای افزایش و تولید قدرت مورد توجه است. مقدمتا در باب این دو نظریه باید گفت؛ بقا و سلطه می‌توانند به عنوان جلوه‌های افراطی جهت‌گیری‌های تدافعی و تهاجمی قلمداد شوند. ادبیات مربوط به واقع‌گرایی تهاجمی و تدافعی در واقع، تمایزگذاری واقع‌گرایی کلاسیک میان قدرت‌های طرفدار وضع موجود و انقلابی یا تجدیدنظرطلب را احیا می‌کند و دو نظریه‌ی واقع‌گرایی متفاوت را با بهره‌گیری از این دو سمت‌گیری متضاد مطرح می‌سازد و برای مثال، مایکل ماستاندونو استدلال می‌کند که «واقع‌گرایان انتظار دارند دولت-ملت‌ها از شکاف‌هایی که به نفع شرکایه شان است اجتناب کنند اما لزوماً شکاف‌ها را به نفع خود به حداکثر نرسانند. دولت‌ها بیشینه‌کننده‌ی شکاف‌ها نسیتند.» آنها به بیان جان گریکو «مدافعان موقعیت» خود هستند. در مقابل جان مرشایمر استدلال می‌کند که دولت‌ها می‌کوشند با بیشینه‌سازی قدرت خود نسبت به سایر دولت‌ها، در وضعیت آنارشی بقا یابند. دولت‌های مورد نظر وی «بیشینه‌سازان قدرت کوتاه مدت» هستند؛ یعنی مواضع تهاجمی دارند. همان‌گونه که فرید زکریا اظهار می‌دارد، «بهترین راه‌حل برای رفع مساله‌ی همیشگی عدم قطعیت زندگی بین‌المللی برای یک دولت این است که با توسل به گسترش متداوم منافع سیاسی‌اش در خارج، کنترل خود را بر آن محیط افزایش دهد» (دانلی، ۱۳۹۱: ۷۰). دست کم دو راه برای این

کار وجود دارد. می‌توان واقع‌گرایی تهاجمی یا تدافعی را منطق‌های انتزاعی تعامل قلمداد کرد نه ادعاهای جوهری در مورد ماهیت دولت‌ها. می‌توان پیش‌بینی متضاد این دو مدل را هم برای هدایت خط‌مشی یا تحلیل به کار برد و هم برای تسهیل بیشتر تحقیق در چارچوب اهداف طرف‌ها. بدیل دیگر عبارت است از جای‌دادن انگیزه‌های تدافعی و تهاجمی در نظریه‌ای واحد که تبیین می‌کند در چه زمانی انتظار می‌رود یکی از دو جهت‌گیری غالب شود (دانلی، ۱۳۹۱: ۷۱). ما راه اول را آزموده و پیش می‌گیریم. بدین صورت که منطق رئالیسم تدافعی را اتخاذ نموده و براساس آن تحلیل خود را شکل می‌دهیم.

والتز در نظریهٔ نئورئالیسم خود که به وجه تدافعی این نظریه شهرت دارد، در کتاب نظریهٔ سیاست بین‌الملل[1] افزایش قدرت را در حد تضمین امنیت دانست، اما بر خلاف اسلاف رئالیست خود آن را در سطح بین‌المللی و کلان مطرح کرد نه سطح ملی و منطقه‌ای... [در کل] نظریهٔ والتز که نظام بین‌الملل را به جای دولت در کانون تحلیل خود قرار داده، از فرآیندهای خودیاری و اجتماعی شدن به‌عنوان شیوه‌هایی یاد کرده است که دولت‌ها دنبال می‌کنند تا با افزایش قدرت خود، نوعی توازن را در نظام مبتنی بر هرج و مرج و غیر قابل کنترل برقرار کنند (فیضی، ۱۳۹۰: ۸). این نوع برخورد با رئالیسم تدافعی این مساله را به ذهن متبادر می‌کند که وجه تفاوت میان رئالیسم تدافعی و نورئالیسم یا رئالیسم ساختاری والتز چیست؟ باید گفت؛ این گونه از واقع‌گرایی (تدافعی) از دل نوواقع‌گرایی سربرآورده است ولی متمایز از آن است. واقع‌گرایی ساختاری تدافعی همان فرض‌های حداقلی ناظر بر انگیزه‌های دولت را مبنا قرار می‌دهد. مانند نوواقع‌گرایی، واقع‌گرایی تدافعی هم معتقد است دولت‌ها در پی کسب امنیت در نظام اقتدارگریز بین‌المللی‌اند. [اما] واقع‌گرایی تدافعی سه تفاوت اصلی با نوواقع‌گرایی دارد. نخست؛ در حالی که نوواقع‌گرایی قایل به وجود خرده‌بنیان‌های متعددی است که رفتار دولت‌ها را تبیین می‌کنند، واقع‌گرایی ساختاری تدافعی تنها بر گزینش عقلایی تکیه می‌کند. دوم؛ واقع گرایی تدافعی توازن تدافع ـ تهاجم را به مثابه‌ی یک متغییر اضافه می‌کند. متغییر یادشده، متغییری مرکب است که انواع عوامل متفاوتی را که فتح و غلبه را

1- Theory of International Politics

دشوارتر یا آسان‌تر می‌سازد با هم تلفیق می‌کند. واقع‌گرایان ساختاری تدافعی می‌گویند فناوری‌های رایج یا شرایط جغرافیایی غالباً تسهیل‌کننده دفاع است، منابع به چنگ آمده به سهولت به منابعی که مادرشهر از پیش در اختیار داشته است افزوده نمی‌شود، مهره‌های دومینو نمی‌افتند، و قدرت‌نمایی در فواصل دور دشوار است. بر این اساس، در جهانی که فتح و غلبه در آن دشوار است شاید برای دفع رفتار تجدیدنظرطلبانه لازم نباشد که آن‌قدرها هم به برقراری توازن دست بزنیم. سوم؛ واقع‌گرایان تدافعی با تلفیق عقلانیت و توازن تدافع - تهاجم که تسهیل‌کننده‌ی دفاع است پیش‌بینی می‌کنند که دولت‌ها باید از وضع موجود حمایت کنند. توسعه‌طلبی به ندرت ازنظر ساختاری مجاز است و برقراری توازن، پاسخ مناسبی به کانون‌های قدرت تهدیدکننده است. برخلاف نوواقع‌گرایان، این‌جا با یک نظریه‌ی توازن قدرت دوگانه و نه خودکار روبه‌روییم ـ علیت خطی و نه سیستمی درکار است. خردباوری و توازن تدافع ـ تهاجم که تسهیل‌کننده‌ی دفاع باشد بدین معنی است که دولت‌ها دست به برقراری توازن می‌زنند و توازن‌ها نتیجه‌بخش‌اند (المن، ۱۳۹۴: ۵۸- ۵۷).

در مجموع می‌توان دو برجستگی اساسی را در نظریه رئالیسم تدافعی والتز باز شناخت. یکی توجه به مسأله امنیت[1] و دیگری توجه به سطح تحلیل کلان و بین‌المللی.[2] «بر اساس نظر کنث والتز، هرگونه اقدام نظامی و امنیتی نمی‌تواند انعکاس اراده کشورها تلقی شود. به بیان دیگر، هرگونه همکاری یا تعارض بین کشورها تابعی از فضای بین‌المللی می‌باشد. به این ترتیب، تعامل بین کشورها ممکن است اشکال و شدت مختلفی داشته باشد، اما باید تأکید کرد این امر در ترکیب با مؤلفه‌هایی قرار می‌گیرد که مستقل از مقاصد و نیات کشورهای مورد نظر می‌باشد. این امر تابعی از محیط راهبردی است که کشورها در آن رفتار یکدیگر را تحت تأثیر قرار می‌دهند. اگر چه چگونگی قدرت بین بازیگران و نقش‌آفرینی آنان در این ارتباط تعیین‌کننده است (Waltz, 1979: 135 به نقل از مصلی نژاد، بهار ۱۳۹۰: ۱۲۸). به دیگر سخن، در رئالیسم تدافعی دغدغه امنیت اساسی‌ترین مساله است. به عبارت

1- Security
2- International macro-level analysis

دیگر نگاه رئالیست‌های تدافعی نیز نگاهی کاملا امنیتی است و در کنار رئالیسم تهاجمی، مطالعات روابط بین‌الملل را به سمت امنیتی شدن سوق داده و در واقع این دو رویکرد در صدد پاسخ به معمای امنیت در نظام آنارشیک بین‌المللی برآمدند. سوال اصلی برای این گروه از رئالیست‌ها این است که چه مقدار از قدرت برای دولت‌ها لازم و یا کافی است؟ و یا اصولا دولت‌ها چه زمانی بایستی به بیشینه‌سازی قدرت روی آورند. پاسخ‌هایی که به این پرسش داده شده این دو نحله رئالیستی را متمایز ساخته است (Kirshner, 2010: 4).

از طرف دیگر، والتز امنیت را به مثابه هدف اصلی دولت‌ها می‌نگرند، اما این نظریه را رد می‌کند که دولت‌ها برای رسیدن به امنیت برای افزودن بر قدرت خود تلاش کنند؛ زیرا که از نظر او دولت‌ها ضرورتاً نیتی تهاجمی و تجاوزگرانه ندارند. در واقع از نظر والتز، آنارشی یک نظام خودیاری و رقابت ذاتی تولید می‌کند؛ اما این امر ضرورتا تجاوز را تولید نمی‌کند. دولت‌ها اغلب می‌توانند با همکاری با یکدیگر امنیت خود را تأمین کنند. از این‌رو، «موضوع توازن قدرت از این جهت اهمیت دارد که قادر به کنترل منازعات و بحران‌های منطقه‌ای است. اگر چه وی به سرشت انسان و دولت در شکل‌گیری جنگ و صلح نیز توجه دارد، اما محور اصلی چنین فرایندی را ناشی از چگونگی موازنه بازیگرانی می‌داند که در محیط منطقه‌ای یا بین‌المللی به رقابت می‌پردازند» (والتز، ۱۳۸۲: ۷۸).

دیگر تئوری مطرح شده در نظریه نئورئالیسم تدافعی، ایده‌ی «موازنه تهدید»[1] استفان والت می‌باشد. والت بر خلاف نظریات پذیرفته شده، بر این باور است که کشورها نه بر اساس اصل توازن قوا، بلکه بر اساس توازن تهدید عمل می‌کنند. به‌عبارت دیگر، آن‌چه تا کنون در عرصهٔ علمی و دانشگاهی تحت عنوان توازن قوا مطرح بوده، در عرصهٔ عملی توازن تهدید بوده است. مطالعات انجام شده توسط والت نشان می‌دهد که کشورها نه در مقابل قدرت بلکه در مقابل تهدید دست به توازن زده‌اند (مصلی‌نژاد، پاییز ۱۳۹۰: ۱۴۷).

بر این اساس، تاکید استفان والت بر اهمیت «موازنه تهدید» به جای موازنه قدرت است. تهدید در نگاه او عبارت است از: ترکیبی از قدرت تهاجمی دولت، توان‌مندی‌های

1- Balance of Threat

نظامی، نزدیکی جغرافیایی، و نیّات تجاوزکارانه احتمالی آن. پس صرف قدرت مهم نیست و سایر عوامل نیز مهم‌اند. به عبارت دیگر آنچه در روابط میان دولت‌ها حائز اهمیت است برداشت آن‌ها از یکدیگر به‌عنوان تهدید است و نه صرف میزان قدرت هر یک از آن‌ها. از سویی دیگر امنیت در شرایطی در نظام افزایش خواهد یافت که ایجاد موازنه به هنجار بدل شده باشد و ایدئولوژی تاثیر زیادی نداشته باشد. دولت‌ها در برابر آن دسته از دولت‌هایی دست به موازنه می‌زنند که تهدید فوری نسبت به موجودیت یا منافع آنها به حساب آیند (مشیرزاده، ۱۳۸٤: ۱۳٤-۱۳۵).

در همین راستا و بر مبنای ٤ فاکتور ذکر شده، چون براقراری توازن اقدامی فراگیر است والتز نتیجه می‌گیرد که رفتار تجدیدنظرطلبانه و تجاوزکارانه محکوم به شکست است و «دولت‌های طرفدار وضع موجود می‌توانند نگاه نسبتا خوش‌بین‌نانه‌ای به تهدیدها داشته باشند... در جهان برقراری توازن، بهترین سیاست‌ها آن هایی هستند که حاکی از خویشتن‌داری و خیرخواهی باشند» (المن، ۱۳۹٤: ۵۹-۵۸). در جهت تکمیل این تئوری، استفان والت را باید نظریه پرداز «موازنه تهدید» در تنظیم پیمان‌های دفاعی دانست. وی بر این اعتقاد است که هرگونه ائتلاف و اتحادی نیازمند همکاری‌های منطقه‌ای و هم چنین احساس تهدید مشترک می‌باشد. شاخص‌های مربوط به پیمان دفاعی در برابر توازن تهدید را می‌توان به منزله «پیمانه‌ای عکس‌العملی» مورد توجه قرار داد. زیرا هرگاه بازیگری در صدد گسترش قالب‌های ایدئولوژیک و یا رهیافت‌های معطوف به تغییر وضع موجود باشد، در آن شرایط زمینه برای پیمانه‌ای عکس‌العملی در چارچوب موازنه تهدید حاصل می‌شود (Walt, 1987: 26).

در این رابطه، اراده سیاسی کشورهای منطقه‌ای به‌تنهایی نمی‌تواند عامل گسترش همکاری‌های دفاعی ـ امنیتی محسوب شود، بلکه باید آن را در چارچوب فضای بین‌المللی گسترده‌تری مورد توجه و تحلیل قرار داد. به طورکلی، برخلاف واقع‌گرایی تهاجمی، فرض واقع‌گرایی تدافعی این است که آنارشی بین‌المللی معمولاً خوش‌خیم است؛ یعنی امنیت چندان نایاب نیست. در نتیجه دولت‌ها که این را درمی‌یابند رفتاری تهاجمی نخواهند داشت و تنها در شرایطی که احساس کنند تهدیدی علیه آنها وجود دارد نسبت به آن واکنش نشان می دهند و

این واکنش نیز اغلب در سطح ایجاد موازنه و بازداشتن تهدیدگر است و تنها در شرایطی که معضله امنیت خیلی جدی شود واکنش‌های سخت‌تری به شکل بروز تعارضات رخ خواهد نمود. به عبارت دیگر دولت‌ها زمانی اقدام به گسترش نفوذ و افزایش قدرت خود می‌کنند که احساس ناامنی کنند. بر این اساس حضور دولت در خارج از مرزهای ملی فقط در شرایط تصور ناامنی صورت می‌گیرد (برزگر، ۱۳۸۸: ۱۲۵). بنابراین امنیت در نگاه تدافعی‌ها برابر است با برخورداری از قدرت کافی برای ایجاد موازنه. تا جایی که موازنه برقرار است امنیت نیز وجود دارد. اگر کشوری قصد برهم زدن امنیت و موازنه را داشته باشد کشورها بایستی جهت کسب امنیت، اقدام به افزایش قدرت و دست‌یابی به موازنه جدید نمایند که غالباً در انعقاد پیمان‌نامه‌های دفاعی ـ امنیتی نمود پیدا می‌کند.

در این جا به شکلی کلی، مهم ترین مفروضه‌های رئالیسم تدافعی را ذکر خواهیم نمود که عبارتند از:

نخست: **معضله امنیت**: منظور از معضله امنیت شرایطی است که در آن تلاش یک دولت برای افزایش امنیت خود باعث کاهش امنیت دیگران می‌شود که از آن به امنیت نسبی تعبیر می‌شود. به نظر رئالیست‌های تدافعی توسعه‌طلبی همیشه به امنیت منجر نمی‌شود. در واقع مسئله این است که امنیت مطلق ممکن نیست جز با تبدیل شدن به یک هژمون جهانی و چون احتمال نیل به چنین جایگاهی اندک است و تاسیس دولت جهانی به معنای پایان سیاست بین‌الملل خواهد بود، دولت‌ها همیشه امنیت‌جو خواهند بود و با معضله امنیتی روبرو می‌شوند.

دوم: **ساختار ظریف قدرت**: به نظر رئالیست‌های تدافعی ساختار ظریف قدرت که متغیر سطح نظام نیست و به معنای توزیع نسبی آن دسته از توانمندی‌های مادی است که دولت‌ها را قادر می‌سازد راهبردهای نظامی و دیپلماتیک خاصی را دنبال کنند، مهم‌تر از ساختار خام یا زمخت قدرت می‌باشد.

سوم: برداشت‌های ذهنی رهبران: تاثیر ساختار ظریف قدرت و توانمندی‌های مادی بر رفتار دولت از طریق تصورات یا برداشت‌های ذهنی رهبران ملی است. آنها معمولا بر مبنای

۲۵

قیاس‌های تاریخی و میانبرهای دیگر ادراکی اطلاعات واصله را پردازش می‌کنند و تصمیم می‌گیرند. بنابراین، این عامل یک متغیر میانی بسیار مهم تلقی می‌شود.

چهارم: **عرصه سیاست داخلی**: به نظر واقع‌گرایان تدافعی، استقلال دولت در برابر جامعه مدنی، ائتلاف سیاسی، عرصه سیاست سازمانی و روابط میانِ بخش‌های لشکری و کشوری همگی توانایی رهبران را در بسیج منابع تحت تاثیر قرار می دهند. قدرت سیاسی ملی به معنای توانایی بسیج منابع مادی و انسانی دولت بسیار اهمیت پیدا می‌کند.

بنابراین می‌توان عنوان نمود که رئالیسم تدافعی که در مقابل رئالیسم تهاجمی مطرح شد با ارائه تعریفی خاص از تهدید و امنیت نگاه متفاوتی به مسئله قدرت و کاربرد آن دارد. در نگاه آنها این برداشت دولت‌ها و رهبران آنها از مقوله‌هایی همچون آنارشی و امنیت است که به رفتارهای آنها شکل می‌دهد. از آنجایی که دولت‌ها آنارشی را خوش‌خیم می‌دانند (برخلاف تهاجمی‌ها) لذا در برابر سایر دولت‌ها رویکردی تهاجمی اتخاذ نخواهند کرد. رویکردهای تهاجمی و تدافعی دو تفاوت عمده دارند: نخست آن‌که دولت تهاجمی امنیت را در کاهش عامدانه امنیت سایر کشورها جستجو می‌کند؛ در حالی‌که که دولت تدافعی این‌گونه عمل نمی‌کند. دوم این‌که دولت‌های تهاجمی امنیت یکدیگر را به صورت متعمدانه تهدید می‌کنند در حالی‌که دولت‌های تدافعی به صورت عمدی امنیت یکدیگر را تهدید نمی‌کنند (Shipping, 2008).

طبق آن‌چه که به‌عنوان مبانی نظری پژوهش حاضر در باب نظریات کنث والتز و استفان والت از نظر گذشت می‌توان بر چهار گزاره نظری زیر در ارتباط با سیاست خاورمیانه‌ای روسیه که در کلیت اثر و نگارش بخش‌ها موردتظر قرار گرفته است تأکید و تصریح نمود:

اولاً، به تأسی از نظریه استفان والت بر این اعتقاد هستیم که رقابت روسیه با کشورهای غربی به ویژه ایالات متحده آمریکا، در بحران سوریه و دیگر بحران‌های خاورمیانه ناشی از قدرت‌گیری بلوک غرب نبوده، بلکه در نتیجه احساس تهدیدی است که کشورهای روسیه، چین و ایران از گسترش حوزه نفوذ غرب و لیبرال دموکراسی در منطقه خاورمیانه

دارند. اساس تقابل جدید و حوزهٔ نفوذی که غرب، به رهبری آمریکا برای گسترش لیبرال دموکراسی در سطح بین‌الملل پی‌گرفته است برای کشورهای حاضر در شرق همانند چین، روسیه، ایران و کشورهای بریکس تهدید محسوب می‌شود.

ثانیاً، با لحاظ نمودن بنیادهای اساسی نظریه‌های والتز و والت اتخاذ موضع روسیه را به‌عنوان رهبر کشورهای ضدهژمونی آمریکا، نه در چارچوب سیاست‌های منطقه‌ای این کشورها، بلکه در نتیجه ضرورت‌های بین‌المللی و هنجارهای ایجابی نظام آنارشی بین‌المللی مورد نظر قرار می‌دهیم. برای نمونه روسیه نفوذ غرب را در سوریه تهدیدی جدی برای منافع و امنیت خود تلقی می‌نماید و از این رو، برای رسیدن به موازنه تهدید در سطح بین‌الملل خواهان حصول توافقی امنیتی ـ دفاعی در دفاع از حکومت بشار اسد است.

ثالثاً، در کلیت فصول کتاب امنیت ملی را تابعی از توازن تهدید بین بازیگران منطقه‌ای و بین‌المللی برای مقابله با تهدیدات مرحله‌ای و استراتژیک در نظر خواهیم گرفت. در همین راستا اصول خودیاری، قدرت‌سازی و همچنین ائتلاف منطقه‌ای برای مقابله با تهدیدات به‌عنوان مفروضات اساس پژوهش محسوب می‌شود.

رابعاً، موازنه منطقه‌ای را بر اساس توازن تهدید مورد توجه قرار می‌دهیم. بر این مبنا هر چه توانایی کشورهای غربی در تهدید منافع روسیه بیشتر باشد، میزان تهدید دریافتی از سوی روسیه بیشتر است.

فصل دوم

پیشینه و اصول سیاست خاورمیانه‌ای روسیه

مقدمه

خاورمیانه به‌لحاظ تاریخی، از موقعیت خاص ژئوپلیتیکی و ژئواستراتژیک برخوردار بوده و همواره در طول تاریخ مورد تعدی و تعرض قدرت‌های بزرگ قرار داشته است. پایان جنگ سرد و حذف یکی از دو بلوک قدرت، موقعیت حیاتی و مهم این منطقه را در جهان دو چندان نمود، چرا که نخستین جنگ به سبک تک‌قطبی با بسیج آمریکایی، علیه عراق و بواسطه‌ی حمله به کویت رخ داد و واقعه یازدهم سپتامبر ۲۰۰۱ و متعاقب آن تحولات عمیق در عرصه بین‌الملل و حمله نظامی آمریکا به افغانستان و سپس عراق به‌طور فزاینده‌ای بر موقعیت حساس و مهم منطقه افزود. با شکل‌گیری نیروی سلفی و تروریستی داعش، لزوم توجه جهانی به خاورمیانه، به‌عنوان زیستگاه مخوف‌ترین تهدید برای امنیت جهانی، بار دیگر منطقه را در کانون توجه قرار داد. بعد از فروپاشی شوروی، فدراسیون روسیه به عنوان جانشین اتحاد جماهیر شوروی، که چندین بخش از سرزمین سابق خود را از دست داده و از دل آن کشورهای جدیدی متولد شده بودند، همواره در تلاش بوده تا از کلیه عوامل و اهرم‌های به‌ارث رسیده از سیاست‌ورزی دوران اتحاد شوروی بهره‌برده و قدرت از دست‌رفته را در قالب دکترین‌های آتلانتیک‌گرایی و اورآسیاگرایی، به‌شیوه‌ای نوین احیا کنند، که البته با موانع و چالش‌های فراوانی نیز در این مسیر روبرو بوده و هست. با توجه به موقعیت ژئوپلیتیکی، ژئواستراتژیکی، ژئواکونومیکی و ژئوکالچری خاورمیانه و ایدئولوژی خاص اسلامی؛ خصوصا اسلام میانه از سویی و اسلام رادیکال از سوی دیگر، این منطقه از دوران‌های تاریخی گذشته تا به امروز، همواره مورد توجه ویژه‌ی قدرت‌های بزرگ بوده و منابع سرشار انرژی موجود در منطقه وضعیت مهم و استراتژیکی را به‌وجود آورده که هر قدرتی به‌دنبال کسب منافع ملی خود در این منطقه می‌باشد. در این میان، تلاش فصل پیش‌رو بر این است که پیشینه‌ی سیاست خاورمیانه‌ای روسیه را به‌شکلی منسجم و به دور از اطاله‌ی کلام، به فراخور ضرورت کتاب حاضر، در قالب دو دوره‌ی تاریخی، عصر امپراطوری‌گری و دوران حکومت کمونیستی شوروی مورد بررسی و مداقه قرار دهد.

سیاست خاورمیانه‌ای روسیه در عصر امپراتوری‌گری

به‌لحاظ تاریخی، پس‌از به قدرت رسیدن خاندان «رومانوف» (۱) در قرن هفدهم بود که روس‌ها به توسعه‌طلبی به‌سوی شرق و جنوب متمایل شدند. در آن زمان، روس‌ها در شرق با خان‌های قدرت‌مند مغول که از اعقاب چنگیز بودند همسایگی داشتند. توسعه‌طلبی امپراطوری تزاری و سپس شوروی به‌سوی شرق در طول سه قرن به‌تدریج این مغول‌ها را به انقیاد روس‌ها درآورد، به‌طوری که امروز به‌طور عمده در فرهنگ روسی مستحیل شده‌اند. دو مساله اساسی برای امپراتوری روسیه در خاورمیانه، شامل ایران و عثمانی بود، که سیاست این کشور در مورد منطقه را شکل می‌دهد. در جنوب روس‌ها با امپراطوری‌های عثمانی و ایران همسایه بودند. در مورد ایران، جنگ‌های روسیه‌ی تزاری با قاجارها در اواخر قرن هجدهم و اوایل قرن نوزدهم که به‌عقد معاهدات ننگین «گلستان» و «ترکمن‌چای» انجامید، نمود توسعه‌طلبی روس‌ها به‌سوی جنوب بوده است. در همین راستا، روس‌ها در افغانستان ـ که امتداد فرهنگی ایران است ـ ابتدا با امپراطوری بریتانیا و سپس با آمریکا درگیر شدند (پرچی‌زاده، ۲۰۱۵: ۳۸۹۹). عهدنامه‌ی گلستان برآمده از جنگ نخست ایران و روسیه از ۱۲۱۸ تا ۱۲۲۸ بود که برونداد آن برای ایران بسیار سنگین بود.

مواد عهدنامه‌ی گلستان نشان می‌دهد که این معاهده به‌طور کامل به‌نفع روسیه و به زیان ایران بوده است. هیأت ایرانی امضاکننده، تحت تأثیر نصایح انگلیس و ژست دوستانه‌ی این دولت، امکان هیچ‌گونه پیشنهادی را نداشته است. مواد عهدنامه بسیار مهم است و نشان می‌دهد که روسیه به آنچه به‌موجب این عهدنامه به‌دست آورد قانع نبوده و منتظر بود تا در فرصتی مناسب رود ارس را سرحد طبیعی متصرفات خود در قفقاز قرار دهد. معاهده‌ی گلستان دارای یک مقدمه و یازده ماده است. در مقدمه‌ی طولانی از القاب و عناوین شاه و تزار و نمایندگان امضاکننده با طول و تفصیل و احترامات بسیار یادشده و آمده است که الی‌الابد دو طرف به این عهدنامه وفادارند. به موجب ماده‌ی اول آن، صلح دائم بین دو دولت برقرار می‌شود و برحسب مواد ۸ و ۹ و ۱۰ روابط تجارتی مجدداً برقرار می‌گردد. در ماده‌ی ۹ از

حقوق گمرکی و میزان آن صحبت شده و در ماده‌ی ۱۰ آزادی‌عمل تجار هر دو کشور عنوان گردیده است. مطابق ماده‌ی ٤ راهی برای مداخله‌ی همیشگی روسیه در ایران بازگذارده شد و دولت روسیه رسماً تعهد کرد در صورت لزوم، به یکی از اولاد شاه که به‌عنوان ولی‌عهد معین می‌شود کمک کند و دربار ایران از جانب روس تقویت شود. همین حمایت از ولی‌عهد و تقویت دربار، وسیله‌ای بود که همواره مداخله‌ی روسیه را در امور کشور مجاز می‌ساخت. ماده‌ی ٥ شرایط کشتی‌رانی بازرگانی دو دولت را در دریای مازندران محقق ساخت و حق‌داشتن نیروی دریایی در این دریا منحصراً به روسیه داده شد. کشتی‌های روس مثل سابق مجاز بودند در دریای مازندران آمدورفت نمایند و در سواحل آن لنگر اندازند، اما ایران از این حق محروم گردید. مواد مربوط به اراضی مهم، و در عین حال مبهم بود. ماده‌ی ۲ تصریح می‌کرد که قرارداد صلح براساس وضع حاضر منعقد می‌شود و این بدان‌معنی بود که دو طرف نواحی‌ای را که در موقع امضای پیمان در اختیار دارند، کماکان در تصرف خواهند داشت؛ یعنی آن‌چه روسیه با زور و تعدی و با کمک انگلیس اشغال‌کرده هم‌چنان در دست خواهد داشت. ماده‌ی ۲ عهدنامه به اندازه‌ای گنگ و مبهم بود که دو طرف پیمان در تاریخ امضا نمی‌توانستند به مفهوم درست آن پی ببرند (مدنی، ۱۳۸۷).

در دوره‌ی دوم جنگ‌های ایران و روس، با رسیدن نیروهای کمکی وضع به‌نفع روسیه تغییر یافت و در پاییز سال ۱۸۲۷، نیروهای این کشور با عبور از رودخانه ارس، تبریز را به تصرف خود درآوردند و پیشروی خود را با تصرف طالش، اردبیل و میانه، به طرف مشرق ادامه دادند. بار دیگر درست در هنگامی که ایران در آستانه‌ی عکس‌العمل شدید قرار گرفته بود میانجی‌گری انگلیس، که مشکوک بود، به جنگ پایان داد. مذاکرات صلح بین ایران و روسیه در قریه‌ی ترکمن‌چای واقع در چهل کیلومتری میانه آغاز و به موجب عهدنامه‌ی ترکمن‌چای، که در فوریه ۱۸۲۸، امضا شد، ایران علاوه بر ایالاتی که به‌موجب عهدنامه‌ی گلستان از دست داده بود تمام سرزمین‌های آن سوی رود ارس، یعنی ایالات نخجوان، ایروان و قره‌باغ و قسمتی از طالش را از دست داد و مرز دو کشور رود ارس تعیین شد (مدنی،

۱۳۸۷). به این ترتیب تمامی قفقاز جنوبی، گرجستان، ارمنستان و آذربایجان را از ایران جدا کردند.

بعد از عهدنامه ترکمن‌چای، روسیه سیاست خود را نسبت به ایران عوض کرد و تصمیم داشت که با سیاست آرام و ملایمی دامنه‌ی‌نفوذ خود را در ایران توسعه دهد و وضع سیاسی و اقتصادی خود را در ایران محکم نماید. دولت روسیه برای اجرای این سیاست دست به تأسیسات تجاری زد تا بتواند مواد و محصولات خام کشور ایران را که مورد احتیاج کارخانه‌های روسیه بود، به‌دست آورده و تجارت ایران را منحصربه‌خود نماید (تاج‌بخش، ۱۳۳۷: ۱۰۶). در ضمن، مال التجاره‌های خود را در بازارهای ایران به‌فروش برساند. روابط تجاری ایران و روسیه در این تاریخ بسیار توسعه پیدا کرد و بتدریج دست سایر کشورهای اروپایی از بازارهای ایران کوتاه گردید و فقط دولت روسیه بود که مواد خام مورد احتیاج کارخانه‌های خود را از ایران به روسیه صادر می‌کرد و در عوض محصولات کارخانه‌های خود را در بازارهای ایران به‌فروش می‌رسانید (امینی، ۱۳۸۲: ٦۳). از جانب دیگر، دولت روسیه که از دو دوره جنگ با ایران به‌قسمتی از مقاصد خود دست پیدا کرده بود و سرزمین‌های وسیع و حاصل‌خیزی را در قفقاز تصرف کرده بود و در ضمن نفوذش در دربار ایران به مقدار زیادی افزایش یافته بود، فرصت را برای پیشرفت به‌سوی هندوستان مناسب دید. روسیه مرتب دولت ایران را تشویق به لشکرکشی و تصرف «هرات» می‌نمود و وعده‌ی هرگونه مساعدتی را به فتحعلی شاه می‌داد (سایکس، ۱۳۷۰: ۵۳۰).

در مقابل، برخلاف امپراطوری روبه‌زوال قاجار، امپراطوری عثمانی که همسایه‌ی بزرگ‌تر و نزدیک‌تر روس‌ها بود، حدود دو قرن در برابر توسعه‌طلبی آنها مقاومت سختی کرد؛ اگرچه حین این مقاومت طولانی امتیازهای بسیاری هم به روس‌ها داد و اراضی وسیعی نیز به آنها واگذار نمود. در این میان، عقد معاهده‌ی «کوچوک قاینارجی» بین روسیه و عثمانی به مورخه‌ی ۲۱ جولای ۱۷۷٤ نقطه عطفی در تاریخ توسعه‌طلبی روس‌ها در خاورمیانه بود (پرچی‌زاده، ۲۰۱۵: ۳۸۹۹). این پیمان نتیجه‌ی اولین دور از جنگ‌های روسیه و عثمانی بود، که برای امپراتوری و خلافت اسلامی یک شکست بود.

در اواخر دهه‌ی ۱۸۷۰، باردیگر درگیری‌های میان روسیه و امپراتوری عثمانی در بالکان آغاز گردید. از ۱۸۷۵ تا ۱۸۷۷، بحران بالکان با کشمکش میان قبایل تحت حکومت عثمانی بوسیله‌ی ملل اسلاو (۲) مختلف، که ترک‌ها از قرن ۱۶ بر آنها کنترل داشتند، تشدید شد. این برای روسیه تزاری یک ریسک بود، چرا که خود امپراتوری بوسیله‌ی مسلمانان در آسیای مرکزی و قفقاز احاطه‌شده بود. دیدگاه ملی‌گرایان روسیه، عامل داخلی مهمی در حمایت روسیه از آزادسازی مسیحیان بالکان از سلطه‌ی عثمانی و ایجاد بلغارستان و صربستان مستقل بود. در اوایل ۱۸۷۷، روسیه به دفاع از صرب‌ها و نیروهای داوطلب روسی در جنگ روس ـ ترک (۱۸۷۷ ـ ۷۸)، مداخله نمود. در طی یک سال، سپاه روس به استامبول نزدیک شد. دیپلمات‌های و ژنرال‌های ملی‌گرای روسیه الکساندر دوم را متقاعد نمودند تا عثمانی را وادار به امضای پیمان سن استفانو در مارس ۱۸۷۸ نماید. در کنگره‌ی برلین در جولای ۱۸۷۸، روسیه با ایجاد یک بلغارستان کوچک درون امپراتوری عثمانی به‌شکلی خودمختار موافقت کرد (Swain, 2014: 15). امپراتوری عثمانی اولین بارقه‌های زوال خود را با این تحقیر بروز داد. در دل خلافت اسلامی، به‌واسطه‌ی تهاجم روسیه، یک منطقه‌ی خودمختار و مستقل ایجاد شده بود که اروپائیان از آن محافظت می‌کردند.

پس از مدت‌ها تنش و درگیری و جنگ بین روس‌ها و ترک‌ها در حوزه‌ی دریای سیاه، انقعاد پیمان کوچوک قاینارجی کنترل اراضی استراتژیک حوزه‌ی دریای آزوف همچون شبه‌جزیره‌ی کریمه را در دست روسیه قرار داد؛ و بدین‌ترتیب با راه دادن روسیه به آب‌های گرم جنوب، آرزوی دیرینه‌ی پطر کبیر را برآورده کرد. (۳) اما از جهاتی مهم‌تر از آن، براساس این پیمان، امپراطوری روسیه به‌عنوان متولی زیارتگاه‌های «ارض مقدس» و محافظ زائران مسیحی آن سرزمین به‌رسمیت شناخته شد. روسیه که ابرقدرتی ارتودوکس بود، با کسب تولیت این زیارتگاه‌ها و نمایاندن خود به‌عنوان محافظ مومنان، احترام زیادی نزد مسیحیان به دست آورد. بدین ترتیب، روس‌ها در خاورمیانه نه‌تنها برخوردار از نفوذ سیاسی که صاحب نفوذ مذهبی ـ فرهنگی نیز شدند (پرچی‌زاده، ۲۰۱۵: ۳۸۹۹). این به‌معنای تکمیل‌شدن نفوذ روسیه‌ی تزاری در ابعاد تجاری، نظامی، اقتصادی و فرهنگی در خاورمیانه بود.

با این حال، و با وجود درگیری‌های فراوان دیگر بین روسیه و عثمانی در طول تاریخ‌شان ـ که شاید مشهورترین نمودش «جنگ کریمه» (٤) در میانه‌ی قرن نوزدهم بود. جنگ کریمه سبب شد که موضوع روسیه در قاره اروپا نزدیک به یک‌صد سال دگرگون شود.در سال ۱۸۱۵ روسیه به‌عنوان قدرت‌مندترین قدرت در اروپا ظهور کرد.پس از ۱۸٤۱ به‌نظر می‌رسید که روسیه بر سایر قدرت‌های اروپایی برتری یافته بود. اما جنگ کریمه روسیه را به یکی از چند قدرت بزرگ اروپایی تنزل داد. در سال‌های بعد فرانسه با او هم‌تراز شده بود و پس‌از آن تا زمانی که تزارها بر روسیه حکومت می‌کردند روسیه دیگر هیچ‌گاه اقتدار ۱۸۱۵ را به‌دست نیاورد (شهبازی، بی‌تا). وجود فی‌نفسه‌ی امپراطوری عثمانی که هم‌چون «دیوار حائل» میان روسیه و باقی خاورمیانه عمل می‌کرد، روس‌ها را به‌مدت دو قرن از توسعه‌طلبی آشکار و گسترده در خاورمیانه بازداشت. در آن روزگار هنوز امپراطوری بریتانیا هم مضمحل نشده بود و در صورت لزوم به امپراطوری پیر عثمانی مدد می‌رساند، چنان‌که در جریان جنگ کریمه کرد. بنابراین، در طول این مدت روس‌ها عمدتا به توسعه‌ی حوزه‌ی نفوذ خود در قفقاز و ایران و افغانستان بسنده کردند (پرچی‌زاده، ۲۰۱۵: ۳۸۹۹). اما این میل و بسندگی، با جنگ‌های جهانی اول و دوم، روی دیگری به خود دید، که با تمایلات شدید توسعه‌طلبانه‌ی روسیه‌ی تزاری و شوروی کمونیستی بعدی همراه بود.

جنگ جهانی اول، نقطه‌ای برای پایان تزارها و تلاش آنها برای سلطه بر خاورمیانه بود. در آستانه جنگ جهانی اول، دو قدرت بزرگ استعماری انگلستان و روسیه در بخش‌هایی از اروپا، افریقا و آسیا ـــ که سرزمین‌های اصلی شمار بسیاری از مسلمانان بود ـــ در حال پیش‌روی، در کشاکش مطامع استعماری و تقسیم قدرت بودند (آتایف، ۱۳۸۰: ۱۷۸). در اوج جنگ اول جهانی، روسیه تزاری درگیر تنش‌ها و تظاهرات‌های داخلی، آخرین تلاش‌های را برای حضوری تهاجمی اما ناکامیاب در جنگ به انجام رساند. در تاریخ ۲۶ ژوئن ۱۹۱۷ حتی هنگامی که آخرین آمادگی‌های حمله بی‌سرانجام «کرنسکی» به مواضع اتریش در گالیسی انجام می‌گرفت، گروه ضربتی کولچاک دوباره به بسفر رسید. این بار کشتی جنگی تزار کاترین دوم اولین‌بار به‌همراهی سه هواپیمابر و تیپی از ناوشکن‌ها به‌راه افتاد، ولی این گردان

باابهت از وسط راه قبل از رسیدن به ساحل برگشت، به عللی که لابد با روحیه ضعیف دست‌اندرکاران در ارتباط بوده (نیروهای دریای سیاه شورش کرده بودند، باوجود اینکه کولچاک موفق‌شده بود پس از اعدام چندتن از سران شورش کنترل اوضاع را برعهده گیرد). چندین هواپیمای روسی در آخرین لحظات عمر «تزارگراد» خیالی، عملیاتی از ۹ تا ۱۰ ژوئیه ۱۹۱۷ برفراز قسطنطنیه انجام دادند و چندین بم به تأسیسات شاخ زرین انداختند و تا سن استفانو (یشیل کوی امروز و محل فرودگاه بین‌المللی آتاتورک) پیش‌رفتند و برگشتند. آخرین پرده این درام به‌موقع به نمایش گذاشته شد، بدین قرار که در تاریخ ۲۶ ژوئیه ۱۹۱۷ هنگامی که شورشها سراسر ارتش روسیه را فراگرفته و نیروی‌های دریای سیاه را نیز به هرج ومرج کشانده بود. یک کشتی موتوری روسی از میان میدان‌های مین بسفر گذشت و ناخدای کشتی پیام صلحی در داخل یک بطری به‌سوی ساحل انداخت (جان کلام این بود: ترک‌ها و روس‌ها برادرند و آلمان‌ها دشمن واقعی هر دوی آنها هستند). با این عاقبت شگفت‌انگیز و دردناک نقشه‌های جاه‌طلبانه قدیمی روسیه برای فتح قسطنطنیه و تنگه‌های بسفر و داردانل در امواج انقلاب غرق شد (مک میکین، ۲۰۱۳). این آخرین تلاش روسیه تزاری برای حضور در جنگ جهانی اول، پیش از کودتای اکتبر ۱۹۱۷ بود، که زمزمه‌ها و نشانه‌های تغییر در آن مبرهن بود.

سیاست خاورمیانه‌ای اتحاد جماهیر شوروی سابق

چنان‌که پیش‌تر نیز در مورد نقش روسیه در جنگ اول جهانی گفته شد، تزار نیکولای دوم و موضوع ورود او به جنگ جهانی اول با شور و شوق میهن‌پرستانه همراه بود که پیامدهای سنگینی برای امپراتوری تزاری روسیه داشت. در مارس ۱۹۱۷، اعتصاب‌هایی از سوی نیروهای مارکسیست و ضد تزاری در یک کارخانه در پایتخت؛ یعنی سن‌پترزبورگ ، ترتیب‌داده شد که به منازعه خیابانی کشید (Rabinowitch, 2008: 1). از منظر خارجی، در صحنه‌های جنگ نیز گسترش نفوذ دو قدرت استعمارگر روسیه و انگلستان، ایران را که در افروختن و گسترش جنگ سهمی نداشت به یکی از میدان‌های کارزار تبدیل کرد و موجودیت و استقلال آن را به خطر انداخت. ایران، براساس قرارداد ۳۱ اوت ۱۹۰۷، در سن‌پترزبورگ میان روس و انگلیس، به دو منطقه‌ی نفوذ و یک منطقه بی‌طرف تقسیم‌شده بود، اما منطقه بی‌طرف هم، بر اساس

قرارداد ۱۹۱۵ و طی جنگ، از بین رفت و ایران به دو منطقه تحت‌نفوذ تقسیم شد (سپهر، ۱۳۳۶: ۳٦٤). قرارداد ۱۹۰۷ نیز به حضور آشکار قوای روس و انگلیس در ایران رسمیت بخشیده بود. روس‌ها از ۱۹۰۹ در شمال ایران حضور نظامی داشتند و حتی از مردم مالیات می‌گرفتند(نظام مافی، ۱۳٦۲ شمسی: ۹). اما وقوع انقلاب روسیه در سرنوشت کلی جامعه ایران به‌منزله نعمتی نامنتظر بود. با روی‌کارآمدن حکومت بولشویکی ۱۹۱۷، بازمانده ارتش روسیه در ایران فروپاشید و سربازان روسی به روسیه گریختند (مهدوی، ۱۳٤۹: ۱۹۷). ایران حکومت جدید روسیه را فوراً به‌رسمیت شناخت و در اول ژانویه ۱۹۱۸، با انعقاد موافقت‌نامه‌ای میان دو کشور، روس‌ها ایران را تخلیه کردند (نوازی، ۱۹۲۱: ۷٤). مطامع امپریالیستی حکومت تزاری، برای یک سیستم سیاسی جدید و کمونیستی که منتقد امپریالیسم و سرمایه‌داری بود، چندان جای دلخوشی نبود و با تغییر سیاسی در روسیه، رهبران شوروی، از منطقه عقب‌کشیده و تلاش داشتند تا فضای داخلی کشورشان را سامان دهند و خود را از شر جنگ جهانی خلاصی دهند.

در همین حال، جنگ جهانی به پایان خود نزدیک می‌شد. با پایان جنگ جهانی اول و تجزیه‌ی امپراطوری عثمانی، منطقه‌ای که قبلاً یک‌پارچه بود به سرزمین‌های مجزایی که در آنها ایده‌ی ملت چندان جا نیفتاده بود تقسیم شد، مثل کنگره‌ی برلین در ۱۸۷۸. این چندپارچگی میراث ادامه‌دار اروپا برای منطقه بود. این خاورمیانه‌ی تقسیم‌شده، تبدیل به حیاط‌خلوت قدرت‌های اروپایی شد (هینه بوش و احتشامی، ۱۳۹۰: ۱۱۵) در همین راستا، با شکل‌گیری اتحاد جماهیر شوروی در قالب یک حکومت کمونیستی، به‌خصوص پس از جنگ جهانی دوم و به‌واسطه‌ی رقابت جنگ سرد (۵) میان شوروی و آمریکا، سیاست خارجی خاومیانه‌ای این کشور در قالب اهداف و استراتژی‌های غیرقابل‌تغییر که به‌واسطه‌ی زمینه‌های ایدئولوژیک و جغرافیایی شکل‌گرفته بود، قابل تبیین است. حضور شوروی در خاورمیانه در طی نیم قرن و از طریق فرصت‌های دیپلماتیک، توسعه‌ی قدرت نظامی و دریای، بسط نفوذ در برخی قدرت‌های منطقه‌ای به‌واسطه‌ی تدارک نظامی، اقتصادی و حمایت سیاسی برای آنان در خاورمیانه افزایش یافت (Campbell, 1972: 126). جنگ سرد، نقطه‌ی عطف تاریخی در رقابت آمریکا و

شوروی بر سر خاورمیانه بود. جنگ سرد، در همان‌حال که مشخص‌کننده‌ی یک دوره از تاریخ پس از جنگ جهانی دوم است، بیان حالتی بین خصومت و عدم‌خصومت نیز هست. جنگ سرد نه حالت صلح دارد و نه حالت یک جنگ کلاسیک را شامل می‌شود. دو مساله‌ی اساسی که تضاد منافع شوروی و آمریکا را نسبت به خاورمیانه در دوره‌ی پس از جنگ جهانی دوم و شروع جنگ سرد نشان می‌دهد، یکی مساله‌ی تخلیه‌ی ایران از قوای متفقین و دیگر فشار شوروی بر ترکیه برای کسب امتیاز بیش‌تر در تنگه‌های بسفور و داردانل و اختلاف بر سر چگونگی اداره‌ی آلمان است.

در پایان جنگ یعنی ۱۹ مه ۱۹۴۵، دولت ایران از متفقین تقاضا کرد خاک ایران را از قوای خود تخلیه نمایند؛ لیکن اتحاد جماهیر شوروی یا به‌عبارت دقیق‌تر شخص استالین، نه‌تنها وقعی به این تقاضا ننهاد، بلکه حزب دست‌نشانده‌ای به‌وجود آورد که مدعی خودمختاری برای آذربایجان ایران بود. حزب دموکرات به‌دنبال شورش تبریز در دسامبر ۱۹۴۵، خودمختاری آذربایجان را اعلام نمود. در مارس ۱۹۴٦ که نیروهای آمریکا و انگلیس ایران را ترک می‌گفتند قوای شوروی از ورود سربازان ایرانی به آذربایجان جلوگیری کردند. شکایت ایران در شورای امنیت سازمان ملل مطرح شد و برای اولین‌بار پس از اتحاد بزرگ زمان جنگ، آمریکا در مقابل شوروی موضع سختی اتخاذ کرد. سرانجام شوروی در مقابل وعده‌ی نفت شمال از طرف قوام و فشار آمریکا، خاک ایران را ترک گفت و اعضای حزب سرسپرده‌ی دموکرات نیز به‌دست نیروهای دولتی ایران منکوب شدند. این حادثه اختلاف‌نظر آمریکا و شوروی را در امور بین‌المللی آشکار ساخت (نقیب‌زاده، ۱۳۸۹: ۲۵۲). بحران دیگری که تضاد منافع و اختلاف‌نظر عمیق آمریکا و شوروی در مورد مسائل مختلف بین‌المللی [خصوصاً بر سر خاورمیانه] را آشکار می‌ساخت، ادعای شوروی در تنگه‌های بسفر و داردانل بود. فشار شوروی بر ترکیه برای تجدید نظر در قرارداد مونترو (۱۹۳٦)، و وضعیت حاکم بر تنگه‌های مزبور و تمایل به داشتن پایگاه دائمی در داردانل در یادداشت ۷ مه ۱۹۴٦، این کشور به دولت ترکیه آشکار شد. دولت‌های غربی حمایت خود را از دولت ترکیه اعلام داشتند و

سرانجام نیز به دفاع قاطع از ترکیه برخاستند. دکترین ترومن در سال بعد جدی‌بودن این مساله را اثبات کرد (نقیب‌زاد، ۱۳۸۹: ۲۵۳).

از این زمان به بعد، منافع شوروی در خاورمیانه را می‌توان در سه دسته تقسیم نمود؛ نخست، در رقابت با آمریکا تلاش داشته تا قدرت نظامی و دریایی خود را به‌واسطه‌ی بنادر و فرودگاه‌های نظامی در خاورمیانه گسترش دهد، تا به نوعی زمینه را برای تقویت موقعیت استراتژیک کشور در منطقه فراهم نماید. دوم، حمایت از جنبش‌ها و تحرکات و دولت‌های چپ‌گرا در خاورمیانه که گاهاً در تقابل با اسرائیل هم معنا می‌یافت. سرانجام، تلاش برای بدل‌شدن به یک نیروی هژمون در خاورمیانه که توانایی مقابله با بحران‌های منطقه را در حد یک ابرقدرت داشته باشد (Reich and Bennett, 1984: 85). حال به‌طور کلی، حوزه‌های موضوعی را در منازعات خاورمیانه از نیمه‌ی دوم قرن بیست و سال‌های اوج جنگ سرد به‌بعد که شوروی در آنها فعالانه حضور داشته می‌توان شامل؛ حضور در منازعه اعراب و اسرائیل با نفوذ در ساختارهای قدرت برخی دولت‌های عرب منطقه و کسب منافع از این منازعه، مساله‌ی جنگ افغانستان و حضور نظامی شوروی در این کشور و جنگ ایران و عراق دانست (Halliday, 2016: 151). این موارد، تنها چند نمودنه از سیاست خاورمیانه‌ای شوروی در دوره‌ی جنگ سرد را شامل می‌شود که نشان از توسعه‌طلبی و رقابت جهانی آن در خاورمیانه با آمریکا دارد.

جمع بندی

براساس آنچه در این بخش گفته‌شد، قابل ذکر است که نگاه تاریخی روس‌ها در دو دوره‌ی تاریخ عصر امپراتوری‌گری و دوران حکومت شوروی سابق به خاورمیانه از گرانیگاهی تقریباً متفاوت با اهداف رقبای فرامنطقه‌ای این کشور، خصوصاً ایالات متحده آمریکا قابل خوانش است. مسکو ضمن این‌که مانند رقیب سنتی خود در پی آشتی اعراب و اسرائیل می‌باشد و در دوران نیم قرن اخیر از میزبانی نشست صلح و گفت‌وگوی آنها حمایت نموده، اما داری برخی از رویکردها و استراتژی‌های خاص و حساس خود در خاورمیانه، از جمله در قبال ایران،

عراق، عربستان، ترکیه، سوریه و افغانستان، برای حفظ توازن قدرت و دسترسی به آب‌های گرم اقیانوس هند و در نتیجه امکان رقابت در صحنه فرامنطقه‌ای با ایالات متحده آمریکا، در راستای استراتژی سیاست خارجی خود است. برای روسیه، وجود ذخایر فراوان انرژی در خاورمیانه به‌گونه‌ای استراتژیک، گاهاً در اولویت دوم قرار دارد، که این مهم به میزان ذخایر کشور برمی‌گردد، اما این به‌معنای عدم اهمیت تام و تمام انرژی خاورمیانه برای روسیه نیست، چرا که شرکت‌های نفتی این کشور در سراسر منطقه در حال فعالیت هستند، اما مراودات اقتصادی، فروش تسلیحات و داشتن هم‌پیمانان سیاسی و اقتصادی در منطقه از اولویت پایداری برخوردار است.

برهمین‌اساس، ضرورت نگاه روسیه به مناطق پیرامونی‌اش ناشی از این حقیقت تاریخی است که کشورهای خاورمیانه و آسیای مرکزی، نقش حیاتی در ایجاد توازن و رقابت برای روسیه با دیگر قدرتهای منطقه‌ای و فرا منطقه‌ای در جهان متحول‌شده بازی می‌کنند. درهمین راستا، و بنابر استنادات بخش حاضر، توجه به کشورهایی چون ایران، عراق، عربستان، ترکیه، سوریه و حتی افغانستان نقش و اهمیت اساسی در سیاست خارجی خاورمیانه‌ای روسیه در قرن حاضر دارد. این پروژه در قالب "نگاه به شرق" قابل صورت‌بندی است که در دولت و دوران پوتین طرح گردیده و دکترین‌های سیاست خارجی این کشور، چنان که در بخش‌های بعدی توضیح داده خواهد شد، بر این مهم تاکید ویژه دارند.

یادداشت‌ها

۱ـ خاندان رومانوف (House of Romanov)، بعد از سلسله روریک، دومین خاندان سلطنتی روسیه بود از سال ۱۶۱۳، تا زمان استعفای نیکلای دوم در پی انقلاب فوریه، بر این کشور حکومت کرد. این خاندان، یک دودمان اشرافی قدرت‌مند در مسکو بودند که مدت مدیدی سلطه آنها بر روسیه ادامه یافت.

۲ـ اسلاوها (Slavs) یک گروه قومی و گویش‌وران یکی از شاخه‌های زبان‌های هندواروپایی هستند. به احتمال زیاد اروپای شرقی مسکن اولیه این مردمان بوده است، اما امروزه علاوه‌بر این منطقه، اسلاوها در بخش‌های مهمی از بالکان، اروپای مرکزی، آسیای مرکزی و سراسر سیبری نیز سکونت دارند و بسیاری از آن‌ها به نواحی دیگر دنیا کوچیده‌اند. اسلاوها معمولاً به سه شاخه؛ اسلاوهای غربی (شامل چک‌ها، اسلواک‌ها و لهستانی‌ها)، اسلاوهای شرقی (شامل روس‌ها، اوکراینی‌ها و بلاروس‌ها) و اسلاوهای جنوبی (بوسنیائی‌ها، صرب‌ها، کروات‌ها، مقدونی‌ها، بلغارها و اسلوون‌ها) تقسیم می‌شوند.

۳ـ در دوران پترکبیر ارتش روسیه به سبک ارتش‌های اروپایی بازسازی و نیرومند شد. روسیه از نظر سیاسی و اقتصادی نیاز شدیدی به دریای آزاد داشت و پترکبیر می‌خواست با ارتش قدرت‌مند روسیه بنادر سیاه در جنوب و دریای بالتیک در شمال غرب را به‌منظور تسهیل تجارت با اروپا در اختیار بگیرد و در عین حال، قوای خود را متوجه دریای خزر بنماید. با چنین هدفی بود که جنگ آزوف بین روسیه و عثمانی بر سر در اختیار گرفتن بندر بزرگ آزوف در دریای سیاه درگرفت.

٤ـ نبرد کریمه (Crimean War) از اکتبر ۱۸۵۳ تا فوریه ۱۸۵٦ میان امپراتوری روسیه تزاری از یک‌سو و فرانسه، انگلیس، پادشاهی ساردینیا و امپراتوری عثمانی از سوی دیگر با روش‌های نوین، ادوات جنگی پیشرفته‌ای که پس‌از انقلاب صنعتی به‌وجود آمده بود در گرفت و نزدیک به ۲۵ هزار بریتانیایی، ۱۰۰ هزار فرانسوی و در حدود یک میلیون روسی را به کام

مرگ کشاند. علت اصلی جنگ کریمه را باید هراس الیگارشی بریتانیا از اقتدار فرمان‌روایی دانست که می‌توانست روسیه را به قدرت نظامی برتر قاره اروپا بدل کند. به نوشته تامسون توسعه‌طلبی روسیه در جنوب اروپا شروع فرآیندی بود که می‌توانست این کشور را به سرور واقعی اروپا بدل کند. این امر ناشی از ضعف عثمانی در منطقه بالکان و توسعه‌طلبی روسیه به‌سمت جنوب و تلاش برای قیمومیت ملت‌های اسلاو منطقه بالکان بود.

۵ـ جنگ سرد (Cold war) اصطلاحاً به جنگی اطلاق می‌شود که از تنش‌ها، کشمکش‌ها و رقابت‌ها در روابط آمریکا، شوروی سابق و هم‌پیمانان آنها در طول دهه‌های ۱۹۴۰ تا ۱۹۹۰ به‌وجود آمد. در سال ۱۹۴۵ و پس از پایان جنگ جهانی دوم تنش بین آمریکا و اتحاد جماهیر شوروی آغاز شد و تا سال ۱۹۴۷ افزایش یافت. در طول این زمان رقابت بین این دو ابرقدرت در عرصه‌هایی از قبیل نظامی، ایدئولوژی، روانشناسی، جاسوسی، ورزش، تجهیزات نظامی، صنعت و توسعه تکنولوژی ادامه داشت. این رقابت‌ها، مسابقات فضایی، پرداخت هزینه‌های گزاف دفاعی، مسابقات سلاح‌های هسته‌ای و تعدادی جنگ‌های غیرمستقیم با خود به‌همراه داشت. در طول این جنگ، درگیری نظامی مستقیمی بین نیروهای آمریکایی و شوروی رخ نداد، اما گسترش قدرت نظامی، کشمکش‌های سیاسی و درگیری‌های مهم بین کشورهای پیرو و هم‌پیمانان این ابر قدرت‌ها از دست‌آوردهای جنگ سرد به‌حساب می‌آید. آمریکا و شوروی که در طول جنگ جهانی دوم در مقابل آلمان نازی متحد بودند، حتی قبل از پایان جنگ بر سر چگونگی نظم جدید جهان پس از جنگ با هم اختلاف داشتند. پس از جنگ جهانی دوم در حالی که آمریکا در تلاش بود تا کمونیسم را در جهان محدود کند، گستره جنگ سرد به‌تمام جهان به‌ویژه اروپای غربی، خاورمیانه و جنوب شرقی آسیا کشیده شد. در این دوره، جهان با بحران‌هایی از قبیل دیوار برلین (۱۹۴۹- ۱۹۴۸) جنگ کره (۱۹۵۳- ۱۹۵۰) جنگ ویتنام (۱۹۶۵-۱۹۷۳)، بحران موشکی کوبا (۱۹۶۲) و جنگ شوروی در افغانستان روبه‌رو شد که هر لحظه امکان یک جنگ جهانی دیگر را ایجاد می‌کرد. یکی از دلایل مهم دوری هر دو طرف از ایجاد یک جنگ مستقیم، دسترسی آنها به سلاح‌های هسته‌ای و ترس از استفاده طرف مقابل از این سلاح‌ها بود. در نهایت در انتهای دهه ۱۹۸۰ و با دیدارهای مقامات عالی رتبه که به‌وسیله

آخرین رهبر شوروی؛ میخائیل گورباچف ترتیب داده شد و برنامه‌های اصلاحی وی، جنگ

سرد پایان یافت.

فصل سوم

جایگاه خاورمیانه در دکترین‌های حاکم بر سیاست خارجی روسیه

مقدمه

فروپاشی اتحاد جماهیر شوروی در سال ۱۹۹۱ آغازگر برههای جدید در سیاست خارجی روسیه بود. پس از سال‌ها رهبری بلوک شرق و دفاع از کمونیست، در برابر نفوذ بلوک غرب و جهان سرمایه‌داری، بعد از سال ۱۹۹۱ دولت‌مردان روس ملزم به ارائه رویکردی نوین در عرصه سیاست‌گذاری خارجی شدند. سیاست‌گذاری که مبنای آن بر نگاه جدید نسبت به حوزه‌های مختلف اعم از قفقاز، آسیای مرکزی، خاورمیانه و خاور دور شد. در نتیجه تنش‌زدایی با غرب و جهان سرمایه‌داری، در اولین مرحله رویکرد سازش و توافق با کشورهای آمریکا و متحدان اروپایی‌اش در دستور کار قرار گرفت. سیاست نزدیکی و همکاری با آمریکا و اروپا در سال‌های ابتدایی بعد از فروپاشی حکومت گورباچف، موجبات طرح رویکردی نوین را درسیاست خارجی روسیه طرح نمود که بر مبنای آن موضوع ورود مسکو به پیمان آتلانتیک شمالی (NATO) را مطرح نمود.

اما با گذشت زمانی اندک، به‌تدریج سطوحی از بحران و تضاد منافع میان روسیه با آمریکا و اتحادیه اروپا آشکار شد. از این جهت سیاست‌مداران کرملین، در مقام راه‌حل در پی چاره‌جویی برای ارائه دکترینی جدید در سیاست‌گذاری خارجی بر آمدند. در اواسط دهه ۱۹۹۰ رویکردی نوین در سیاست خارجی روسیه مطرح شد که در آن حفظ مبانی هویتی و منافع مجزای روسیه با غرب مورد تاکید قرار گرفت. در نتیجه همین روند، در سال‌های آغازین هزاره جدید (قرن بیست و یکم) دورانی نوین از تعامل و تقابل روسیه با غرب مجال ظهور پیدا کرد که زمینه گسترش تنش میان مسکو با کشورهای غربی را فراهم نمود. در فصل حاضر، تلاش شده است دکترین‌های حاکم بر سیاست خارجی روسیه جدید (بعد از ۱۹۹۱) به دقت مورد تحلیل و واکاوی قرار گیرد. در راستای پرداختن به این مُهمّ، در ابتدا چرخش سیاست خارجی روسیه بعد از فروپاشی بلوک شرق بررسی شده است و سپس در قالب دو

دکترین آتلانتیک‌گرایی و اورآسیاگرایی، سیاست خارجی روسیه را در گذار ۲۵ سال اخیر مورد مدّاقه قرار داده‌ایم.

۱- فروپاشی شوروی و چرخش در سیاست خارجی روسیه (بعد از ۱۹۹۱)

در هشتم دسامبر ۱۹۹۱ رهبران روسیه، اوکراین و بلاروس در جنگل‌های بلاروس با یکدیگر دیدار و پیمانی را امضا کردند که بر اساس آن کشورهای مستقل مشترک‌المنافع (۲) به وجود آمدند. روسیه خود را به عنوان جانشین اتحاد جماهیر شوروی معرفی کرد. در بیست و پنجم دسامبر، میخائیل گورباچف از سمت خود کناره‌گیری کرد و اتحاد شوروی بطور رسمی در ۲۵ دسامبر ۱۹۹۱ از هم پاشیده شد. یک روز پس از آن، پارلمان اتحاد جماهیر شوروی اعلامیه انحلال این کشور را تصویب کرد (BBC, 2011: 110824).

فروپاشی نظام دو قطبی و پایان جنگ سرد را می‌توان مهم‌ترین تحول سیاسی اواخر قرن بیستم دانست. وقوع این حادثه به اندازه‌ای مهم بود که یوشی هیرو فرانسیس فوکویاما[1] نظریه‌پرداز آمریکاییِ ژاپنی‌تبار در کتاب خود با عنوان «پایان تاریخ و آخرین انسان»[2] نظریه پایان تاریخ را بر مبنای پیروزی قطعی نئولیبرالیسم و سرمایه‌داری اعلام نمود (Fukuyama, 1992). بر این مبنا که بعد از شکست تنها رقیب لیبرال دموکراسی، یعنی ایدئولوژی کمونیسم، اکنون دیگر هیچ ایدئولوژی رقیب یا متضادی در برابر بلوک غرب باقی نمانده است (۱).

روس‌ها پس از فروپاشی شوروی و پایان جنگ سرد با دقت مشاهده می کنند که چگونه آمریکایی‌ها با مدیریت تحولات جهانی در پی گسترش نظم دلخواه خود در سطح جهان هستند. روند تلاش برای گسترش نظم آمریکایی از همان ابتدای فروپاشی شوروی به خصوص در منطقه اروپای شرقی، آسیای مرکزی و قفقاز آغاز شد. آمریکایی‌ها تلاش نمودند با حمایت از انقلاب‌های رنگی و هم‌چنین پذیرش کشورهای جدید در ناتو و اتحادیه اروپا،

---

1 Yoshihiro Francis Fukuyama
2 The End of History and the Last Man

نظم دل‌خواه خود را به مناطق نفوذ روسیه گسترش دهند (ترابی، ٤ دی ۱۳۹۰). در اوایل دهه ۱۹۹۰ سیاست خارجی روسیه ادامه سیاست خارجی اتحاد جماهیر شوروی در آخرین سال های ریاست جمهوری گورباچف بود، چرا که با کناره‌گیری میخائیل گورباچف[۱] و روی کار آمدن بوریس یلتسین[۲] همچنان راهبرد کلان روسیه ادامه پیدا کرد.

دوره‌ی کوتاه سال‌های ۱۹۹۱ تا ۱۹۹۳، در هنگام فروپاشی شوروی، که بوریس یلتسین رئیس جمهور روسیه بود، وی در فروپاشی شوروی نقش تعیین کننده و اساسی داشت، به گونه‌ای که حتی گورباچف، یلتسین را عامل این فروپاشی می‌داند، ولی در هر حال نقش یلتسین در شکست کودتای اوت ۱۹۹۱ که علیه گورباچف صورت گرفت، نقش ماندگار و مهم بوده است. در طی این سال‌ها، فدراسیون روسیه بیشتر درگیر تحولات داخلی است و در تلاش است تا زمینه را برای انسجام در ساختار سیاسی کشور فراهم نماید. در این مقطع چند ویژگی مهم قابل مشاهده است:

۱ـ فروپاشی نظام سوسیالیستی مبتنی بر قدرت حزب کمونیست ۲ـ حرکت در جهت تثبیت قدرت رئیس جمهور ۳ـ رقابت و مقاومت پارلمان روسیه برای حفظ قدرت که از سال ۱۹۸۹ در زمان گورباچف شکل گرفته بود ٤ـ تثبیت و تقویت نقش رئیس جمهور پس از غلبه بر رقیبان و در نهایت تصویب قانون اساسی جدید روسیه که مبتنی بر نظام ریاستی است ۵ـ شروع فعالیت وشکل گیبری احزاب در رقابت برای کسب قدرت در وضعیت جدید ٦ـ تلاش بعضی جمهوری ها ومناطق برای کسب قدرت واستقلال بیشتر (رحیمی، ۱۳۷۳: ۱۲۳). در کنار این عوامل داخلی، می‌توان یک تلاش را هم نسبت به سیاست خارجی این کشور مطرح نمود ٦ـ تلاش برای شکل‌دادن دکترین سیاست خارجی روسیه جدید.

در مجموع، فروپاشی اتحاد جماهیر شوروی به‌عنوان یک قطب قدرت در جامعه بین‌المللی و اضمحلال کمونیسم بعنوان یک ایدئولوژی مطرح طی هفتاد سال گذشته اثرات و

1- Mikhail Gorbachev
2 Boris Yeltsin

عواقب مهمی بر جای گذاشت. علی الاصول این اثرات در دو سطح قابل تبیین می‌باشد: الف) در سطح نظام بین‌الملل، فروپاشی شوروی بعنوان یک قدرت جهانی اثرات مهمی در نظام امنیتی بین‌المللی از خود نشان می‌دهد. ب) در سطح تقابل ایدئولوژیک کمونیسم و کاپیتالیسم غربی که موجب بی رنگ شدن و تا حدی از بین رفتن مدلهای سیاسی و اقتصادی سوسیالیستی و کمونیستی در جهان، بویژه جهان سوم و جان گرفتن نظامهای لیبرال دموکراتیک را بدنبال داشت (خاله‌زاده، ۱۳۷۲). با فروپاشی شوروی و روی‌کار آمدن بوریس یلتسین، یک دهه سیاست این کشور، تحت رهبری او قرار گرفت. یلتسین برای دو دوره و از سال ۱۹۹۱ تا ۱۹۹۹، پیش از واگذاری قدرت به پوتین، به عنوان رئیس جمهوری فدراسیون روسیه برگزیده شد (Freedman, 2001).

در ارتباط با خاورمیانه متعاقب این‌که نظام کومنیستی حاکم فرو پاشید، سیاست خارجی روسیه در مسیر غرب‌گرایی قرار گرفت. نگاه مثبت سیاست‌مداران کرملین به غرب، در راستای ورود به بازار آزاد و پیشرفت اقتصادی، زمینه را برای عدم اتخاذ سیاست جدی نسبت به خاورمیانه و جهان اسلام فراهم نمود. اما با گذشت زمانی اندک عرصه‌هایی از تضاد منافع میان روسیه با غرب به رهبری آمریکا نمایان شد. در دو بخش دیگر این فصل از کتاب به بررسی دقیق نوع همکاری‌ها و بروز اختلاف منافع‌ها اشاره خواهیم نمود.

۲- دکترین آتلانتیک‌گرایی و خاورمیانه

اولین دکترین حاکم بر سیاست خارجی روسیه بعد از فروپاشی اتحاد جماهیر شوروی، به دکترین آتلانتیک‌گرایی شهرت یافت. دکترین آتلانتیک‌گرایی در اساس رویه منسجم و شاخص‌بندی شده سیاست خارجی اتحاد جماهیر شوروی در اسل‌های پایانی حکومت گورباچف بود. با آغاز دوران اول ریاست جمهوری یلیستین این دکترین به‌طور رسمی در دستور کار وزارت خارجه روسیه قرار گرفت. جهت تبیین دقیق دکترین آتلانتیک‌گرایی در

ادامه نوشته‌ها، مبانی تاریخی دکترین آتلانتیک‌گرایی، نظریه‌پردازان فکری، اصول و مبانی تئوریک دکترین و نهایتا رویکرد آتلانتیک‌گرایان نسبت به خاورمیانه مورد بررسی قرار گرفته است.

۱-۲- تاریخچه شکل‌گیری

گرایش غرب‌گرایانه در سیاست خارجی روسیه ریشه در تاریخ این کشور دارد. از دوران پتر کبیر که اصلاحات به سبک غربی در روسیه شروع شد، برخی از سیاست‌مداران و روشن‌فکران روش نجات کشور خود را در مسیر نزدیکی فزاینده به غرب (اروپا) و توسعه سبک‌ها و رویه‌های غربی در همه شئون زندگی غربی می‌دانستند. زاپادنیکی یا غرب‌گرایان از قرن نوزدهم هواداران بیشتری یافتند، آن‌ها در پی تحقق ارزش‌های غربی در روسیه برآمدند. از دیدگاه این گروه ، راه پیشرفت روسیه و رهایی آن از عقب‌ماندگی در گسترش ارتباط روزافزون با غرب و یکپارچه شدن در آن بود. در پایان قرن بیستم و در دوران پس از استقلال روسیه نیز دموکرات‌ها و طرفداران نظام اقتصاد بازاری ادامه‌دهندگان این مشی به شمار می‌آیند (کولایی، زمستان ۱۳۷٤: ۷٦).

ظهور رسمی دکترین آتلانتیک‌گرایی بعد از آغاز ریاست جمهوری یلستین بود. در دوران بودیس یلتسین که به‌دنبال سقوط امپراطوری شوروی حیات یافت بخش‌هایی از نخبه‌گان کشور بالاخص در بین نخبه‌گان اقتصادی این نظریه را رواج دادند که نگاه به غرب باید در پیش گرفته شود و چرخش به سوی اقتصاد بازار آزاد و سیاست‌های دمکراتیک لیبرال دنبال گردد (دهشیار، دی ۱۳۹۰). در سال‌های اول رهبری یلتسین، فدراسیون روسیه با مشکلات فراوان شکل‌دهی نهادهای دولتی کشور، جنگ قدرت میان دوایر و دستگاه‌ها از یک طرف و میان نخبه‌گان سیاسی از سوی دیگر. با توجه به مشکلات، طبیعی بود که مسکو چندان وقت و فرصت لازم برای اتخاذ سیاست خارجی ماجراجویانه و فعال را نداشته باشد. از این رو، مناسب‌ترین راه‌کار رویکردی تشخیص داده شد که اساس آن مبتنی بر حذف تنش‌ها و نزدیکی

به غرب باشد. در مجموع، سال‌های ۱۹۹۱ تا ۱۹۹۶ رویکرد آتلانتیک‌گرایی بر مواضع سیاست خارجی روسیه حاکم بود.

۲-۲- بنیان‌گذاران فکری و نظری

آندره کوزیروف[1] اولین وزیر امور خارجه روسیه بعد از فروپاشی اتحاد جماهیر شوروی را می‌توان مهم‌ترین بانی نظری و سیاست‌مدار پیش‌برنده گفتمان آتلانتیک‌گرایی دانست. «کوزیروف در دوران پس از فروپاشی اتحاد شوروی همکاری را برای روسیه و آمریکا به عنوان یک ضرورت بی بدیل مورد توجه قرار داد. او با تأکید بر الزامات و تعهدات دموکراتیک مشترک میان دو کشور منافع ملی هر دو را از این طریق تحقق یافته خواند. به نظر کوزیروف تاریخ فرصتی استثنایی در اختیار روسیه و آمریکا قرار داد تا فارغ از گرایش‌های برتری‌طلبانه و تحمیل اولویت‌های آنان بر دیگر کشورها در این مسیر حرکت کنند. کوزیروف این روند را ناقض اهداف و کوشش‌های رهبران مجتمع‌های صنعتی- نظامی در هر دو کشور دانست. از دیدگاه وزیر امور خارجه روسیه، کمونیست‌های این کشور همراه با گروه‌های ملی‌گرای افراطی نیز از مخالفان همکاری روسیه و آمریکا در جهان پس از جنگ سرد به شمار می‌آیند. او سیاست خارجی هوادار غرب و عمدتاً آمریکا را بازتاب تأثیر افکار عمومی روسیه در آن خواند، ولی در همان حال بر استقلال و خوداتکایی سیاست‌های روسیه تأکید نمود. کوزیروف جهان پس از نظام دوقطبی را به رانندهٔ اتومبیلی تشبیه کرد که نه مقصد خود را می‌داند و نه نقشه‌ای برای رسیدن به آن دارد. از نقطه نظر او جهان دارای فرصت‌های چشم‌گیری نیز برای رشد اقتصادی و سیاسی است، ولی در همان حال امکان بروز کشمکش و آشوب‌های گسترده نیز فراهم می‌باشد. او با متعهد دانستن روسیه به هنجارهای سازمان ملل و سازمان امنیت و همکاری اروپا، خواستار پذیرش روسیه در گروه هفت کشور صنعتی جهان (G7) و تبدیل آن به هشت کشور صنعتی جهان(G8) بود. او هشدار داد چنان‌چه برنامه مشارکت برای صلح

---

1 Andre Kvzyrvf

بیان‌گر گرایش‌های ناتو محور باشد با فشار ملی‌گرایان به دولت روسیه مواجه خواهد شد. کوزیروف خواستار رفع برداشت‌های مبتنی بر سوءظن در تحلیل رفتار سیاست خارجی کشور خود گردید. به این ترتیب وزیر امور خارجه روسیه به عنوان یکی از چهره‌های برجستهٔ هوادار سیاست خارجی غرب‌گرایانه در این کشور تلاش کرد با ارائه سیمای یک روسیه دموکراتیک و قانون مدار غرب را به شریک ساختن آن در تنظیم و تدوین سیاست‌های بین‌المللی تشویق نماید» (کولایی، زمستان ۱۳۷۴: ۷۶-۷۸).

۳-۲- اصول، مبانی و اهداف آتلانتیک‌گرایی

در بررسی اصول و اهداف اصلی دکترین آتلانتیک‌گرایی در ابتدا بررسی را پیرامون دو گرایش متضاد میان آتلانتیک‌گرایان خواهیم داشت و سپس دو اصل اساسی آتلانتیک‌گرایی را مورد بحث و بررسی قرار خواهیم داد. به‌طور کلی، آتلانتیک‌گراها به دو دسته تقسیم شدند؛ ۱- **طرفداران کو**زیروف: آنان معتقد بودند که راهی برای روسیه به جز همکاری تمام و کمال با غرب متصور نیست. کوزیروف خود معتقد بود ، که هرگونه همکاری با کشورهایی که در نگاه آمریکا به عنوان«تک‌زی» شناخته شده‌اند، برای روسیه مضر است. کوزیروف بارها از ملاقات با وزیر امور خارجه وقت ایران طفره رفت، این اقدام تأکیدی بر هویت اروپایی روسیه بود. ۲- سیاست‌مداران لیبرال: این دسته مدعی بودند که می‌توان علاوه بر داشتن یک تعامل مدنی با غرب قاره اروپا و آمریکای شمالی، با کشورهای مستقل مشترک المنافع نیز روابط عادی داشت (بهرامی مقدم و ستوده، بهار و تابستان ۱۳۹۳: ۳۰).

از نظر آندره کوزیروف وضعیت روسیه بعد از جنگ باید تلفیقی از نظم و آزادی می‌شد. از نظر اولین وزیر خارجه روسیه بعد از سقوط نظام کونیستی اتحاد جماهیر شوروی، فروپاشی نظام خودکامه، چشم‌اندازهای بی سابقه‌ای را برای آزادی سیاسی و اقتصادی در روسیه به وجود آورده است. در همین زمان نوعی سکون و تباهی را موجب شده است که

می‌تواند همه چیز یعنی اقتصاد، دولت‌مداری، نظم و قانون و در نهایت آزادی را در روسیه مدفون کند. تعداد قابل توجهی از مردم روسیه، به‌ویژه آنانی که در استان‌ها هستند و هنوز طعم میوه‌های دموکراسی و اقتصاد بازار آزاد را نچشیده‌اند، جرعه‌ای تلخ از جام شوروی نوشیده‌اند. آن‌ها شاهد قطع روابط اقتصادی، افزایش ناگهانی تجزیه‌طلبی و محدودیت افکار و عقاید، افزایش جرایم سازمان‌یافته، فساد و مناقشات قومی بودندو سختی و محرومیت را تجربه کرده‌اند (کوزیروف، ۱۳۷٤: ۱۷). در تحلیل گفته‌های کوزیروف می‌توان دو اصل باور اساسی را مورد بازشناخت قرار داد. یکی باور به ارزش‌های لیبرال دموکراسی به عنوان رهایی بخش و مسبب آزادی و دیگری باور به پیشرفت اقتصادی و همکاری با بازار آزاد. بر مبنای همین دو باور، می‌توان اصول دکترین آتلانتیک‌گرایی را در عرصه سیاست خارجی روسیه تبیین نمود. بر این مبنا، دو اصل اساسی حاکم در دکترین آتلانتیک‌گرایی روسیه مبتنی بر ضرورت توسعه اقتصادی و نگرش مثبت نسبت به غرب هستند.

الف) ضرورت توسعه اقتصادی و توجه به همکاری‌های اقتصادی

تاکید بر ضرورت توسعه اقتصادی و همکاری مالی با اروپا و آمریکا از جمله مهم‌ترین اصول مورد تاکید آتلانتیک‌گرایان بود. چنان‌که در مارس ۱۹۹۲، کوزیروف اعلام کرد که روسیه برای حفظ وضعیت قدرت بزرگ بایستی بخشی از دنیای پیشرفتهٔ صنعتی باشد. او از ضرورت پیوستن روسیه به اروپای غربی و آمریکا [سخن به میان آورد] (بهرامی مقدم و ستوده، بهار و تابستان ۱۳۹۳: ۳۰). به طور کلی، آن‌چنان که یوگنی پریماکوف وزیر امور خارجه روسیه بعد از کوزیروف ابراز می‌نماید: «در نیمهٔ اول دوران ۸ سالهٔ ریاست جمهوری بوریس یلتسین در دههٔ ۱۹۹۰، دیدگاه هویتی آتلانتیک‌گرایی عنصر تعیین کنندهٔ سیاست خارجی روسیه بود. مقام‌هایی که روسیه را بر اساس این لایه هویتی درک می‌کردند، باور داشتند که مهم‌ترین وظیفهٔ سیاست خارجی روسیه تسهیل در امر پیوستن این کشور به باشگاه کشورهای دمکراتیک در غرب قارهٔ وسیع اروپا با اقتصاد بازار است. البته این کار می‌بایست با یک مبنای برابر و بدون هر گونه فشار تبعیض آمیز در پیوستن روسیه مثلاً به ناتو انجام می‌پذیرفت.

روسیه این مسیر را با پیوستن به سازمان همکاری و امنیت اروپا شروع کرد. روسیه معتقد بود که این سازمان می‌تواند امنیت را از ونکوور تا ولادی وستک در کرانۀ اقیانوس آرام تضمین نماید. روسیه همکاری خود را در دورۀ غرب‌گراها با اتحادیۀ اروپا، سازمان همکاری‌های اقتصادی و توسعه و گروه هفت گسترش داد» (پریماکف، ۱۳۹۱: ۳۸). حتی رویکرد تاکید بر همکاری‌های اقتصادی فارغ از بُعد سیاسی در مرزهای خاورمیانه هم نمود پیدا کرد.

اگرچه فدراسیون روسیه در سال‌های اولیه رهبری یلتسین در امور سیاسی منطقه خاورمیانه، سیاستی روی‌هم‌رفته غیرفعال، غیررویاروی و حتا دنباله‌روی را نسبت به واشنگتن تعقیب می‌کرد، اما این تمایل کرملین شامل فعالیت‌های اقتصادی و بازرگانی آن کشور در منطقه نمی‌شد. مسکو در زمینه‌ی علایق و منافع اقتصادی و تجاری خود در کشورهای منطقه‌ی خاورمیانه، کمتر گوش‌شنوایی به واشنگتن داشت. در عین حال، کرملین تلاش می‌کرد که مناسبات اقتصادی و خرید و فروش آن کشور با کشورهای منطقه موجبات تیره‌شدن مناسبات سیاسی مسکو ـ واشنگتن را فراهم نیاورد. به عبارت دیگر، روسیه از یک طرف می‌خواست با کشورهای منطقه در زمینه‌های اقتصادی، از فروش‌های تسلیحاتی و فناوری هسته‌ای گرفته تا کالاهای مصرفی، مناسباتی به دور از مسکو ـ واشنگتن داشته باشد و از سوی دیگر، نمی‌خواست واشنگتن را به کلی منزوی سازد (امام‌زاده‌فرد، ۱۳۷۸: ۲۰ـ ۱۴).

ب) رویکرد مثبت نسبت به غرب و تاکید هویت غربی روسیه

آتلانتیک‌گرایی یکی از لایه‌های درونی هویت روسیه است. آتلانتیک‌گرایان روسیه را جزئی از تمدن غرب می‌دانند و در تضاد با اسلاوگرایی، بر اصول و ارزش‌های مشترک روسیه و کشورهای اروپای غربی تأکید می‌کنند. در طول سه قرن گذشته عوامل مختلفی اهمیت اروپا را برای روسیه برجسته کرده است. در همین راستا، آتلانتیک‌گراها علاوه بر تأکید بر ارزش‌های مشترک روسیه با قدرت‌های غرب اروپا، بر اهمیت هم گرایی روسیه با دولت‌های اروپای غربی برای توسعۀ بیشتر روسیه تأکید می‌کنند (بهرامی مقدم و ستوده، بهار و تابستان ۱۳۹۳: ۲۹). عقاید آتلانتیک‌گرایان گاها حالتی از تندروی را به خود می‌دید و برخی از آنان هویت

شرقی و اسلاوگرایی روس‌ها را طرد می‌کردند. برخی از آنان، غیراروپایی بودن و تصور آسیایی یا اسلاو بودن روسیه را تداعی‌کننده توحش و میراث‌های ضدانسانی روسیه می‌دانند (طالبی، ۱۳۹۳: ۴۰۵).

این سیاست‌ها از زمان پایان جنگ سرد تا اواخر دوران ریاست جمهوری بوریس یلتسین، با فراز و نشیب ادامه یافت و روس‌ها به گونه‌ای ناامیدکننده انتظار داشتند با کنار گذاشتن ایدئولوژی تقابل‌جویانه مارکسیسم، غرب به ویژه ایالات متحده آمریکا نیز رویکرد غیر دوستانه خود را در قبال آن‌ها رها کرده و مرحله جدیدی از همکاری‌های استراتژیک میان دو طرف آغاز گردد. آندره کوزیروف، در واقع با چنین پیش‌فرضی در آغاز سال ۱۹۹۲ کار خود را شروع کرد. لئونید ملچین از نزدیکان او می‌گوید، کوزیروف طرفدار مشارکت راهبردی با غرب و به ویژه ایالات متحده آمریکا بود و معتقد بود دوستی با کشورهای ثروتمند و دموکراتیک از نزدیکی با رژیم‌های فقیر استبدادی بهتر است. ملچین اشاره می‌کند که کوزیروف به وی گفته است دموکراسی‌های غربی متحدان طبیعی روسیه هستند و او هرگز از این اندیشه دست بر نخواهد داشت (ملچین، ۱۳۷۹: ۲۶۰ به نقل از: واعظی، مهر ۱۳۸۶). در مجموع، از نظر کوزیروف مشارکت روسیه و ایالات متحده آمریکا عامل مهمی در سیاست جهانی است و نقش سازمان دهنده‌ای در تشکیل ائتلاف گسترده ملل دموکراتیک برای حل مشکلات فوری بین‌الملل ایفا می‌کند (کوزیروف، ۱۳۷۴: ۲۶).

٤-۲- جایگاه خاورمیانه نزد آتلانتیک‌گرایان

در ارتباط با جایگاه خاورمیانه در دکترین یا گفتمان آتلانتیک‌گرایی که در سال‌های ابتدایی دهه ۱۹۹۰ بر سیاست خارجی روسیه حاکم شده بود می‌توان ابراز داشت که خاورمیانه از مساله مبادلات تجاری با دو کشور ایران و ترکیه تا نزدیکی به اسرائیل برای سیاست‌مداران کرملین اهمیت پیدا کرد. اما واقعیت این است که بر اساس آموزه‌های این دکترین خاورمیانه و

کشورهای حاضر در این منطقه در اولویت قرا نداشتند. با این وجود، سیاست‌مداران کرملین به دو دلیل کاملا به خاورمیانه بی توجه نبودند. یکی ظرفیت‌های موجود در خاورمیانه برای پیشرفت اقتصادی روسیه و دیگری بهره‌گرفتن از هماهنگی با آمریکا در خاورمیانه برای نزدیکی هر چه بیشتر به غرب. هر چند، مقامات روس در تعاملات دیپلماتیک خود با قدرت‌های منطقه‌ای خاورمیانه همانند ایران و ترکیه حفظ منافع خود در آسیای مرکزی و قفقاز را هم لحاظ می‌نمودند.

واقعیت این است که در چارچوب دکترین آتلانتیک گرایی «کرملین دریافته بود معامله با دو کشور ایران و ترکیه در خاورمیانه نه تنها در حوزه‌های دو جانبه از قبیل تجارت و فروش تسلیحات است، بلکه مهم‌تر از همه معامله بر سر مسائل ژئوپلتیک آسیای مرکزی و قفقاز جنوبی است و این معامله به مسائلی چون مناقشات چچن، جنگ داخلی تاجیکستان، روی کار آمدن رژیم طالبان در افغانستان، افراط‌گرایی مذهبی در آسیای مرکزی و رقابت روسیه و آمریکا بر روی منابع نفت و گاز دریای خزر نیز تسری می‌یابد. در مجموع، روسیه ناگزیر از تغییر اولویت های منطقه ای است. به همین دلیل، سیاست خارجی روسیه علاوه بر تمرکز اولیه بر روی آسیای مرکزی و قفقاز و همچنین نوع رابطه با غرب، به سمت خاورمیانه سوق یافت. روسیه که در این منطقه مهم استراتژیک و غنی نفتی در جست‌وجوی موفقیتی حتی بدون یک معامله بزرگ بود، به خوبی می‌دانست این موفقیت حاصل تعادل سیاست میان ایران، عراق و شورای همکاری خلیج فارس خواهد بود، در نتیجه خلیج فارس نیز در اولویت دوم روسیه در این منطقه قرار گرفت. در درجه بعد مسئله اعراب و اسرائیل در مدار اسرائیل، سوریه، لبنان، مصر، اردن و فلسطین نیز از اولویت‌های مهم برای مسکو محسوب می‌شد. یلتسین دریافته بود در مسیر بهبود روابط با غرب، رابطه با اسرائیل می‌تواند تاکتیکی مؤثر باشد. از این رو مسکو در یک تغییر نگرش نسبت به گذشته، اسرائیل را از میان گروه کشورهای همکار نزدیک خود می‌دید (Freedman, 2000).

با نظر به این تفاسیر می‌توان بازتاب‌های سیاست غرب گرایانه را در سیاست خارجی روسیه دهه ۱۹۹۰ نسبت به خاورمیانه بیش از هر موضوع دیگری، در ارتباط با نزدیکی روسیه به کشورهای وابسته به آمریکا دانست. در این دوران روسیه به کشورهای عربِ متحد آمریکا در خلیج فارس نزدیک شد و حتی با کشور کویت پیمان‌نامه دفاعی امضا نمود و مساله فروش تسلیحات روسی به این کشورها را در دستور کار قرار داد. هم‌چنین، روسیه در حملات آمریکا به عراق با این کشور همراهی نسبی را نشان داد. در این دوران نزدیکی به کشورهای امارات متحده عربی، عربستان، ترکیه و قطر که از متحدان منطقه‌ای آمریکا بودند، در اولویت سیاست‌خاورمیانه‌ای روسیه قرار گرفت و جمهوری اسلامی ایران تا حدودی مورد بی‌توجهی روس‌ها قرار گرفت.

۳- دکترین اورآسیاگرایی و خاورمیانه

پس از پایان خوش‌بینی‌های اولیه نسبت به همکاری و تعامل سازنده با کشورهای غربی به ویژه آمریکا، شاهد چرخشی عمیق در اصول و مبانی سیاست خارجی روسیه بعد از سال ۱۹۹۶ بودیم. دکترین جدید که مبتنی بر بازگشت به مبانی اسلاوگرایی و شرقی هویت روسیه در حین توجه به هویت غربی روس‌ها بود، در قالب گفتمان اورآسیاگرایی و با مدیریت وزیر خارجه جدی یوگنی پریماکوف در دستور کار وزارت خارجه روسیه قرار گرفت. در بخش حاضر برای تبیین دکترین اورآسیاگرایی و نوع رویکرد آن نسبت به خاورمیانه، در ابتدا تاریخ‌چه این دکترین را مورد بحث قرار خواهیم داد؛ سپس مهم‌ترین نظریه‌پردازان و اصول آن را بررسی خواهیم نمود و در نهایت، سیاست خاورمیانه‌ای اورآسیاگرایان را از دوران دوم ریاست جمهوری یلستین تا کنون مورد تحلیل و واکاوی قرار خواهیم داد.

۱-۳- تاریخچه شکل‌گیری

«اورآسیاگرایی» یکی از تئوری‌های مهم در سیاست خارجی روسیه است که به نظر می‌رسد طی چند سال اخیر تأثیر مشهودی هم بر سیاست‌های کرملین گذاشته باشد. این نظریه با تأکید بر هویت متمایز روسیه از غرب، تأکید دارد که مسکو باید مواضع مستقلی در عرصه بین‌المللی اتخاذ کند. البته نظریه اورآسیاگرایی قائل به برقراری رابطه و اتحاد با قدرت های منطقه ای از جمله ایران نیز هست (الوقت، ۱۳۹٤: ٤۲٦٦۹). اورآسیاگرایی به عنوان یک حرکت فکری و سیاسی پس از جنگ جهانی اول و انقلاب ۱۹۱۷ با هدف رفع بحران‌های آن دوره توسط روشن‌فکران و نخبه‌گان روس طراحی شد. ریشه‌های اصلی اورآسیاگرایی کلاسیک به یک نوستالژی سیاسی روسی بر می‌گردد. فرزندان خانواده های مهاجر روس پس از سقوط امپراتوری روسیه و حاکمیت کمونیسم، به عنوان یک گرایش روشن‌فکرانه به تولید اندیشه‌های اورآسیاگرایانه پرداختند. در این زمینه کتاب ساویتسکی که تحت عنوان «بازگشت به شرق» در سال ۱۹۲۱ منتشر شد، اهمیت تاریخی دارد.

نظریه اورآسیاگرایی به روند خود آگاهی ملی روسی جنبه خاصی بخشیده است. نظریه اورآسیایی کلاسیک در سال های ۱۹۳۰- ۱۹۲۰ شکل نهایی به خود گرفت. در این راستا آثار معروف نیکلای تروبتسکی،[1] پتر ساویتسکی،[2] گئورگی ورنادسکی،[3] گئورگی فلوروفسکی،[4] لئو کارساوین[5] و فلاسفه و تاریخ دانان دیگر نگاشته شدند. ولو اینکه ریشه‌های این اندیشه را باید در آثار نویسندگان دوران قبل از آن جست وجو کرد. در این زمینه از جمله می توان به دانلفسکی[6] و چادایف[7] اشاره کرد. پیروان مکتب فلسفی اورآسیاگرایی اوایل قرن بیستم اندیشه های دانلفسکی و چادایف را توسعه داده و اظهار عقیده کردند که سلطه مسلمانان از تابعیت از مسیحیان لاتین بهتر بود (طالبی، ۱۳۹۳: ٤۰۵).

1- Nikolai Trubetzkoy
2- Peter Savytsky
3- Georgy Vernadsky
4- Georgi Flvrvfsky
5- Leo karSavin
6- Danlfsky
7- Chadayf

۲-۳- بنیان‌گذاران فکری و نظری

هر چند می‌توان قدمتی صد ساله را برای دکترین اوراسیاگرایی در نظر گرفت و به اشخاص سیاسی در نظام اتحاد جماهیر شوری اشاهر نمود که بر گفتمان اورآسیاگرایی تاکید داشته‌اند؛ اما به طور خاص بعد از فروپاشی اتحاد جماهیر شوروی اورآسیاگرایی را با نام یوگنی ماکسیموویچ پریماکوف[1]می‌شناسند. پریماکف از سال ۱۹۹۰ تا ۱۹۹۱ عضو دفتر سیاسی حزب کمونیست روسیه به رهبری گورباچف بود. یوگنی در سال ۱۹۹۱ به معاونت سازمان کاگ‌ب رسید و پس از تشکیل فدراسیون روسیه به عنوان وزیر اطلاعات منصوب شد و تا سال ۱۹۹٦ در این مقام به فعالیت اشتغال داشت. وی در سال ۱۹۹٦ وزیر خارجه شد. (BBC, 1394: 150626).

پریماکف با شعار جلوگیری از گسترش ناتو به شرق به وزارت خارجه آمد. در دوران مسئولیت وی چه به عنوان وزیر امور خارجه و چه به عنوان نخست‌وزیر، روسیه در دو موضوع عراق و کوزوو مواضع متفاوتی نسبت به آمریکا و برخی از کشورهای غربی اتخاذ کرد. در بحران کوزوو، روس‌ها حتی تا مرز رویارویی با مخالفین خود نیز پیش رفتند. با این حال، به رغم انتقاداتی که پریماکف نسبت به غرب داشت، سیاست خارجی روسیه تحت رهبری وی در رابطه با غرب بسیار محتاطانه عمل می‌کرد. به گفته ریچارد ساکوا[2]در خلال بحران کوزوو در سال ۱۹۹۹، ایوانف[3] وزیر امور خارجه دولت پریماکف، تمایل داشت ادبیات تندی علیه غرب به کار گیرد، اما هوشیار بود که روسیه را به انزوا نکشاند. روس‌ها در حالی که حمایت خود را از صرب‌ها و به ویژه میلوسویچ[4]اعلام می‌کردند، اما رهبری روسیه آزادی عمل خود را از دست نداد و تنها کمک‌های محدودی به میلوسویچ ارائه کرد (Sakwa, 2002: 335 به نقل از واعظی، مهر ۱۳۸٦)

---

1 Yevgeniy Maksimovic Primakov
2- Richard Sakva
3- Ivanov
4- Milosevic

علاوه بر نسل قدیمی نظریه‌پردازان و نظریه یوگنی پریماکوف، می‌توان از الکساندر دوگین[1] به عنوان نظریه پرداز نئواورآسیاگرایی نام برد. وی فیلسوفی روسی است که به عنوان پدر نظریه "نئو-یورو-ایشیانیسم" (اروپا-آسیای نو)، یا جنبش اورآسیاگرایی نظریه‌ای که بعد از فروپاشی شوروی در روسیه شکل گرفته، شناخته می‌شود (دیپلماسی ایرانی، ۱۳۹۳: ۱۹۳۸۳۲۶). «آلکساندر دوگین» را مغز متفکر پشت سیاست‌های کرملین و «عقل پوتین» نامیده‌اند، از شناخته‌شده‌ترین متفکران حال حاضر روسیه و بنیان‌گذار جریان فکری نئواورآسیاگرایی و از منتقدان جدی «جهانی‌سازی» در این کشور است (سایت الوقت، ۲۱ بهمن ۱۳۹٤: ٤۲٦٦۹).

دوگین در کتابی به نام «تئوری چهارم»[2]سیاست سعی کرده تا نئواورآسیاگرایی خود را تئوریزه نماید. وی در این کتاب که سال ۲۰۰۹ در روسیه منتشر شد، می‌نویسد: «قرن بیستم به پایان رسیده است و ما تازه الان است که کم‌کم داریم این مطلب را به طور کامل درک می‌کنیم. قرن بیستم، قرن ایدئولوژی‌ها بود». وی در توصیف منظورش از تئوری چهارم ابتدا از سه ایدئولوژی زنده و حاضر در قرن بیستم نام می‌برد: فاشیسم، کمونیسم و لیبرالیسم. دوگین سپس توضیح می‌دهد از زمانی که فاشیسم و کمونیسم شکست خورده و به تاریخ پیوستند، لیبرالیسم در عرصه، بی‌رقیب تاخت‌وتاز می‌کند و حتی وانمود می‌نماید که نه یک ایدئولوژی در کنار دیگر ایدئولوژی‌های دیگر، بلکه یکی از اجزای «طبیعی» حیات بشری است.به عقیده دوگین با فروپاشی اتحاد جماهیر شوروی مشخص شد که سرنوشت بشر و «پایان تاریخ»، وجه مارکسیستی ندارد، بلکه به نظر می‌رسید دارای همان شکل لیبرالی باشد که «فرانسیس فوکویاما» فیلسوف آمریکایی با اعلام «پایان تاریخ» و پیروزی قطعی و همیشگی بازار آزاد، لیبرالیسم، آمریکا و دموکراسی بورژوازی در آگاه ساختن بشریت از آن عجله کرده بود. آلکساندر دوگین در کتاب خود به دنبال آن است که با مطرح کردن یک تئوری چهارم که همان «نئواورآسیاگرایی» است، این تئوری را در مقابل لیبرالیسمی قرار دهد که اکنون یکه‌تازی

1- Alexander Dugin
2- The fourth theory

می‌کند. دوگین هم‌چنین می‌خواهد سیاست چهارم را به عنوان جایگزین و دربرگیرنده رقبای قبلیِ لیبرالیسم و آتلانتیسیسم و در حقیقت، ترکیب جریان‌های غیرلیبرال معرفی کند، اول در روسیه و بعد در جهان (همان).

۳-۳- اصول، مبانی و اهداف اورآسیاگرایی

اورآسیاگرایی یک فلسفه سیاسی است که دارای سه سطح خارجی، میانی و داخلی می‌باشد. در سطح خارجی- جهان چند قطبی است. بدان معنی که چندین مرکز جهانی تصمیم گیری وجود دارد، که یکی از آن‌ها اورآسیاست. منظور از اورآسیا تنها روسیه نیست، بلکه روسیه به همراه کشورهای شوروی سابق می‌باشد. در سطح میانی هم‌گرایی کشورهای شوروی سابق در ایجاد مدل فراملی (دولت‌های مختلف) است. در سطح سیاست داخلی – به معنای ساختار سیاسی جامعه که به عنوان ارزش در ارتباط با حقوق شهروندی مدل لیبرال و ملی‌گرایی بررسی می‌شود. این سه سطح فلسفه اورآسیاگرایی است که بر مبنای آن‌ها تنها یک شکل سیاست خارجی شکل می‌گیرد که متفاوت با جهانی شدن، جهان تک قطبی، ملی‌گرایی، امپریالیسم و لیبرالیسم است. پس اورآسیاگرایی به طور کلی مدل منحصربه فردی از سیاست خارجی است.

واژه‌های اورآسیا و اورآسیاگرایی از سال ۱۹۹۱ در حوزه های روشنفکری و سیاسی پس از شوروی مطرح شده‌اند. براساس این مفاهیم، روسیه و کشورهای حاشیه‌ی آن، جایگاهی دوگانه یا واسط میان اروپا و آسیا دارند و فرهنگ آن‌ها آمیزه‌ای از فرهنگ مردمان اسلاو و مسلمانان ترک است اورآسیاگرایان با نگاه هم‌زمان به شرق و غرب سیاست خود را در حوزه جهان شمولی تعریف کردند. اورآسیایی‌ها به ویژگی‌ها و مشخصات جغرافیایی و قومی روسیه به خصوص موقعیت میانی آن بین اروپا و آسیا اشاره می‌کردند (لاروئل، ۱۳۹۰: ۱۱).

به‌طور کلی، گفتمان اورآسیاگرایی بر چهار عنصر گفتمانی استوار است. "تسلط بر سرزمین‌های شوروی سابق و ضدیت با حضور ایالات متحده آمریکا در این مناطق"، "عدم تقابل با جهان

اسلام"، "ضدیت با نظام تک قطبی مورد نظر آمریکا"، "توازن بین شرق و غرب" (قاسمی، اسفند ۱۳۹۳). در ادامه به تفصل پیرامون این چهار عنصر گفتمانی توضیحاتی را ارائه خواهیم نمود.

الف) حفظ حوزه نفوذ بر مناطق تحت کنترل شوروی سابق (قفقاز و آسیای مرکزی)

تعربف اورآسیا گرایان از هویت روسیه با تعریف آتلانتیک‌گرایان و یا اسلاوگرایان فرق دارد. آن‌ها تاکید می‌نمایند که روسیه یک هویت تلفیقی آسیایی و اروپایی دارد. آن‌ها بعد جغرافیایی روسیه را برجسته می‌نمایند و بر این باورند که روسیه اگر خود را تنها اروپایی یا تنها آسیایی تصور نماید برای منافع ملی کشور زیان بار خواهد بود. اورآسیاگرایان بر این باورند که ادغام روسیه در اروپا و یا آسیا موجب حاشیه‌ای شدن روسیه در عرصه سیاست خارجی می‌شود و روسیه گرفتار مسائل ناشی از موانع تطابق خویش با فرهنگ و تمدن اروپایی و یا آسیایی خواهد شد (طالبی، ۱۳۹۳: ٤٠٥).

از این رو، روسیه می‌بایستی مناطق نفوذ خود را در عرصه منطقه‌ای و بین‌المللی حفظ نماید و از نفوذ آمریکا در این مناطق پیش‌گیری به عمل آورد. زیرا، نفوذ آمریکا در مناطقی همانند آسیای مرکزی، قفقاز و خاورمیانه تهدیدی علیه منافع ملی روسیه می‌باشد. در این سطح گفتمان اورآسیاگرایی را می‌توان کاملا منطبق و هم‌خوان با چارچوب نظری موردنظر در انجام پژوهش دانست. بدین معنی که واکنش روسیه کاملا بر اسا حفظ منطقه نفوذ و موازنه تهدید است. یعنی همان اصولی که رئالیست‌های تدافعی بر آن صحه می‌گذارند.

ب) عدم تقابل با جهان اسلام

یکی از اصول اساسی مطرح شده در دکترین یا گفتمان اورآسیاگرایی سیاست نزدیکی و تنش‌زدایی با کشورهای اسلامی و مسلمانان حاضر در مرزهای کشور روسیه است. دلایل طرح این رویکرد را به‌طور عمده می‌توان با وجود جمهوری‌های مسلمان در محدوده حاکمیت

سرزمینی روسیه مرتبط دانست. «تقریباً تمامی جمهوری‌هایی که در مجموعه فدراسیون روسیه مستعد جدایی‌طلبی هستند و در گذشته نیز سابقه این امر را داشته‌اند جمهوری‌های مسلمان‌نشین روسیه مانند، داغستان، تاتارستان، چچن و اینگوش هستند. بنابراین گسترش روابط با کشورهای اسلامی احتمال حمایت خارجی از جریان‌های جدایی‌طلب را در این جمهوری‌ها کاهش داده و در صورت وقوع چنین مسئله‌ای از تبدیل آن به یک مسئله اسلامی جلوگیری می‌کند. [علاوه بر این در سال‌های ابتدایی قرن بیستم] درخواست روسیه برای عضویت ناظر در سازمان کنفرانس اسلامی، اگر چه در آغاز نامأنوس به نظر می‌رسید، اما با توجه به هدف روسیه در خصوص ایجاد فرصت‌های تأثیرگذاری بر جهت‌گیری‌های کلان کشورهای اسلامی اقدامی معنادار و حساب شده بود. در این مسیر مهم‌ترین معضل روسیه این است که در میان کشورهای اسلامی هیچ کشوری وجود ندارد که از مرجعیت گسترده‌ای در میان کشورهای اسلامی دیگر برخوردار باشد و به همین دلیل روس‌ها هدف خود را اولاً از طریق عضویت در سازمان کنفرانس اسلامی و ثانیاً از طریق گسترش روابط متوازن با اغلب کشورهای اسلامی دنبال می‌کنند. سرگئی لاوروف، وزیر امور خارجه روسیه، در اجلاس وزرای خارجه کشورهای عضو سازمان کنفرانس اسلامی تأکید کرد که تعمیق روابط متقابل روسیه و جهان اسلام به تقویت امنیت و ثبات در جهان کمک می‌کند. روس‌ها تقریباً تردیدی ندارند که در نظام بین‌المللی آینده جهان اسلام نقش تعیین کننده‌ای را در معادلات بین‌المللی ایفا خواهد کرد. به همین دلیل، رهبران روسیه به دنبال راه‌هایی هستند که موقعیت و جایگاه خود را در جهان اسلام تقویت کنند. کوشش پوتین برای برگزاری کنفرانس بین‌المللی صلح خاورمیانه در مسکو که توسط اسرائیل ناکام گذاشته شد، احتمالاً اقدامی در این جهت بوده است (شوری، شهریور ١٣٨٤).

واقعیت این است که هراس روسیه از اسلام‌گرایی باعث شده تا این کشور تلاش کند که خود را مدافع اسلام نشان دهد و در راستای صلح اعراب و اسراییل ضمن پرهیز از جانب‌داری، خود را خواستار صلح نشان دهد که البته عدم تقابل با دنیای اسلام نیز از عناصر گفتمان اورآسیاگرایی است. واکنش پوتین به حمله اسراییل به نوار غزه در ٨ جولای ٢٠١١ و

تاکید بر ضرورت هر چه سریعتر آتش بس را در این راستا می توان ارزیابی کرد (قاسمی، اسفند ۱۳۹۳).

ج) ضدیت با نظام تک‌قطبی تحت رهبری آمریکا

بعد از پایان جنگ سرد و با شروع دهۀ پایانی قرن بیستم برای سومین‌بار در این قرن آمریکا نیت خود را برای ایجاد نظم نوین جهانی با به‌کارگیری ارزش‌های داخلی خود در سطح جهانی اعلام نمود (۳). در دنیای پس از جنگ سرد، آمریکا تبدیل تنها ابرقدرت موجود با توان دخالت در هر نقطه جهان شد. در واقع، پایان جنگ سرد منجر به محیطی گردید که موسوم به جهان «یک قطبی» یا «یک ابرقدرتی» گردید (کیسینجر، ۱۳۸۳: ۵۷۵-۵۶۷). اساس نظم نوین جهانی بعد از فروپاشی شوروی، در قالب هدف اصلی آمریکا از ایجاد نظم جدید قابل تحلیل می‌باشد. «در نظم نوین جهانی هدف اصلی آمریکا ایجاد تعادل بین وسوسۀ دوگانه‌ای بود که در اعتقاد به استثنائی بودن آمریکا نهفته است: از یک سو، اعتقاد به این‌که آمریکا باید هر بدی را معالجه کند و هر چیزی را که از جای خود خارج شده در جای خود قرار دهد، و از سوی دیگر، غریزه نهفته فرورفتن به درون خود (همان: ۶۰۸). اما این موضوع به‌تدریج از سوی سیاست‌مدارن روس مورد انتقاد قرار گفت و در چارچوب دکترین اورآسیاگرایی مقابله با نظام تک‌قطبی به رهبری آمریکا مورد انکار و تردید قرار گرفت. بر همین مبنا نقش رهبری جبهه مخالف هژمونی آمریکا در نظام بین‌الملل، به‌عنوان یکی از اصول دکترین اورآسیاگرایی مطرح شد.

د) توازن بین شرق و غرب

منطق اورآسیاگرایی بیش از منطقه اورآسیا بر بعد جهانی جایگاه روسیه میان شرق و غرب تاکید می‌نماید و از چشم‌انداز جهانی بر این باور است که روسیه می‌بایست با مراکز متعدد قدرت و نفوذ در جهان تعامل داشته باشد. آن‌ها به گسترش تعامل روسیه با قدرت‌های مهم غربی و شرقی باور دارند و از روابط روسیه با ایالات متحده آمریکا، قدرت‌های اروپایی،

چین، ژاپن، ایران و سایر دولت‌های جهان حمایت می‌کنند، در وقع آن‌ها به روند ظهور یک جهان چند قطبی اشاره می‌کنند، اورآسیاگرایان روسیه را بازیگری پیوند خورده با آسیا و اروپا تصور می‌نمایند که هم به جهان کشورهای شمال متعلق است و هم به جهان کشورهای جنوب (سنایی و کرمی، ۱۳۸۷: ٤۲).

بر اساس ایده‌ی الکساندر دوگین مشاور ولادیمیر پوتین و نظریه‌پرداز نئواورآسیاگرایی، روسیه باید حضور اثرگذار در عرصه سیاسی جهان داشته باشد و رهبری جریان ضدلیبرال دموکراسی را به عهده بگیرد. دوگین معتقد است روسیه به لحاظ فرهنگی، به شرق تعلق دارد و باید به عنوان رهبر، در برابر جهان تک‌قطبی «غربی-آمریکایی» بایستد. منظور وی از آن‌چه که اورآسیا می‌نامد، روسیه بزرگ است که متحدانی دارد، از جمله ایران، ترکیه، چین، هند و برخی کشورهای اروپای شرقی. وی در تعریف اورآسیاگرایی می‌گوید: «اورآسیاگرایی یک فلسفه سیاسی با سه سطح خارجی، میانی و داخلی است. این نظریه در سطح خارجی، مشتمل بر جهان چندقطبی است، یعنی چندین مرکز جهانی تصمیم‌گیری وجود دارد که یکی از آن‌ها اورآسیاست. منظور از اورآسیا، روسیه به هم‌راه کشورهای شوروی سابق است (alwaght.com، ۲۱ بهمن ۱۳۹٤).

۳-٤- جایگاه خاورمیانه نزد اورآسیاگرایان

هر چند در دکترین های تحلیلی مصوب سیاست خارجی روسیه، خاورمیانه به عنوان یک اولویت مطرح نشده، ولی در ارتباط مستقیم با منافع حیاتی، استراتژیک و حیثیتی این کشور تعریف می‌شود. تسلط بر سرزمین های شوروی سابق و جلوگیری از نفوذ ایالات متحده آمریکا در این منطقه، تسری اسلام‌گرایی به روسیه و آسیای مرکزی و قفقاز، و احیاء قدرت سابق روسیه به‌عنوان یک قطب موثر در نظام بین‌الملل، از مواردی هستند که در ارتباط با این منافع می باشند. گفتمان اورآسیاگرایی ، گفتمان مناسبی برای تبیین رویکرد سیاست خارجی

روسیه در خاورمیانه است... اورآسیاگرایی در درجه اول برهم‌گرایی سرزمین‌های شوروی سابق تمرکز دارد و در درجه دوم تاکید بر این دارد که روسیه بایستی ضمن این‌که در نظام بین‌الملل از موضع مستقلی برخوردار باشد، باید روابط چند جانبه با شرق و غرب برقرار کند که در این میان، خاورمیانه و بخصوص ایران باید لحاظ شوند (قاسمی، اسفند ۱۳۹۳).

درک روسیه از منطقه خاورمیانه با توجه به نگاه ژئوپلیتیکی است که نشات گرفته از گفتمان اورآسیاگرایی است. در واقع خاورمیانه جایی است که منافع منطقه‌ای، جهانی و حیثیتی روسیه تلاقی پیدا می کند. عناصر گفتمانی اورآسیاگرایی به عنوان یک محرک عمده در سیاست خاورمیانه‌ای روسیه باعث شده است تا این کشور با نشان دادن توجه خاص به این منطقه، در واکنش به جریانات مربوط به بحران اوکراین و تحریم‌های اقتصادی، هر چه بیشتر با کارت بازی خاورمیانه عمل کند. روسیه در تلاش است تا با گسترش روابط اقتصادی و نظامی با کشورهایی مثل ایران و ترکیه، آسیب‌ها را به حداقل برساند و شرایط را به نفع خود مدیریت کند. با نظر به این مقدمات سیاست خاورمیانه‌ای اورآسیاگرایان را در قالب دوران‌های مختلف ریاست جمهوری روسیه از سال ۱۹۹۶ تا کنون به طور خاص مورد بررسی قرار خواهیم داد.

الف) دوران بوریس یلستین و پریماکوف

ورود گفتمان اورآسیاگرایی به کارنامه سیاست خارجی دوران حکومت یلیستین را می‌بایست در دوران دوم انتخاب او به عنوان رئیس جمهور روسیه در سال ۱۹۹۶ مورد خوانش و بررسی قرار داد. در این دوران بر اساس نگاه اورآسیاگرایانه وزیر خارجه وقت یعنی یوگنی پریماکوف، گذار از گفتمان آتلانتیک‌گرایی به‌شکل جدی آغاز شد.

در ارتباط با سال‌های پایانی دوران ریاست جمهوری یلستین و سیاست‌های اورآسیاگرایانه‌ی او نسبت به خاورمیانه می‌توان به دیپلماسی فعال مسکو نسبت به خاورمیانه اشاره نمود. پریماکوف سیاست فعالی را در قبال منطقه خاورمیانه در پیش گرفت. سیاستی که به منظور

اعلام مجدد منافع سیاسی، اقتصادی و راهبردی فدراسیون روسیه در منطقه بود. در این سیاست اعلام حضور فعال، کرملین به حساسیت‌ها و ملاحضات واشنگتن نسبت به منطقه خاورمیانه توجه اندک نشان می‌داد و حتا در بسیاری از موارد آن حساسیت‌ها و ملاحضات را نادیده گرفته، منافع آمریکا را به چالش خواند. در چارچوب این الگو، مسکو خود را همتا و رقیب واشنگتن می‌دید و ملاحضات «مجموع صفر» خاص زمان جنگ سرد کموبیش در رفتار و ایستار روس‌ها نسبت به آمریکا وجود داشت. هدف‌های عمده مسکو در منطقه خاورمیانه در قالب این الگو به شرح زیر بودند:

نخست: تلاش برای به غنیمت‌شمردن فرصت‌ها و تحصیل هرچه بیشتر منافع سیاسی راهبردی و اقتصادی از منطقه خاورمیانه.

دوم: تلاش برای حفظ دستاوردهای سیاست خارجی شوروی سابق در منطقه، تحکیم مناسبات مسکو ـ کشورهای منطقه خاورمیانه و گرفتن وام از شیوخ ثروتمند عرب (امام‌زاده‌فرد، ۱۳۷۸: ۲۰ ـ ۲۵).

ب) دوران ویلادیمیر پوتین (۲۰۰۸-۲۰۰۰): عمل‌گرایی روسی یا نئواورآسیاگرایی

یکی از مهم‌ترین ویژگی‌هایی که روسیه را متمایز از دیگر کشورهای بزرگ قاره اروپا می‌کند همانا تداوم و استمرار فرهنگ سیاسی حاکم بر کشور در طول سده‌های اخیر بوده است. ولادیمیر پوتین رهبر واقعی کشور همان ارزش‌های سیاسی را به نمایش می‌گذارد که در دوران تزارها مشروعیت، در عصر کمونیست‌ها راه‌گشا و در دوران پسا حاکمیت تک حزبی اعتبار داشتند. روسیه به عنوان یک کشور اروپایی غوطه‌ور و آکنده از ارزش‌های قاره می‌باشد ولیکن آن‌چه این جغرافیا را ماهیتی متمایز در مقام مقایسه با دیگر بازیگران قاره اعطا می‌کند، همانا پیوستگی تاریخی در این جامعه می‌باشد (دهشیار، دی ۱۳۸۸).

روی کار آمدن پوتین در ۲۰۰۰ میلادی و شکست رقبای اوراسیاگرا و اسلاوگرایش در تقلای کسب کرسی ریاست جمهوری کشور، نخستین نشانه‌های سمبلیک از کاهش تأثیرگذاری اوراسیاگرایی به شکل سابق (دوران پریماکوف) بر سیاست خارجی روسیه در دورهٔ پس از یلتسین است. در نخستین دورهٔ ریاست جمهوری پوتین که از سال ۲۰۰۰ آغاز شد، ترجیحات و اولویت‌های اوراسیاگرایی در سیاست خارجی روسیه کم‌رنگ و سپس آتلانتیک‌گرایی هرچه بیشتر به حاشیه رانده شد. گرچه در اولین دورهٔ ریاست جمهوری پوتین جهان نظاره‌گر همکاری روسیه با ایالات متحده در جنگ بر علیه طالبان افغانستان بود، اما این همکاری‌ها بر اساس اوراسیاگرایی و یا آتلانتیکگرایی استوار نبود، بلکه نمودی از سیاستهای عمل‌گرایانه و برآیندی از تحولات هویت درونی روسیه بودند. در دومین دورهٔ ریاست جمهوری پوتین که از ۲۰۰٤ تا ۲۰۰۸ به طول انجامید روسیه بیش از چهار سال پیشتر از آن از غرب فاصله گرفت (بهرامی مقدم و ستوده، بهار و تابستان ۱۳۹۳: ۳۰).

در سال‌های بعد از فروپاشی شوروی سابق، نابه سامانی‌های اجتماعی، غارت منابع زیرزمینی کشور به وسیله عده معدودی که دارای ارتباطات نزدیک با دستگاه حاکم بودند و فروش یک‌پارچه کارخانه‌ها و تأسیسات دولتی به معدودی از صاحبان سرمایه و مهم‌تر از همه شکل گرفتن جنگ‌های داخلی در مناطق جنوبی کشور، در نهایت به قدرت رسیدن ولادیمیر پوتین را گریزناپذیر ساخت. او که هیچ‌گاه ناراحتی و ناخشنودی خود را از سقوط اتحادیه شوروی پنهان ننموده است، تا آن‌جا پیش رفت که از بین رفتن نظام کمونیستی و تقسیم جغرافیایی برخاسته از آن را بزرگترین حادثه ناگوار ژئوپولیتیک قرن بنامد (دهشیار، دی ۱۳۹۰).

در ابتدای به قدرت رسیدن، پوتین رویکرد مثبتی نسبت به غرب داشت و تا حدودی به مواضع آتلانتیک‌گرایان نزدیک شد. اما، وقوع برخی از رویدادها در مدت زمانی کوتاه بازبینی پوتین در رویکرد و نوع تعامل خود با غرب را در پی داشت. از این دوران به بعد پوتین با

بهره‌گیری از رهنمودهای الکساندر دوگین نظریه پرداز نئواورآسیاگرایی تا سال ۲۰۰۸ رویکرد تقابل و همکاری با غرب را با جوهر ملی گرایی روس، بر سیاست خارجی روسیه حاکم نمود.

به‌طور کلی، سیاست خارجی دولت پوتین در ماه‌های اول دنباله رو سیاست‌های یوگنی پریماکف بود که بر خلاف سال‌های اول پس از فروپاشی اتحاد جماهیر شوروی چندان هم‌گرایی با سیاست‌های ایالات متحده آمریکا نداشت. پریماکف طرفدار همکاری و رابطه با کشورهایی چون چین، هند و ایران و دیگر کشورها برای موازنه قدرت با هژمونی آمریکا بود. اما به زودی در اوایل سال ۲۰۰۱ حتی قبل از حملات یازده سپتامبر، پوتین خط مشی سیاسی خود را عوض کرد و به سوی همکاری با کشورهای غرب کشیده شد. البته این رویکرد رئالیستی مسکو بیشتر بر پایه بی‌اعتمادی به چین بود. هم‌گرایی روسیه با آمریکا در این دوره به نحوی بود که از سال های ۲۰۰۱ تا ۲۰۰۲ مسکو برای توسعه ناتو در آسیای مرکزی برای عملیات نظامی علیه افغانستان با آمریکا همکاری می کرد و این هم گرایی در تداوم همکاری در قرارداد، قرارداد ABM[1] ضد موشک بالستیک، استارت یا کاهش سلاح های استراتژیک[2] قرارداد نسل جدید تسلیحات هسته‌ای، حضور نظامیان آمریکا در گرجستان و عراق نیز ادامه داشت و در نتیجه موجب کاهش بدگمانی دوجانبه میان ایالات متحده و روسیه شده بود. اما به زودی ایالات متحده با لغو یک جانبه معاهده ضد موشک بالستیک و دخالت در نتیجه انتخابات ریاست جمهوری اکراین بر سیاست خارجی روسیه نیز اثر گذاشت (IEEJ Newsletter, 2005 به نقل از: عابدی، تابستان ۱۳۸۸: ۱۱۷). در نتیجه پوتین با مشورت‌های دوگین، با طرح مساله ملی‌گرایی در سیاست خارجی مسیر تقابل با غرب و توجه به شرق یا به عبارتی رهبری جبهه مخالف هژمونی آمریکا و لیبرال دموکراسی را در پیش گرفت.

از همان آغاز ورود به صحنه سیاسی تا به امروز، پوتین به ارزش‌های ملی روسی بسیار پرداخته و آن را پراهمیت و پررنگ در خط مشی‌های خود قرار داده است. کشور روسیه از همان آغاز شکل‌گیری که به اواخر قرن دهم بر می‌گردد همیشه تجلی‌گر بعد اقتدارگرایانه

1- Anti-Ballistic Missile Treaty
2- Strategic Arms Reduction Treaty (START)

فرهنگ و تمدن اروپایی بوده است (دهشیار، دی ۱۳۹۰). هم‌چنین، تاثیر گفتمان اورآسیاگرایی از آغاز به قدرت رسیدن پوتین تا کنون روز به روز پررنگ‌تر شده است. البته دگرگونی در شرایطی مثل جریانات شورش‌های خاورمیانه، بحران اوکراین و تحریم‌های اقتصادی روسیه در پررنگ‌تر شدن عناصر گفتمانی اورآسیاگرایی روسیه مثل واکنش نسبت به مسایلی از قبیل بحران سوریه و تلاش برای گسترش روابط با ایران و ترکیه نقش مهمی داشته‌اند (قاسمی، اسفند ۱۳۹۳).

اما در ارتباط با نوع رویکرد نئواورآسیاگرایی نسبت به خاورمیانه می‌توان در قالب سه اصل اساسی حاکم بر اصول سیاست سیاست خارجی روسیه در دوران ریاست جمهوری اول و دوم پوتین، جایگاه خاورمیانه را در سال‌های بعد از ۲۰۰۰ مورد واکاوی قرار داد. این سه اصل بنیادی عبارتند از:

۱- عدم انفعال و عقب‌نشینی نسبت به پیش‌روی‌های غرب در مناطق تحت نفوذ روسیه

تا پیش از آغاز بحران اوکراین در اواخر سال ۲۰۰٤، مخالفت‌های روسیه با برخی از سیاست‌های غرب و آمریکا کمتر ابعاد واقعی و عملی به خود می‌گرفت و اغلب به نمایش‌های ناامیدکننده‌ای از اعتراضات و مخالفت‌های لفظی ختم می‌شد. بحران اوکراین شاید نخستین عرصه‌ای بود که پس از فروپاشی شوروی، روس‌ها تلاش سازمان‌یافته‌ای را در خارج از مرزهای خود برای حفظ منافع ملی روسیه و در مخالفت با غرب دنبال کردند. پس از بهبود نسبی شرایط اقتصادی و سیاسی در داخل، پوتین در دور دوم ریاست جمهوری خود این فرصت را یافت که بازسازی اقتدار روسیه در خارج از کشور و در عرصه‌های منطقه‌ای و بین‌المللی را در دستور کار خود قرار دهد. در این راستا، افزایش جهانی بهای انرژی از یک سو و توسعه توان صادراتی روسیه از سوی دیگر، اهرم‌های تازه‌ای را در اختیار پوتین قرار داده بود تا در صورت نیاز به اعمال فشار بر برخی از کشورهای مصرف کننده انرژی بپردازد. قطع صادرات گاز روسیه به اوکراین و در واقع اروپا در آغاز سال میلادی ۲۰۰٦ نخستین نمایش قدرت روسیه در این عرصه تازه به‌شمار می‌رفت (واعظی، مهر ۱۳۸٦). در واقع، پوتین

با عمل‌گرایی خاص خود نه تنها در برابر خواسته‌های آمریکا و اتحادیه اروپا عقب‌نشینی را در دستور کار قرار نمی‌دهد؛ بلکه با اتخاذ تصمیمات قطعی وارد فاز تهدید می‌شود.

۲- به کارگیری سیاست مذاکره سیاسی و همکاری اقتصادی با کشورهای غربی جهت گرفتن امتیازات بیشتر

تجارب دههٔ ۱۹۹۰ سبب تقویت این احساس در روسیه شده است که در صورت مشارکت و ادغام در نظم هژمونیک غربی این کشور وضعیتی حاشیه ای در این نظم خواهد داشت. بنابراین روسیه از مشارکت در بازتولید نظم هژمونیکی که خود در آن وضعیت حاشیه‌ای دارد، اجتناب می‌نماید. این ایده برخلاف باور آتلانتیک‌گرایان است که در صدد ادغام روسیه در ارزش‌ها و نظم لیبرال غربی بودند، از طرفی نیز متمایز از دیدگاه اسلاوگرایان است که هدف به چالش کشیدن غرب را دنبال می‌کردند. به عبارت دیگر، روسیه در دههٔ گذشت نه در صدد ادغام در نظم هژمونیک غربی بوده و نه در صدد ویران کردن این نظم، بلکه به دور از گرایش‌های ایدئولوژیک آتلانتیک‌گرایان و اسلاوها و تعلقات اورآسیاگرایان بر عمل‌گرایی در سیاست خارجی متمرکز شده است (Hopf, 2009: 3).

در همین راستا، یکی از اصولی که مقامات سیاسی روس در سال‌های بعد از ۲۰۰۰ در کنار تاکید بر تضاد منافع و تقابل با خواسته‌های غرب و در رأس آن آمریکا بدان تاکید داشته است، رویکرد مذاکره سیاسی و همکاری اقتصادی با برخی از قدرت‌های حاضر در اتحادیه اروپا و کشورهای شرق آسیا بوده است. روسیه در سال‌های بعد از ۲۰۰۰، در دو محور «مسکو-برلین- پاریس» و «مسکو- پکن- دهلی‌نو) در پی گسترش حوزه نفوذ خود برآمده است.

از یک سو، در سال‌های ابتدایی هزاره جدید به نظر می‌رسید که کشورهای آلمان و فرانسه همانند روسیه از یک‌جانبه‌گرایی آمریکا ناراضی بودند. مقامات روسیه، آلمان و فرانسه دلایل متعددی برای نزدیکی به یکدیگر داشتند. برای نمونه «آلمان و فرانسه نیز پیوند با مسکو را برای کاهش تهدیدها، تقویت اروپای قدیم، ایفای نقش مؤثرتر در مسائل بین‌المللی مانند

مسئله عراق و نهایتاً تأیید عضویت آلمان در شورای امنیت ضروری می‌دانند (شوری، شهریور ۱۳۸٤). هم‌چنین، روس‌ها برای بهبود وضعیت اقتصادی خود به شدت نیازمند همکاری و بالا بردن حجم صادرات مواد انرژی و صنعتی خود به اروپا بودند. از این جهت پوتین سیاست نزدیکی هر چه بیشتر به دو کشور فرانسه و آلمان را در دو دوره اول ریاست جمهوری خود مورد تاکید و توجه ویژه قرار داد.

در سوی دیگر، شاهد تلاش پوتین برای ایجاد ارتباط نزدیک با کشورهای هند و چین بوده‌ایم. مقامات مسکو برای ممانعت از گسترش حوزه نفوذ آمریکا در شرق آسیا از یک طرف و پیش‌گیری از منزوی شدن روسیه از طرف دیگر، رویکرد همکاری با غرب را در دستور کار قرار دادند. برای نمونه پذیرش عضویت ناظر ایران، هند و پاکستان در سازمان همکاری شانگهای را می‌توان یکی از نمودهای تلاش روسیه برای شکل‌دادن به محور مسکو–دهلی‌نو و پکن دانست.

علاوه بر تلاش‌های پوتین برای گسترش سطح روابط دیپلماتیک و حوزه نفوذ سیاسی و اقتصادی در اروپا و شرق آسیا، در ارتباط با خاورمیانه هم شاهد توجهی محدود به مساله اسلام‌گرایی بوده‌ایم. روسیه در تمامی سال‌های بعد از ۱۹۹۱ برای جلوگیری از استقلال‌طلبی میان جمهوری‌های مسلمان‌نشین خود از جمله چچن، همواره تلاش نموده است از گسترش اسلام‌گرایی رادیکال و نفوذ جریان‌های اسلامی تندرو به مناطق تحت نفوذ خود پیشگیری به عمل آورد. پوتین در دوران اول ریاست جمهوری خود استراتژی گسترش ارتباطات با کشورهای مسلمان و به طور ویژه سازمان کنفرانس‌های اسلامی را در پیش گرفت. این اقدام رئیس جمهور روس‌ها، به شدت مورد استقبال رهبران کشورهای خاورمیانه قرار گرفت. زیرا بعد از حادثه ۱۱ سپتامبر رویکرد غالب غرب بر مبنای اسلام ستیزی و ضدیت با مسلمانان بود؛ از این رو، رویکرد تساهل‌گرایانه‌ی مسکو نسبت به مسلمانان به شدت مورد اسقبال قرار گرفت. از همین دوران به بعد زمینه‌ها برای حضور هر چه بیشتر مسکو در خاورمیانه مهیا شد.

۳- تلاش برای گسترش نفوذ در سطح فرامنطقه‌ای و تجدید جایگاه سنتی روسیه در نظام بین‌الملل

با نگاه به رویکرد و مواضع ویلادیمیر پوتین نسبت عرصه روابط بین‌الملل که در راستای تداوم همان اصول اورآسیاگرایی است؛ به وضوح می‌توان تاکید ویژه‌ی پوتین بر ملی‌گرایی روسی را نوعی ابداع او در معنابخشی به اصول اورآسیاگرایی دانست. واقعیت آن است که روسیه با ولادیمیر پوتین رقابت شدیدتری را با آمریکا در قفقاز جنوبی و آسیای مرکزی را به صحنه آورد و چالش‌های جدیدتری را با تلاش آمریکا برای بسط نفوذ خود در حیاط خلوت روسیه را متجلی ساخت. روسیه در سازمان ملل و بالاخص در شورای امنیت از ابزار غیر منعطف‌تری برای مشروعیت بخشیدن به سیاست بسط قدرت خود در صحنه جهانی سیاست در برابر تلاش آمریکا بهره جست. برای ولادیمیر پوتین آشکار بود که استفاده از محرک ملی‌گرایی با توجه به سابقه کم‌رنگ لیبرالیسم در این کشور و بی تفاوتی نسبت به فرایندهای دموکراتیک از کارایی فراوان در راستای تحکیم قدرت و ایجاد محبوبیت برخوردار است. این بدان معنی است که سیاست خارجی روسیه در قبال آمریکا ماهیت و جهت‌گیری خصمانه تری پیدا کرد (دهشیار، دی ۱۳۹۰). با نظر به این تحولات کلی و رقابت آمریکا و روسیه در سطح بین‌المللی، نوع رویکرد خاورمیانه‌ای مسکو در دوران اول و دوم ریاست جمهوری پوتین قابل تبیین است.

ج) دوران دیمیتری مدودف (۲۰۱۲-۲۰۰۸)

از زمانی که دیمیتری مدودف تحت حمایت ولادیمیر پوتین به مقام ریاست جمهوری روسیه رسید، مباحث مختلفی در خصوص سیاست خارجی این کشور مطرح شد که تاکنون نیز ادامه یافته است. اگر چه تغییرات صورت گرفته در کرملین و جابجایی در مناصب کلیدی روسیه به نحوی بود که در وهله‌ی نخست نمی‌شد دگرگونی محسوسی را در عرصه‌های سیاسی این

کشور انتظار داشت، با این حال گذر زمان نشان داد که مدودف نسبت به پوتین از نرمش بیشتری در سیاست خارجی برخوردار است و سعی می‌کند از خود جلوه‌ی یک رهبر دموکراتیک و لیبرال‌تر را به نمایش بگذارد (بهمن، ۲۲ خرداد ۱۳۸۹).

در دوران زمامداری مدودف، دستگاه دیپلماتیک روسیه بیشتر به سوی غرب‌گرایی متمایل شد. در روز ۱۲ نوامبر ۲۰۰۹، دیمیتری مدودف رئیس جمهور فدراسیون روسیه، دومین پیام سالانه ی خود را برای مجمع فدرال قانونگذاری (مجلس دوما و مجلس شورای فدراسیون روسیه) در کرملین قرائت کرد، "حمایت از چندقطبی بودن جهان"، "احیای جایگاه ابرقدرتی روسیه"، "پی گیری سیاست خارجی عمل گرایانه"، "حرکت در راستای مدرنیزه سازی کشور" و "تحکیم مواضع سازمان ملل متحد" را مهمترین محورهای سیاست خارجی روسیه عنوان نمود. آنگونه که مدودف ادعا داشت، عمل‌گرایی در سیاست خارجی روسیه باید در جهت حل مسائل مربوط به مدرنیزه‌سازی این کشور اجرا می‌شد. به نظر می‌رسد در این راه، میان پوتین و مدودف اجماع وجود داشت. زیرا مدرنیزاسیون برای روسیه مسئله‌ای حیاتی است و رهبران کرملین به خوبی می‌دانند که نباید بیش از این در امر نوسازی تاخیر شود. بر این اساس روسیه به ورود سرمایه، فناوری‌های جدید و ایده‌های دست اول نیاز دارد و بی‌شک مهم‌ترین تامین‌کنندگان نیازهای روسیه را باید در کشورهای غربی به خصوص کشورهای اروپایی جست. از این رو همان‌گونه که پیش بینی می‌شد، در گام نخست دیپلماسی اقتصادی روسیه بیش از پیش فعال شد (بهمن، ۱۵ دی ۱۳۸۸). اقدامات دیمیتری مدودف در مقام ریاست جمهوری، حکایت از آن داشت که وی سعی می‌نمود چهره‌ای جدید از روسیه به جهان نشان دهد. رفتار لیبرال منشانه‌ای که وی در داخل روسیه و جامعه بین‌الملل از خود نشان داده، حکایت از این امر داشت. اما نباید این امر را نادیده گرفت که مدودف در رسیدن به اهداف خود تا حدود زیادی ناکام بود.

در مجموع، در دوران مدودف روسیه تا حدودی زیادی تلاش کرد به غرب نزدیک شود، اما نفوذ لایه های سنتی روسیه مانع از تحقق کامل این هدف شد. در واقع جامعه روسیه به

خصوص نوع زندگی غربی برای جوانان روسی تا حدی ظرفیت آن را دارد که به سوی غرب حرکت کند؛ اما مقاومت‌های جدی هم در برابر این مساله وجود دارد. نسل‌های سنتی یا طیف‌هایی در میان نسل جدید روسیه همچنان علاقه مندند که ملی گرایی روسیه حفظ شود چراکه آن را مترادف با افزایش اقتدار جهانی روسیه می دانند. برای روس ها بازگشت کشورشان به پرستیژ سابق در صحنه بین‌المللی اهمیت دارد. در دهه ۱۹۹۰ اقتصاد و سیاست و وضعیت اجتماعی روسیه دچار چالش‌های جدی شد و اما اکنون اقتصاد روسیه ثبات پیدا کرده و جایگاه روسیه به لحاظ ملی گرایی و پرستیژ بین‌المللی تقویت شده است (برزگر، ۳۰ اردیبهشت ۱۳۹۱).

با نظر به ملاحظاتی که ایراد شد ،آن‌چه بسیار حائز اهمیت می‌باشد، این است که سیاست خارجی روسیه نسبت به خاورمیانه، در سال‌های بعد از به قدرت رسیدن دیمیتری مدودف، هم‌چنان تداوم رویکرد سیاست نئواوراسیاگرایی خاص ولادیمیر پوتین رئیس جمهور سابق و نخست‌وزیر سال‌های ریاست مدودف بود. در واقع سیاست پوتین بر اساس راهبردی تبیین شده بود که بازگرداندن اقتدار بین‌المللی روسیه در صدر اولویت‌های آن بود؛ بر همین مبنا نه تنها مدودف، بلکه هر شخص دیگری که جایگزین او می‌شد می‌بایستی با تفاوت‌های اندک همان راهبرد او را ادامه دهد. در کل، سیاست خاورمیانه‌ای روسیه در سال‌های ریاست جمهوری مدودف را می‌توان تابعی از رقابت‌ها و همکاری‌های منطقه‌ای و بین‌المللی روسیه با آمریکا دانست.

د) عصر جدید واقع‌گرایی (سال‌های بعد از ۲۰۱۲)

ویژگی اصلی سیاست در روسیه بعد از انتخاب پوتین برای سومین بار به‌عنوان رئیس جمهور روسیه، برقراری تعادل بین دو نگاه دولت-محوری سنتی و تقویت جایگاه روسیه در روند تحولات جهانی است. بازگشت پوتین به قدرت بعد از چهار سال ریاست جمهوری مدودف،

تا حدودی شبیه ورود او به صحنه قدرت بعد از دوران ریاست جمهوری بوریس یلستین در ۱۹۹۹ بود که اساسا گرایشات به غرب افزایش یافته بود. در آن زمان هم پوتین با هدف و شعار تثبیت قدرت و اقتدار دولت روسی در صحنه معادلات منطقه‌ای و جهانی وارد صحنه شد. این نشان می‌دهد که نگاه سنتی در جامعه روسی که مبتنی بر دولت محوری سنتی است، همواره جایگاه خاص خود را دارد و یک جنبه اساسی سیاست در روسیه را تشکیل می‌دهد و نوع نگاه به تحولات جهانی و نزدیک شدن به غرب و اساسا بروز و ظهور روسیه در چارچوب تقویت روابط با غرب هم جنبه دیگر سیاست روسیه را شکل داده است. (برزگر، ۳۰ اردیبهشت ۱۳۹۱).

گفتمان اورآسیاگرایی در سال‌های بعد از ۲۰۱۲ در روسیه به شکل وسیعی مورد توجه جدی قرار گرفته است و الکساندر دوگین ژئوپلیتیسین و اندیشمند سیاسی بنام روسی در مقام مشاور پوتین، بیشترین نقش را در بُعد اجرایی‌بخشیدن به این سیاست دارد. گفتمان نئواورآسیاگرایی پوتین در دوران سوم ریاست جمهوری (سال‌های بعد از ۲۰۱۲) بیش از هر زمان دیگری روسیه را وارد تحولات منطقه خاورمیانه کرد. در راستای پرداختن به همین مساله، رویکرد خاورمیانه‌ای سیاست خارجی روسیه در سال‌ها بعد از ۲۰۱۲ (ریاست جمهوری مجدد پوتین) را می‌بایست در ارتباط با دو موضوع اساسی مود بازخوانی قرار داد. یکی در ارتباط با تحولات و انقلاب‌های جهان عرب و دیگری در ارتباط با تداوم بحران سوریه..

۱- انقلاب‌های عربی و روسیه

رویکرد سیاست خاورمیانه‌ای روسیه نسبت به تحولات جهان عرب را باید ناشی از منافع و ارزش‌های خاص این کشور در چارچوب رقابت کلان با آمریکا در ارتباط با گسترش نظم آمریکایی در منطقه خاورمیانه مورد بررسی قرار داد. آن‌گونه که در چارچوب نظری پژوهش هم در قالب الگوی نئورئالیسم تدافعی مورد بحث قرار گرفته است، روسیه حفظ اصل موازنه تهدید را در خاورمیانه خواستار است. موازنه تهدید به نوعی می‌تواند مانعی جدی برای

گسترش حوزه نفوذ غرب به رهبری آمریکا در خاورمیانه باشد و تعادل قدرت را میان قدرت‌های فرامنطقه‌ای و منطقه‌ای موجب شود.

روس‌ها به خوبی آگاه هستند که تحولات جهان عرب [که موسوم به بهار عربی شد] به شکلی ادامه سیاست غرب و آمریکا برای گسترش نظم دل‌خواه در منطقه‌ای دیگر از جهان است. به باور روس‌ها، کشورهای غربی به رهبری آمریکا در حال مدیریت تحولات منطقه خاورمیانه به سوی ترکیبی از اسلام میانه‌رو و دموکراسی بودوند که در نهایت منجر به گسترش نظم آمریکایی در این منطقه از جهان می‌شد. با توجه به این شرایط، روس‌ها به دنبال توقف و یا حداقل کند نمودن تحولات منطقه خاورمیانه هستند. سیاست مقاومت روسیه در شورای امنیت برای مداخلات نظامی در لیبی و سپس سوریه و مخالفت با دخالت‌ها و اصولاً ورود ناتو به خاورمیانه، همگی در این راستا قرار دارند (ترابی، ٤ دی ١٣٩٠).

به طور کلی در سال‌های بعد از ٢٠١١ اتخاذ موضع مخالفت روسیه با تحولات جهان عرب را باید در قالب رقابت کلان این کشور با آمریکا ارزیابی نمود. روس‌ها از یک سو مخالف تحولاتی هستند که منتهی به نفوذ ساختاری غرب و گسترش نظم آمریکایی در منطقه خاورمیانه می شود. از سوی دیگر، مقامات کرملین تحولات جهان عرب را تبدیل به ابزاری برای گرفتن امتیاز از غرب و آمریکا در سایر موضوعات از جمله سپر دفاع موشکی نموده‌اند. ضمن این‌که روس‌ها اصولاً نگران تسری انقلابات عربی به محیط پیرامونی خود بودند. در واقع، «یکی از نگرانی‌های روسیه از تحولات جهان عرب، نگرانی از گسترش انقلابات مردمی به کشورهای آسیای مرکزی و قفقاز است. به هر حال اگر موج ایجاده شده عربی به کشورهای آسیای مرکزی و قفقاز تسری یابد، در این صورت فضای فراوانی برای بی‌ثباتی و تروریسم، روی کار آمدن اسلام‌گرایان و مداخلات بیشتر غرب در این منطقه فراهم خواهد شد، که این موارد به هیچ عنوان در راستای منافع روسیه قرار ندارند» (همان).

اما روند انقلاب‌های مردمی در خاورمیانه و دخالت ناتو در لیبی زمینه‌های حساسیت هرچه بیشتر روسیه را نسبت به تحولات خاورمیانه موجب شد. پایان دادن به حکومت معمر

قذافی[1] با ایجاد منطقه پرواز ممنوع و حمایت از مخالفان باعث ترغیب هر چه بیشتر مسکو به عدم انفعال در برابر سیر تحولات جدید شد. کانون ورود روسیه به بحران‌های جدید خاورمیانه را می‌توان در بحران سوریه مشاهده کرد.

۲- تداوم بحران سوریه و ورود نظامی مسکو به بحران

بدون تردید بحران سوریه را می‌توان مهم‌ترین و دامنه‌دارترین بحران خاورمیانه طی چند دهه اخیر دانست. دخالت تعداد گسترده‌ای از بازیگران منطقه‌ای، بین‌المللی و داخلی در عرصه بحران سوریه بر پیچیدگی هر چه بیشتر موضوع افزوده است. در این میان نوع واکنش‌های مقامات روس به تحولات عرصه نبرد نظامی و دیپلماتیک بسیار قابل توجه بوده است. واکنش پیش‌بینی نشده روسیه در ورود مستقیم به عرصه میدان نظامی سوریه بر پیچیدگی هر چه بیشتر بحران افزود. ورود مسکو به بحران سوریه را می‌توان یکی از معدود دخالت‌های مستقیم روس‌ها در مسائل خاورمیانه دانست.

از همان ماه‌های ابتدایی آغاز بحران سوریه، مقامات روس بارها خواسته های نیروهای معارض رژیم بشار اسد را رد کردند و حتی بر اساس برخی گزارش‌ها دولت روسیه با فروش تجهیزات ضد ناو به این کشور موافقت کرده است. فروش تجهیزات و موشک‌های ضد ناو به سوریه، آن هم در شرایطی که احتمال دخالت آمریکا و ناتو در این کشور وجود داشت، نشان‌گر مقاومت روس‌ها در برابر تغییرات در خاورمیانه به سود غرب و آمریکا بود (همان). در تبیین و تحلیل نوع حساسیت روسیه نسبت به بحران سوریه می‌توان ابراز داشت که سقوط حکومت بشار اسد و پیروزی جبهه متحد آمریکا، همانند تهدیدی بر علیه منافع استراتژیک و حوزه نفوذ خاورمیانه و متعاقب آن مناطق قفقاز و آسیا میانه بود. از این رو، روسیه برای ایجاد موازنه در حوزه نفوذ و پیش‌گیری از سقوط دومینووار متحدان منطقه‌ای خود، گزینه ورود مسقیم به میدان نظامی سوریه و مقابله با مخالفان حکومت مرکزی را برگزید. این واکنش

1- Muammar Gaddafi

روسیه در عرصه بحران سوریه تا حدود زیادی با مبانی چارچوب نظری کتاب مطابقت دارد. بر این مبنا که گسترش حوزه نفوذ آمریکا و متحدان منطقه‌ای‌اش در خاورمیانه، برهم زننده حوزه نفوذ مسکو در منطقه بود. از نظر مقامات روس در صورت سقوط حکومت بشار اسد حوزه نفوذ آمریکا به مرزهای اوکراین، گرجستان و دیگر مناطقی بسط می‌یابد که اساسا جزء مناطق حیاتی روسیه قلمداد می‌شوند. از این رو، پوتین در مقام واکنش تدافعی برای پیش‌گیری از بسط حوزه نفوذ آمریکا و جبهه غرب، گزینه ورود مستقیم نظامی را برای ایجاد موازنه تهدید که به نوعی برابر نهاد همان موازنه قدرت است را برگزید.

جمع‌بندی

در فصل حاضر، در ابتدا مروری مختصر بر روند تغییر رویه‌ی سیاست خارجی روسیه بعد از فروپاشی اتحاد جماهیر شوروی و بلوک شرق ارائه شد. سپس دکترین‌های حاکم بر سیاست خارجی روسیه در سال‌های بعد از ۱۹۹۱ در قالب دو گفتمان آتلانتیک‌گرایی و اورآسیاگرایی مورد بررسی قرار گرفت. اما در کلیت مباحث ارائه شده بررسی رویکرد خاورمیانه‌ای هر یک از گفتمان‌های حاکم بر سیاست‌گذاری خارجی روسیه مورد واکاوی دقیق قرار گرفت.

هر چند در دکترین های تحلیلی مصوب سیاست خارجی روسیه، خاورمیانه به عنوان یک اولویت مطرح نشده است؛ اما در سال‌های بعد از ۱۹۹۱ زمینه‌های همکاری اقتصادی، نظامی و دیپلماتیک با کشورهای منطقه همواره مورد توجه مقامات روس بوده است. طی سه دهه گذشته، خاورمیانه از چند بُعد برای روسیه حائز اهمیت بوده است.

۱- جلوگیری از گسترش منطقه نفوذ آمریکا در منطقه خاورمیانه. نفوذ هر چه بیشتر آمریکا در خاورمیانه مقدمه‌ای برای نفوذ این کشور در منطقه قفقاز و آسیای مرکزی می‌باشد.

۲- حفظ متحدان منطقه‌ای در خاورمیانه همانند ایران، سوریه، عراق و تا حدودی لیبی، یکی از برنامه‌های مورد نظر مقامات کرملین بوده است. اشغال نظامی عراق توسط آمریکا در

۲۰۰۳ و سقوط حکومت معمر قذافی در ۲۰۱۱، تکانه‌ای بزرگ برای روس‌ها بود. بر این مبنا استراتژی مقابله با مخالفان حکومت بشار اسد با جدّیت تمام در دستور کار قرار گرفت.

۳- نفوذ در خاورمیانه و گسترش سطح همکاری با کشورهای خاورمیانه می‌تواند مانعی برای جلوگیری از تسری اسلام‌گرایی افراطی در مرزهای حاکمیت روسیه باشد. در سال‌های اخیر یکی از دغدغه‌های اصلی دولت‌مردان روس ممانعت از نفوذ اسلام‌گرایی رادیکال به جمهوری‌های مسلمان‌نشین این کشور، به‌ویژه چچن بوده است. از این‌رو همواره در صدد گسترش دوستی‌ها با کشورهایی همانند عربستان سعودی، قطر و ترکیه بوده‌اند که توانایی حمایت و تجهیز نیروهای تروریست را در سطح منطقه داشته‌اند.

٤- در گفتمان آتلانتیک‌گرایی که نزدیکی به غرب و اصل توسعه اقتصادی و ورود به بازار آزاد در رئوس برنامه‌های روس‌ها بود، گسترش مبادلات بازرگانی و فروش تسلیحات نظامی به کشورهای خاورمیانه و به‌طورخاص کشورهای حوزه خلیج فارس بسیار مورد توجه قرار گرفت. هر چند در زمان حاکمیت دکترین آتلانتیک‌گرایی، همراهی با غرب و آمریکا بر نوع تعامل و رویکرد روسیه با کشورهای خاورمیانه هم تاثیر گذاشت. بدین شرح که روسیه در صدد بسط ارتباطات و گسترش مناسبات با کشورهای متحد آمریکا در منطقه از جمله اسرائیل، ترکیه و عربستان بر آمد و در روند مذاکرات صلح میان اسرائیل و فلسطین، رویکرد هم‌خوان با خواسته‌های کشورهای غربی را اتخاذ نمود. حتی در سال‌های ۱۹۹۱ تا ۱۹۹٦ وزیر خارجه وقت روسیه کوزیروف با حملات آمریکا به تاسیسات نظامی کشور عراق همراهی و موافقت خود را ابراز نمود و برای جلب اعتماد مقامات آمریکایی گستره ارتباطات خود با جمهوری اسلامی ایران را تا حدود زیادی کاهش داد.

۵- در بستر گفتمان اورآسیاگرایی ترکیبی از رویکردهای تقابل و همکاری با غرب، در دستور کار وزارت خارجه روسیه قرار گرفت. هر چند در مقاطعی روسیه توانایی جلوگیری از روند گسترش حوزه نفوذ آمریکا در منطقه خاورمیانه را نداشت؛ اما به‌تدریج با ایجاد ثبات سیاسی و اقتصادی در دوران ریاست جمهوری ولادیمیر پوتین، روس‌ها اهرم‌های قدرت خود

را در خاورمیانه برای مقابله با گسترش تهدیدات آمریکا و حفظ منطقه نفوذ خود در خاورمیانه به کار گرفتند. مهم‌ترین نماد این موضوع در ورود نظامی روسیه به بحران سوریه در اواخر سال ۲۰۱۵ قابل مشاهده است. به‌طور کلی، در قالب گفتمان اورآسیاگرایی روسیه در نقش رهبر کشورهایی که مخالف هژمونی آمریکا در عرصه نظام بین‌الملل هستند، در صدد ایجاد موازنه تهدید در خاورمیانه بر آمد.

یادداشت‌ها

۱- از نظر فرانسیس فوکویاما بعد از فروپاشی بلوک شرق به رهبری نظام سرمایه‌داری تمامی جوامع و انسان‌ها می‌بایست تسلیم نظام لیبرال دموکراسی شوند؛ زیرا نتیجه تضاد و تقابل تمامی ایدئولوژی‌های حاکم تاریخ بشریت با پیروزی لیبرال دموکراسی به پایان رسیده است (Fukuyama, Summer 1989).

۲- درتاریخ ۸ دسامبر ۱۹۹۱ فدراسیون روسیه، بلاروس و اوکراین موافقت‌نامه‌ای را در خصوص تشکیل مجموعه‌ای تحت عنوان کشوری مستقل مشترک المنافع به امضاء رساندند. کمتر از دو هفته سران ۸ جمهوری تازه استقلال یافته دیگر(آذربایجان، قزاقستان، قرقیزستان، ارمنستان، مولداوی ، تاجیکستان، ازبکستان و ترکمنستان) به این اجلاس پیوسته و دوسال بعدگرجستان به این سازمان پیوست و شمار کشورهای عضو به ۱۲ کشور افزایش یافت. مجمع کشورهای مستقل مشترک المنافع فعالیتهای خود را براساس منشور تصویب شده درسال ۱۹۹۲ که بیانگر اهداف اصول، حقوق و مسئولیت کشورهای عضو میباشد تنظیم نموده است. این وظایف و حقوق برمبنای اصل اختیار شکل گرفته‌اند و هرکدام ازاعضاء مختار و مجازبه پذیرش یا رد آنها میباشند. کشورهای مستقل مشترک المنافع دارای نهادهای مختلفی همچون شورای رهبران، شورای نخست‌وزیران، شورای وزیران امورخارجه، شورای فرماندهان نیروی مرزی کمیته بین دولتی برای اتحادیه اقتصادی کمیته اجرایی.

۳- قبل از دههٔ ۱۹۹۰، یک بار در سال ۱۹۱۸ در کنفرانس صلح پاریس، ویلسون رئیس جمهور وقت آمریکا و بار دیگر در اواخر جنگ جهانی دوم به‌نظر می‌رسید که فرانکلین دلانو روزولت و ترومن در موقعیتی هستند که می‌توانند قالب کل جهان را بر اساس مدل آمریکا سازماندهی کنند

فصل چهارم

جایگاه جمهوری اسلامی ایران در ساحت سیاست خاورمیانه‌ای روسیه

مقدمه

کشور روسیه به دلیل هم‌جواری با مرزهای ایران طی سده‌ها گذشته سطحی گسترده از مناسبات و تعامل را با ایران داشته است. روس‌ها در چارچوب وصیت‌های پتر کبیر مبنی بر تلاش برای تسلط بر آب‌های آزاد، همواره نسبت به سرزمین ایران طمع داشته‌اند. در سال‌های پس از سقوط امپراطوری قدرت‌مند صفویان، دوران اضمحلال فکری، سیاسی و اقتصادی ایران آغاز شد. بعد از این دوران، روس‌ها بیش از هر زمان دیگری رویکردی تهاجمی را نسبت به همسایه جنوبی خود اتخاذ نمودند. در مجموع نوع تحولات تاریخی و گستره‌ی کنش‌های میان دو کشور، به عاملی سبب شده است که در اذهان ایرانیان روس‌ها نقش یک تجاوزگر و دشمن را داشته باشند. آن‌چه ایرانیان از روسیه در ذهن دارند خاطراتی بر مبنای تجزیه بخش‌های از کشور، دخالت در امور داخلی، توطئه بر علیه منافع کشور در همراهی با کشورهای غربی و دامنه وسیعی از جنگ‌ها است.

با این وجود، در سال‌های بعد از ۱۳۲۰ که حکومتی مستقل و دارای حمایت بین‌المللی در ایران استقرار یافت، نوع مناسبات میان ایران و روسیه وارد مرحله‌ای جدید شد که در اساس آن، هر دو کشور جایگاه نسبتا برابر و مواضعی مستقل را در موضوعات مختلف داشتند. در سال‌های بعد از پیروزی انقلاب اسلامی ایران نیز این روند، بیش از بیش گسترش یافت. سال‌های بعد از فروپاشی بلوک شرق و اتحاد جماهیر شوروی در سال ۱۹۹۱ نیز آغازگر تاریخی نوین از مناسبات میان دو کشور بود.

در این مقطع روسیه در مقام حکومت شوروی، پیشینه‌ای ٤٥ ساله از تقابل با غرب را در تاریخ خود داشت. هم‌چنین، جمهوری اسلامی ایران هم بعد از سال ۱۹۷۹ مرحله‌ای از تقابل و تضاد منافع را در برابر غرب تجربه کرده بود. همین مساله به نوعی، عاملی برای احساس مشترک هم‌گرایی میان دو کشور ایران و روسیه بود. طی سال‌های بعد از ۱۹۹۱ روند مناسبات میان دو کشور روندهایی از تقابل و هم‌کاری را به خود دید. پیچیدگی در سطح مناسبات میان مسکو و تهران، این مساله را مطرح نمود که روسیه چه دیدگاهی نسبت به جمهوری اسلامی

ایران دارد. پی‌گیری و تحلیل این مساله، در قالب بررسی سیاست خاورمیانه‌ای روسیه و جایگاه ایران در این سیاست‌گذاری قابل بررسی و تحلیل است. بنابراین، در فصل حاضر در بررسی جایگاه ایران در سیاست خاورمیانه‌ای روسیه، در ابتدا مروری را بر پیشینه روابط خارجی دو کشور داشته‌ایم و سپس مهم‌ترین مسائل و دغدغه‌های میان دو کشور مورد بررسی دقیق قرار گرفته است. در نهایت با محوریت تحولات جدید، (به ویژه بحث بحران سوریه بعد از ۲۰۱۱) جایگاه ایران در سیاست خارجی روسیه مورد تحلیل دقیق قرار گرفته است.

۱- پیشینه روابط خارجی ایران و روسیه

روابط و مناسبات میان ایران و روسیه دارای پیشینه تاریخی چند قرنی می‌باشد. در مقام نقطه آغازین می‌توان اولین مراودات جدی ایرانیان با روسیه را به دوران حکومت صفویان بر ایران بازگشت داد. در دوران صفویان مناسبات غالب میان ایرانیان با روس‌ها، بیشتر در قالب اتحاد و هم‌کاری قابل بازخوانی است. اما «پس از فروپاشی سلسله صفویه در ایران و برو ز بی ثباتی و اختلافات داخلی گسترده در دوره‌های افشاریه و زندیه و هم زمان با آن، افزایش قدرت روسیه در دوره پتر و کاترین کبیر، توازن قدرت میان دو کشور دچار تغییر شد و روس‌ها توانستند در سراسر دوره قاجاریه از ضعف خاندان قاجاری بهره‌برداری کرده و نفوذ بی حد و مرزی را در مسائل داخلی ایران اعمال کنند» (شوری، تابستان ۱۳۸۸: ٦٤).

در عصر حکومت قاجارها بر ایران (۱۷۹۵/۱۱۷٤ تا ۱۳۰٤/ ۱۹۲۵) شاهد مجموعه‌ای از جنگ‌ها میان ایران و روسیه بودیم. در این دوره بخشی از سرزمین ایران که در حوزه‌ی قفقاز و حاشیه دریای خزر بودند، طی دو عهدنامه گلستان و ترکمن‌چای (۱) از ایران تجزیه شدندو قرارداد ننگین ۱۹۰۷ (۲) بر ایران تحمیل شد. رویکرد تهاجمی روس‌ها نسبت به ایران حتی در دوران بعد از انقلاب اکتبر ۱۹۱۷ بلشویک‌ها تا حدودی ادامه داشت.

از دریچه‌ای دیگر می‌توان عنوان نمود که روابط ایران و روسیه طی سده‌های متوالی فراز و فرودهای فراوانی به خود دیده است. از زمانی که در طول قرون مختلف روابط دو کشور در اندازه محدودی جریان داشته است، تا زمانی که در دوره پترکبیر در پایان قرن هفدهم و آغاز قرن هجدهم به دنبال سیاست نگاه به اروپا و گشودن درهای روسیه به سوی فرهنگ و صنعت غرب مفهوم شرق و جنوب نیز در سیاست خارجی روسیه تعریف ویژه‌ای یافت در بخش های مختلف دانشگاهی، آکادمیک و در دستگاه سیاست خارجی روسیه نیز توجه ویژه‌ای به شناخت کشورهای این حوزه از جمله ایران صورت گرفت. در این دوره بخش‌هایی از سرزمین های جنوبی امروز روسیه در قفقاز و حاشیه خزر هنوز جزیی از ایران صفوی بود." طی قرون هجده و نوزده روابط ایران و روسیه به صورت مداوم رو به افزایش گذاشت و به ویژه در قرن نوزده روسیه تزاری به یکی از عوامل تعیین کننده در سیاست ایران تبدیل شد." (سنایی، ۱۳۸۷: ۱۰).

به‌طورکلی، آن‌چه که این روابط را از وضعیت «همکاری و اتحاد» دوره صفویه به «جنگ و تهدید» دوره قاجار و پهلوی کشاند، عنصر «همسایگی» بود. یک وضعیت همسایگی که با پیش‌روی، جنگ و تجاوز به سمت حوزه‌های نفوذ و مرزهای ایران شروع شد و ایران را برای دو سده در وضعیت های شکست از روسیه، پذیرش مداخله روسیه یا پناه بردن به طرف‌های ثالث مانند فرانسه، انگلیس، آلمان و آمریکا قرار داد (کرمی، بهار و تابستان ۱۳۸۹: ۱۱۳-۱۱۲).

با استقرار حکومت کمونیستی در روسیه، رهبران شوروی کوشیدند با همسایه‌گان جنوبی به نسبت ضعیف خود، تفاهم و سازش برقرار نمایند تا به انزوای دیپلماتیک خود پایان دهند و چشم‌انداز تیره و ناامیدکننده‌ی انقلاب در اروپا را با ایجاد شورش‌های ضد استعماری، زندگی دوباره بخشند.آن‌ها وسوسه‌ی داشتن بنادری در آب‌های گرم را در سر داشتند. در واقع تا اواخر دهه‌ی ۱۹۳۰، نیروی دریایی شوروی به دفاع از آب‌های ساحلی شوروی توجه داشت... روابط ایران و اتحاد شوروی در سال‌های پایانی حکومت رضا شاه با نشانه‌هایی از

بدبینی و تضاد همراه بود. تحول در چنین روابطی، معطوف به دورانی بود که زمینه برای جابه‌جایی قدرت در ایران به‌وجود آمد. تبعید رضا شاه، اشغال ایران و به قدرت رسیدن محمد رضا شاه را باید در زمیره‌ی عواملی دانست که تاریخ جدید روابط ایران و اتحاد شوروی را شکل می‌دهد. در این دوران تاریخی شکل جدیدی از بازی بزرگ در روابط ژئوپلیتیکی اتحاد شوروی، جهان غرب و ایران ظهور یافت (متقی و دیگران، تابستان ۱۳۹۳: ۱۲۸-۱۲۹). در این دوران شوروی در راستای اشاعه کمونیست و نظام سوسیالیستی در سال ۱۹۴۶ مساله جمهوری‌های آذربایجان و کردستان را در غرب ایران به‌وجود آورد. هم‌چنین در مساله ملی شدن صنعت نفت در سال‌های ۱۳۲۹ تا ۱۳۳۲، با سکوت ضمنی در برابر مساله، زمینه‌هایی برای تنش‌زدایی میان دو کشور فراهم شد. در این سال‌ها در راستای دکترین «همزیستی مسالمت‌آمیز»[1] خروشچف سیاست هم‌کاری با ایران مدنظر دولت‌مردان اتحاد جماهیر شوروی بود.

بعد از کودتای ۲۸ مرداد ۱۳۳۲ به طور رسمی سیاست نزدیکی به بلوک غرب و اتحاد با آمریکا در دستور کار تهران قرار گرفت. این مساله موجب رنجش‌خاطر و سردی روابط دو کشور ایران و روسیه به مدت یک دهه شد. اما از اوایل دهه ۱۳۴۰ با حمایت شوروی از برنامه‌های اصلاحات ارضی محمد رضا شاه و هم‌چنین پس از انعقاد قرار داد اقتصادی میان مسکو و تهران سطحی محدود از هم‌گرایی میان دو کشور ایجاد شد.

در همین راستا، محمد رضا شاه برای روشن‌تر کردن هر چه بیشتر مسائل و به‌منظور رفع کدورت‌های حاصل از امضای عهدنامه عراق و شوروی، در مهر ۱۳۵۱ (اکتبر ۱۹۷۲) برای سومین بار به مدت ۱۰ روز به مسکو سفر کرد... مسافرت [شاه ایران] به مسکو جدای از بر طرف شدن کدورت‌ها، دو دستاورد اقتصادی و صنعتی بسیار مهم در پی داشت: یکی عقد قرارداد ۱۵ ساله‌ی بازرگانی و اقتصادی و دیگر، افتتاح مجتمع ذوب آهن اصفهان. توازنی که در روابط دوجانبه‌ی ایران و شوروی پس از عهدنامه‌ی ۱۵ ساله‌ی ۱۳۵۱ به وجود آمده بود، در

[1]- peaceful coexistence

روندی همه‌جانبه ادامه یافت. در این دوران، حجم مبادله‌های ایران و شوروی، سالیانه به یک میلیارد دلار بالغ می‌شد (همان: ۱۳۱). در سال‌های منجر به انقلاب اسلامی ایران نیز شوروی سیاست عدم مداخله را در امور داخلی ایران را در پیش گرفت. تنها نکته قابل توجه را می‌توان در هشدار برژنف رئیس وقت اتحاد جماهیر به غرب و آمریکا برای عدم دخالت مستقیم در امور ایران دانست. زیرا هر گونه تجاوز و حضور نظامی بلوک غرب در ایران، تهدیدی جدی علیه امنیت اتحاد جماهیر شوروی قلمداد می‌شد. از این جهت، روس‌ها حق اقدام مستقیم نظامی را در صورت هرگونه تهدیدی برای خود محفوظ می‌دانستند.

بعد از وقوع انقلاب اسلامی ایران در سال ۱۹۷۹/۱۳۵۷ اولین و مهم‌ترین تجربه سیاسی شوروی در ارتباط با انقلاب اسلامی جدید ایران، نگرانی نسبت هم‌مرزی مناطق شمال ایران با جمهوری‌های مسلمان اتحاد جماهیر شوروی بود که زمینه سردی روابط میان دو کشور را موجب شد. با نظر به این‌که مساله‌ی صدور انقلاب و شعار «نه شرقی، نه غربی، جمهوری اسلامی» مطرح شد، سیاست خارجی اتحاد جماهیر شوروی برای مقابله محدود با انقلاب تحریک شد. حمایت از عراق در ۸ سال جنگ تحمیلی نماد بارز رویکرد خصمانه شوروی نسبت به انقلاب اسلامی ایران بود. اما در سال‌های پایانی جنگ ایران و عراق روابط دو کشور بهبود بخشید. اولین دیدارها برای امضای قراردادهای اقتصادی و تجاری در سال‌های ۱۹۸۶ تا ۱۹۸۸ میان دو طرف آغاز شد (Fadai, Nov 2015: 1-2).

در ادامه این روند از بهبود روابط دو طرف، پس از پایان جنگ تحمیلی در سال ۱۳۶۷ و خروج نیروهای شوروی از افغانستان با سفر اکبر هاشمی رفسنجانی، رئیس وقت مجلس شورای اسلامی به مسکو در سال ۱۳۶۸ و امضای قرارداد ۱۰ میلیارد دلاری هم‌کاری‌های اقتصادی و فنی، دوره‌ی جدیدی در روابط دو کشور آغاز شد (کرمی، پاییز ۱۳۸۹: ۱۷۵)، که

نمودهای آن در سال‌های بعد از فروپاشی اتحاد جماهیر شوروی در ابعاد هم‌کاری‌های مختلف امنیتی، نظامی، اقتصادی، دیپلماتیک و هم‌گرایی منافع در سطح منطقه بُعد عینی به خود گرفت.

فروپاشی اتحاد جماهیر شوروی در ۱۹۹۱ تکانه‌ای بزرگ را در روابط خارجی دو کشور ایجاد نمود. در شرایط جدید دیگر نظام دوقطبی با رهبری دو ابرقدرت آمریکا و شوروی وجود نداشت تا ایران مدار سیاست خارجی و جایگاه خود را در نظام بین‌الممل بر اساس آن تعریف نماید. هم‌چنین، با استقلال چند جمهوری از شوروی، دیگر روسیه توانایی ایفای نقش در مقام ابر قدرتی جهانی را نداشت. «فروپاشی اتحاد جماهیر شوروی و مشکلات ناشی از انتقال از نظام سوسیالیستی به نظام لیبرالی، جایگاه و موقعیت بین‌المللی روسیه را از جایگاه ابرقدرتی به موقعیت قدرت‌های درجه دوم تنزل داد. در سراسر دهه ۱۹۹۰ روس‌ها آشفتگی‌های تکان دهنده‌ای را در عرصه‌های مختلف سیاسی، اقتصادی و اجتماعی تجربه کردند. کاهش شدید درآمد ملی و تولید ناخالص داخلی (تولید داخلی روسیه طی دهه ۹۰ به طور میانگین سالانه ۹ درصد کاهش یافت)، تشدید اختلافات سیاسی، افزایش جرم و جنایت و گسترش تمایلات جدایی‌طلبانه در کنار کم توجهی به نیروهای مسلح و سرویس‌های امنیتی که منجر به از رده خارج شدن بخش قابل توجهی از تجهیزات نظامی روسیه به دلیل فقدان بودجه کافی برای تعمیر و نگهداری گردید، تنها بخشی از فهرست طولانی دشواری‌های روسیه در دهه ۹۰ به شمار می‌آید» (معاونت پژوهش‌های سیاست خارجی، ۲۰ تیر ۱۳۸۲).

در تحلیل کلی بر پیشینه روابط خارجی ایران با روسیه تا زمان فروپاشی اتحاد جماهیر شوروی، می‌توان ابراز داشت که قاعده کلی بر مبنای هوشمندی روس‌ها قابل خوانش است. در مجموع، «سازوکارهای موازنه‌گرا در هم‌کاری‌های راهبردی ایران و روسیه بر اساس انگاره‌های مختلفی شکل می‌گیرد. براساس این انگاره‌ها، هر گاه دولت ایران قدرت‌مند بوده است، با هر ماهیتی و حکومتی، روس‌ها روابط خوبی با آن داشته‌اند. هم‌چنین، هر گاه دولت ایران ضعیف بوده، روس‌ها تردیدی در بهره‌برداری از وضعیت داخلی ایران به خود راه نداده‌اند. از سوی دیگر، هر گاه دولت روسیه، ضعیف بوده، بیشتر متمایل به هم‌کاری با ایران

بوده است. هم‌چنین در زمانی که منافع روسیه اقتضا کرده است، آن‌ها در سازش با غرب به زیان ایران، تردیدی به خود راه نداده‌اند» (سجادپور، بهار ۱۳۷۴: ۳۲).

۲- مسائل و دغدغه‌های روابط میان ایران و روسیه در سال‌های از ۱۹۹۱

در سال‌های بعد از فروپاشی اتحاد جماهیر شوروی و تشکیل روسیه جدید، روابط این کشور با جمهوری اسلامی ایران را می‌توان یکی از پیچیده‌ترین روابط در سیاست خارجی روسیه دانست. دوران‌های از نزدیکی و گسترش روابط و دوران‌هایی از سردی روابط نیز، همواره در عرصه واقعیات سیاسی مناسبات میان دو کشور به وقوع پیوسته‌اند. در این میان کارشکنی و عدم تعهد روس‌ها به تعهدات یکی از مهم‌ترین دلایل پیچیدگی روابط میان دو کشور بوده است. هرچند روابط میان مسکو و تهران به دلیل دو مساله آغاز وقایع موسوم به بهار عربی و موضوع پرونده هسته‌ای ایران به سمت هم‌گرایی بی‌سابقه‌ایی پیش رفته است.

واقعیت آن است که مسکو در مقاطع مختلف از ابزار نزدیکی هر چه بیشتر به ایران برای گسترش حوزه نفوذ ژئوپلیتیک و ژئواستراتژیک خود، در برابر آمریکا بهره گرفته است. حتی معدودی از تحلیل‌گران بر این اعتقاد هستند که مسکو با استفاده ابزاری از واهمه غرب و کشورهای عربی از نفوذ ایران در منطقه خاورمیانه، بازی با کارت ایران را در دستور کار قرار داده است. اما به طور کلی، **سه** متغیر مهم را در تحلیل رویکرد مسکو نسبت به ایران می‌توان مورد بازشناخت قرار داد.

۱- حفظ سطح معینی از گفت‌وگو (مذاکره) مثبت با غرب (در درجه اول اهمیت، ایالات متحده آمریکا).

۲- اطمینان از کنترل مسکو بر اتحادیه کشورهای مستقل مشترک المنافع[1] (CIS) به عنوان منطقه‌ای برای تحقق رویاهای ملی روسیه.

۳- تامین ثبات در مرزهای کشورهای مستقل مشترک المنافع (۳) و روسیه (از جمله ممانعت از گسترش سلاح‌های هسته‌ای) (Kozhanov, 2015: 4).

در سال‌های بعد از ۲۰۰۰ شاهد دوره‌ای از گسترش دیدارهای دیپلماتیک میان سران کشورهای ایران و روسیه بودیم که بسیار قابل توجه بودند. ملاقات سران دو کشور در نیویورک در سال ۲۰۰۰ و سپس دیدار سید محمد خاتمی، رئیس جمهور ایران در سال ۲۰۰۱ از روسیه و «توافق‌نامه همکاری‌های اساسی» با ولادیمیر پوتین، به تقویت مناسبات بیشتر منجر شد. ملاقات محمود احمدی‌نژاد در سه مرحله در جریان نشست سران سازمان همکاری‌های شانگهای و سپس سفر رئیس جمهور روسیه برای نخستین بار پس از حدود چهار دهه نیز اتفاق مهمی در روابط دو کشور بود (کرمی، پاییز ۱۳۸۹، ۱۷۵). با نظر به این تفاسیر، مهم‌ترین دغدغه‌های روابط میان ایران و روسیه بعد از سال ۱۹۹۱ تا ۲۰۱۶ را می‌توان در ٤ مولفه‌ی اساسی مورد بررسی قرار داد.

الف) مساله صدور انقلاب اسلامی ایران: زمینه‌ی واگرایی روابط دو کشور

بعد از فروپاشی اتحاد جماهیر شوروی خلاء ایدئولوژی فراگیری بر جامعه و جمهوری‌های فدراسیون روسیه حاکم شد. این خلاء ایدئولوژیک به فرصت مناسب برای رشد اسلام‌گرایی و تقویت مظاهر اسلام در جمهوری‌های مسلمان‌نشین روسیه از جمله چچن و داغستان تبدیل شد. از همان ابتدای سال ۱۹۹۱ مساله نفوذ و گسترش اسلام‌گرایی در مقام تهدیدی جدی برای حفظ وحدت جمهوری‌های روسیه مطرح شد. با وجود حساسیت‌ها و نظارت‌های

---

[1]- Commonwealth of Independent States

حکومتی در روسیه طی سال‌های بعد از ۱۹۹۱ شاهد گسترش اسلام‌گرایی در میان شهروندان جمهوری‌های روسیه بوده‌ایم.

در واقع، اسلام به عنوان یک نیروی سیاسی و اجتماعی، نه فقط به عنوان یک ایدئولوژی خلاء موجود را پر کرده است بلکه مسلمانان موفق شده‌اند نهادهای سیاسی موازی و مقتدرتری در میان مردم به وجود آورند. در این فضای اجتماعی، ارزش‌های اجتماعی و حقوقی روسیه دیگر عملکرد چندانی ندارد. یکی از نشانه‌های چنین تحولی رشد تعداد مؤسسات اسلامی به ویژه در داغستان می‌باشد. فقط در این جمهوری ۱۵۹۵ باب مسجد وجود دارد و این تعداد ۵۹ برابر بیش از سال ۱۹۸۳ می‌باشد، علاوه بر این، ۱۴۰۰۰ نفر از جوانان نیز در بیش از ۴۰۰ مدرسه اسلامی به تحصیل مشغول می‌باشند (ثقفی عامری، شهریور ۱۳۸۴).

در داخل روسیه نیز دیدگاهی منفی نسبت به ایران در ارتباط با مساله صدور انقلاب و اسلام‌گرایی در مناطق حیاتی‌ای که حوزه‌ی نفوذ روسیه محسوب می‌شوند وجود دارد. با نظر به این موضوع که در مناطق قفقاز، آسیای مرکزی و حتی جمهوری‌های داخلی روسیه مانند چچن جمعیت زیادی از مسلمان نیز وجود دارند، روس‌ها به شدت از نفوذ ایران در این مناطق به‌واسطه اسلام واهمه دارند. این مساله بیش از هر موضوع دیگری در ارتباط با هسته‌ای شدن ایران، توسط روس‌ها بر جسته شده است. در همین ارتباط سرگئی کاراگانف[1] رئیس شورای سیاست خارجی و دفاعی روسیه کاراگانف، با صراحت تمام در تهران ابراز داشت که اگر تهران هسته‌ای شود، مسکو موشک‌های خود را به سمت تهران نشانه‌گیری می‌کند. آن‌ها معتقداند که ممکن است آمریکا با یک ایران هسته‌ای کنار بیاید و آن گونه که برخی از آمریکایی ها می‌نویسند،یک ایران هسته ای مسئولانه‌تر عمل می‌کند و در نتیجه، راه برای توافق باز شود و روسیه در مقابل ایران هسته‌ای تنها بماند. به تعبیری، روسیه حدود ۳۰ میلیون مسلمان دارد و اگر ایران هسته‌ای شود، قسمت جنوبی روسیه به مخاطره خواهد افتاد (کرمی، پاییز ۱۳۸۹: ۱۸۶-۱۸۷).

---

[1]- Sergei Karaganf

ب) مساله هم‌کاری و تقابل روسیه با کشورهای غربی (به‌طور خاص ایالات متحده آمریکا)

نوع تعامل و ارتباطات میان روسیه با کشورهای غربی و به ویژه آمریکا در سال‌های بعد از ۱۹۹۱ را می‌توان یکی از مهم‌ترین متغیرهای تاثیرگذار در هم‌گرایی و واگرایی روابط میان روسیه و ایران قلمداد نمود. در سال‌های ابتدایی بعد از فروپاشی اتحاد جماهیر شوروی که دکترین آتلانتیک‌گرایی بر دستگاه سیاست‌گذاری خارجی روسیه حاکم بود، در موارد بسیار یلستین رئیس جمهور وقت و کوزیروف وزیر امور خارجه وقت، از دیدار و هم‌کاری با مقامات ایرانی سر باز زدند. هم‌چنین، در سطح مناسبات اقتصادی و هم‌کاری نظامی، شاهد سطح پایینی از مناسبات میان دو کشور بوده‌ایم.

اما در هر برهه‌ای که گستره‌ی تنش‌ها و اختلافات مسکو با آمریکا بیشتر شده است شاهد بهبود روابط و نزدیکی هر چه بیشتر مسکو به تهران بوده‌ایم. در سال‌های بعد از ۱۹۹۶ که به دلیل زیاده‌خواهی‌های آمریکا و تلاش این کشور برای ایجاد نظام تک‌قطبی، سیاست‌مداران کرملین، رویکرد اورآسیاگرایی را در دستور کاری وزارت خارجه خود قرار دادند، شاهد بهبود روابط اقتصادی و نظامی میان روسیه با ایران بودیم. در این دوران علی‌رغم، تعهدات قبلی هم‌کاری‌های نظامی و فروش تسلیحات روسیه به ایران در حجم وسیعی گسترش یافت و هم‌کاری روسیه در ساخت نیروگاه هسته‌ای بوشهر تا حدود زیادی روند مثبتی از پیشرفت را به خود دید.

نمونه بارز و عینی این مساله را می‌توان در سال‌های ۲۰۰۶ تا ۲۰۰۹ مشاهده نمود. این دوران که مصادف با دوران دوم ریاست جمهوری ولادیمیر پوتین (۲۰۰۸-۲۰۰۴) است به دو دلیل مهم بعد از ۲۰۰۶ روابط میان روسیه و آمریکا با تنش و سردی بی‌سابقه‌ای مواجه شد. یکی، نگرانی عمیق مسکو از نیات ایالات متحده آمریکا برای استقرار سیستم دفاع موشکی

جدید در شرق اروپا و دیگری، حمایت مقامات آمریکایی از تلاش‌های گرجستان و ترکیه برای پیوستن به سازمان آتلانتیک شمالی[1] (٤). در این مقطع ٤ ساله، هم‌کاری‌های مسکو در فعالیت نیروگاه‌های هسته‌ای ایران به شکل چشم‌گیری افزایش یافت و در زمینه‌های دیپلماتیک نیز مناسبات سازنده‌ای میان دو کشور برقرار شد. اما متعاقب کسب مقام ریاست جمهوری آمریکا توسط باراک اوباما روابط واشنگتن با مسکو، مورد بازخوانی مجدد قرار گرفت و نتیجه آن گسترش هم‌کاری و مناسبات میان دو کشور بود. متعاقب این موضوع، روسیه از روابط خود را با تهران کاهش داد و با حمایت از قطع‌نامه ۱۹۲۹ شورای امنیت سازمان ملل متحد (۵) زمینه را برای اعمال تحریم‌های اقتصادی شدید علیه ایران مهیا نمود. هم‌چنین، امتناع از فروش سامانه دفاع موشکی اس ۳۰۰ به ایران در سال ۲۰۱۰ از دیگر اقدامات مسکو بود که متعاقب نزدیک شدن به آمریکا نسبت به ایران در پیش گرفت (Blank, 16 November, 2011).

به‌طورکلی، نوع رویکرد مسکو نسبت به غرب بر اساس دو منطق رقابت و هم‌کاری تاثیر عمیقی بر گستره و کیفیت مناسبات میان ایران و روسیه گذاشته است. هرگاه رویکرد سیاست خارجی روسیه بر محور آتلانتیک‌گرایی و نزدیکی به غرب بوده باشد، مناسبات تهران - مسکو، روندی نزولی را تجربه کرده است. اما در هر برهه‌ای که رویکرد حاکم بر دستگاه دیپلماسی مسکو بر محور اورآسیاگرایی و تنش با غرب بوده باشد، مناسبات تهران- مسکو، روند از بهبود و هم‌کاری را تجربه نموده است. هر چند همیشه باید این اصل را مدنظر داشت که منطق رویکرد روس‌ها به ایران، تا سال‌های بعد از آغاز انقلاب‌های عربی در ۲۰۱۱، هیچ‌گاه بر مبنای متحد استراتژیک و در سطح برابر نبوده است؛ بلکه همیشه روس‌ها از موضع قدرت و با حفظ تراز مثبت، مناسبات خود را با ایران تنظیم کرده‌اند.

ج) هم‌گرایی و واگرایی تهران - مسکو در پرتو منافع منطقه‌ای

1- North Atlantic Treaty Organization

به لحاظ تاریخی در آغاز دهه ۱۹۹۰ هر دو کشور ایران و روسیه از لحاظ بازنگری در نقش خود نسبت به شرایط بین‌المللی، وضعیت کم‌وبیش مشابهی را تجربه می‌کردند. روس‌ها پس از هفتاد سال تعاریف مشخص و قاطعانه از مفهوم دشمن و قرار دادن غرب در جایگاه «دگر» هویتی خود، به‌دنبال پروسترویکای گورباچف، تردیدهایی را در تبیین مارکسیستی مبتنی بر تعارض دائمی و آشتی‌ناپذیر میان نظام‌های سوسیالیستی و نظام‌های سرمایه‌داری ایجاد کردند. در ایران نیز پس از پایان جنگ هشت ساله با عراق، و ضرورت‌های بازسازی پس از جنگ و هم‌چنین آغاز تغییرات بنیادین در شرایط بین‌المللی، گفتمان حاکم بر سیاست خارجی ایران که به دلیل شرایط دوران جنگ، عملا اغلب کشورهای جهان را در موقعیت دشمن و یا همدستان دشمن تعریف می‌کرد، به‌تدریج جای خود را به نگرش عمل‌گرایانه‌تر ضرورت همکاری با جهان و تنش‌زدایی داد (شوری، تابستان ۱۳۸۸: ۲۳۸).

بر این اساس شاهد مشترکاتی میان روسیه و ایران هستیم و عمده اشتراک های آن‌ها تاکیدشان بر مفاهیمی چون تقویت امنیت، منافع ملی، حاکمیت، حقوق بین‌الملل، جلوگیری از استانداردهای دوگانه غرب یا خطر گسترش لیبرالیسم غربی و دیدگاه‌های آنگلوساکسنی (آمریکایی-انگلیسی) است. همه این مفاهیم در دیدگاه‌های ایرانی و روسی بروز و ظهور دارد. گرچه روابط ایران و روسیه در سال‌های اخیر بیشتر در حوزه‌های امنیتی و نظامی و در عرصه خرید و فروش تسلیحات بوده اما به نظر می رسد که در حوزه دانشگاهی و روشنفکری نگاه نخبگان دو کشور به نوعی حاوی اشتراک بروی یکسری مفاهیم است که محور اساسی همه آن ها منافع مشترک منطقه‌ای برای حل مسائل منطقه‌ای است. به عنوان مثال برای روسیه تجربه لیبی، تجربه تلخی بود چرا که موردی بود که روسیه به واقع می‌توانست اقدام کند و روند تحولات را بر اساس منافع خود تحت تاثیر قرار دهد؛ اما با عدم وتوی قطعنامه شورای امنیت به غرب اجازه دخالت در لیبی را داد و نتیجه درست در جهت خلاف منافع روسیه پیش رفت. البته این بدان معنا نیست که روسیه قصد حمایت از قذافی را داشت، اما نتیجه عملکرد روسیه در مورد لیبی به تعبیر سیاست‌مداران روس، یک اشتباه استراتژیک بود چرا که به‌واسطه

آن، مسکو نه تنها قذافی را از دست داد، بلکه لیبی را هم از دست داد. روابط حکومت انتقالی فعلی لیبی با روسیه اساسا بر هم خورده است و روسیه جایگاه ژئوپلتیک خود در شمال آفریقا را از دست داده است (برزگر، ۳۱ اردیبهشت ۱۳۹۱).

در کنار مشترکات منافع طی سالیان گذشته شاهد یک سری تضاد منافع میان ایران و روسیه بوده‌ایم. مهم‌تریم مساله ما بین تهران و مسکو بدون تردید در ارتباط با مسائل پیرامون دریای خزر است. طی ۲۵ سال گذشته «روس‌ها در توافق‌های آشکار و پنهان خود با کشورهای ساحلی دریای خزر، متاسفانه چندان خواسته‌های ایران را در نظر نگرفته‌اند. از نظر مسکو، خط فاصل بین ایران و کشورهای همسایه، همان خط آستارا – حسینقلی است که در زمان شوروی و به‌طور یک‌جانبه و بر اساس توافق داخلی میان جمهوری‌های اتحاد شوروی ترسیم شده است. عمل‌کرد روس‌ها طی هفده سال اخیر نیز چیزی غیر از این نبوده است و کمتر حاضر به اظهارنظر، بیانیه یا توافقی بوده‌اند که فراتر از این خط را برای ایران در نظر بگیرد. توافق و قراردادهای دو جانبه‌ی روسیه – قزاقستان و روسیه – آذربایجان، مواضع ایران را در اقلیت گذاشته و در واقع، تهران را در مقابل عمل انجام شده قرار داده است. جمهوری اسلامی ایران نیز هرگز به پذیرش این خط موهوم که سهم ایران را به ۱۲ درصد دریای خزر کاهش می دهد، نشده است. [هم‌چنین] دو کشور نسبت به عبور خطوط انتقال انرژی از مبداء دریای خزر به سمت بازارهای مصرف نگاه متفاوتی دارند. مسکو به شکل‌های مختلف کوشیده تا کشورهای منطقه را وادار به انتخاب مسیرهای شمالی کند و جمهوری اسلامی ایران نیز به‌طور طبیعی، مسیر جنوبی را به‌عنوان نزدیک‌ترین و کم‌هزینه‌ترین مسیر انتقال انرژی مطرح کرده است... [هم‌چنین]، در مورد فروش انرژی به کشورهای مختلف نیز رقابت‌هایی میان دو کشور وجود دارد (ملکی، ۱۳۸۶ به نقل از کرمی، پاییز ۱۳۸۹: ۱۷۷–۱۷۸).

به‌طور کلی، در سال‌های بعد از فروپاشی اتحاد جماهیر شوروی منافع منطقه‌ای زمینه‌ساز گسترش مناسبات میان ایران و روسیه بوده‌اند. علاوه بر این، سطحی گسترده از مناسبات دیپلماتیک میان دو کشور برآیند تقابل‌ها و تعامل‌های دو کشور بر سر منافع منطقه‌ای به ویژه در حوزه دریای خزر بوده است. در سال‌ها بعد از ۲۰۱۱ با توجه به تحولات منطقه‌ی

خاورمیانه، سطحی گسترده‌تر از تعاملات میان مقامات ایرانی و روس، در نتیجه منافع منطقه‌ای مشترک ایجاد شده است که بستر را برای برقراری اتحاد راهبردی میان دو طرف مهیا نموده است.

د) تعامل و هم‌کاری با ایران در مناطق آسیای مرکزی و قفقاز

در عرصه همسایگی، ایران و روسیه در برابر وضعیت منحصر به فرد و پیچیده‌ای قرار دارند. در حالی که الزامات منطقه‌ای دو کشور را ناگزیر به تعامل گسترده با یکدیگر می‌سازد، انگیزه‌ها، اهداف وتمایلات درونی دو کشور نه آنقدر همسو هستند که دو کشور را به سمت برقراری روابط نزدیک و پایدار و احیاناً تشکیل یک بلوک منطقه‌ای سوق دهد و نه آنقدر متفاوت و متعارض هستند که فضای منطقه‌ای را به عرصه رقابت میان دو کشور تبدیل سازد. در عرصه همسایگی، روابط ایران و روسیه در سه حوزه روابط دو جانبه، دریای خزر و آسیای مرکزی و قفقاز دنبال می‌شود (معاونت پژوهش‌های سیاست خارجی، ۲۰ تیر ۱۳۸۲).

برخی تحلیل‌گران و به ویژه در روسیه، ایران را تهدیدی برای روسیه می‌دانند. از این دیدگاه، یک ایران قدرتمند که آسیای مرکزی قفقاز و خزر را در سند چشم انداز بیست ساله، حوزه‌ی حیاتی خود می‌داند، می‌تواند تهدیدی جدی برای منا فع و نفوذ روسیه در این حوزه باشد؛ منطقه ای که روسیه آن را «خارج نزدیک» و اولویت نخست سیاست خارجی خود می داند (کرمی، پاییز ۱۳۸۹: ۱۸۶). در نتیجه، «در سیاست متوازن روسیه در قبال ایران، یک رویکرد مهار و کنترل برای ممانعت از قدرت‌یابی منطقه‌ای ایران در آسیای مرکزی و قفقاز دیده می‌شود» (ثقفی عامری، شهریور ۱۳۸۷). اما برای ارائه تحلیل دقیق از این موضوع روند مناسبات ایران و روسیه، در حوزه‌ی قفقاز و آسیای مرکزی می‌بایست مورد تحلیل دقیق قرار بگیرد.

بعد از رفتار دوگانه اتحاد جماهیر شوروی با ایران در جریان جنگ تحمیلی که منجر به رکود در روابط دو کشور شده بود، با سفر هاشمی رفسنجانی ، رئیس وقت مجلس شورای اسلامی ایران به مسکو در ژوئن ۱۹۸۹ روابط تهران -مسکو رو به بهبود گذاشت. در جریان این سفر قرارداد خرید هواپیماهای SU-24s و MIG-29s منعقد شد در این دوره برخلاف ترکیه ، رویکرد ایران به عدم شناسایی استقلال آذربایجان مورد توجه روسیه قرار گرفت، اما از آنجا که به نظر رهبری غرب‌گرای این کشور، ایران به مثابه کانون

الهام‌گری اسلامی در منطقه مرزهای جنوبی روسیه بود، روابط ایران و روسیه تا اواسط سال ۱۹۹۳ دچار نوعی رکود موقت شد. با این حال، از نیمه سال ۱۹۹۳ به بعد گسترش روابط روسیه و ایران به دو دلیل در دستور کار سیاست خارجی روسیه قرار گرفت ۱- تداوم حضور آمریکا در خلیج فارس پس از جنگ کویت؛ ۲- بهبود رابطه با تهران به دلیل ممانعت از نفوذ ایران به آسیای مرکزی و قفقاز (عابدی، تابستان ۱۳۸۸). از این زمان به بعد، روس‌ها با آگاهی از توان‌مندی‌های ایران برای تاثیرگذاری در قفقاز و آسیای مرکزی، به سیاست هم‌کاری و تعامل با ایران روی آورده‌اند. اما، با توجه به این‌که بخشی از دولت‌مردان روس، ایران را هم‌چون تهدیدی برای منافع روسیه در قفقاز می‌نگرند؛ همواره رویکرد کنترل حوزه نفوذ ایران در دستور کار کرملین قرار گرفته است.

در مجموع می‌توان ابراز داشت ایران و روسیه به تدریج در منطقه آسیای مرکزی، خزر و قفقاز به درک مشترکی از منافع متقابل رسیدند که مبنایی برای هم‌کاری آن‌ها در این مناطق شد. خطر گسترش نفوذ قدرت‌های غربی و متحدان آن‌ها (ترکیه، اسرائیل، عربستان و پاکستان)، سرایت بحران‌های موجود در منطقه به درون مرزهای دو کشور و بستر ایجاد شده براساس قرارداد سال ۱۹۸۹، در گسترش این هم‌کاری بسیار مؤثر بود. هم در آسیای مرکزی و هم در خزر و قفقاز، دو کشور قابلیت و ظرفیت آن را دارند که نهادهایی مؤثر برای حل و فصل مسائل و توسعه امنیت و هم‌کاری ایجاد کنند (کرمی، تابستان ۱۳۸۹: ۱۲۰).

۳- جایگاه ایران در سیاست خاورمیانه‌ای روسیه بعد از ۱۹۹۱

در سال‌های بعد از ۱۹۹۱ شاهد دورانی از بی‌توجهی به خاورمیانه در دستگاه سیاست خارجی روسیه بودیم. در زمان حاکمیت گفتمان آتلانتیک‌گرایی، مقامات روس بر این باور بودند که هم‌کاری و تعامل با غرب در اولویت قرار دارد و خاورمیانه دارای واجد اهمیت سیاسی و اقتصادی حیاتی برای آنان نیست. اما در آغاز هزاره جدید و قرن بیست و یکم بعد از نفوذ آمریکا در خاورمیانه در جریان جنگ پیش‌دستانه‌ی بوش در افغانستان و عراق به بهانه مبارزه

با تروریسم شاهد چرخشی عمیق در رویکرد سیاست خارجی روسیه هستیم. در این میان ایران در کانتون توجه‌هات سیاست خاورمیانه‌ای روسیه قرار گرفت.

در واقع، «روسیه با از دست دادن منافع قابل‌توجه در پی سقوط رژیم صدام در عراق، به دنبال بازسازی قدرت و نفوذ سنتی خود در منطقه خاورمیانه، با تکیه بر دیپلماسی تسلیحاتی و درآمدهای سرشار انرژی است. ایران نیز در کانون سیاست خاورمیانه‌ای روسیه جای دارد. با توجه به حساسیت روسیه به مسئله حاد چچن، آن کشور به‌دنبال بهبود تصویر منطقه‌ای خود نزد جوامع اسلامی است. عضو ناظر در سازمان کنفرانس اسلامی و اتخاذ سیاست ضدآمریکایی از نمونه‌های تلاش آن کشور در جهت بازسازی چهره خود در نزد کشورهای مسلمان منطقه است. روسیه با جدا کردن مسیر خود از آمریکا، پس از جنگ افغانستان و به ویژه جنگ عراق، به خیل منتقدین کشورهای منطقه از جنگ ۲۰۰۳ عراق پیوسته است. روسیه از هرگونه ناامنی در اطراف مرزهای خود به شدت نگران است و در این زمینه به ایران بسیار خوش‌بین است. روس‌ها معتقدند که تداوم بحران‌هایی مانند جنگ ۲۰۰۳ عراق در اطراف مرزهای منطقه‌ای روسیه، می‌تواند به تشدید دامنه بحران و منازعات قومی و قبیله‌ای بیانجامد که تنوع جمعیت و موزائیک قومی در روسیه از آن متأثر خواهد بود (ثقفی عامری، شهریور ۱۳۸۷).

هم‌چنین، تحولات چند ساله‌ی اخیر خاورمیانه که با عنوان بهار عربی شناخته شدند زمینه توجه هر چه بیشتر روسیه به خاورمیانه و ایران را فراهم نمود. با نظر به این مقدمات جایگاه ایران در سیاست خاورمیانه‌ای روسیه را می‌توان در قالب ٤ متغیر مهم مورد بررسی و دقت‌نظر قرار داد.

۱-۳- مساله هسته‌ای ایران

در ژانویه سال ۱۹۹۵ قراردادی میان ایران و روسیه برای برای تکمیل نیروگاه هسته‌ای بوشهر به امضا رسید. «بر اساس وعده ولادیمیر پوتین، گشایش نیروگاه بوشهر در سال ۲۰۰۵ اتفاق می‌افتاد؛ اما این امر با تأخیرهای مکرر مواجه شد و گشایش آن به پایان سال ۲۰۰۹ موکول گردید» (معاونت پژوهش‌های سیاست خارجی، ۲۹ اردیبهشت ۱۳۸۸). در نهایت، نیروگاه هسته‌ای بوشهر در آگوست ۲۰۱۱ به مرحله بهره‌برداری رسید و از آن برای تولید برق استفاده می‌شود.

در تحلیل کلی، «همکاری روس‌ها با ایران در زمینه ساخت نیروگاه هسته‌ای موجب رونق اقتصادی مبادلات میان دو کشور شد. بعد از این‌که کشور آلمان مشارکت در اتمام ساخت‌وساز نیروگاه هسته‌ای بوشهر را رد نمود؛ این روس‌ها بودند که این مسئولیت را برعهده گرفتند. «طرح نیروگاه بوشهر به تنهایی موجب مشارکت حدود ۳۰۰ بنگاه مختلف در روسیه و ایجاد حدود ۲۰۰۰۰ شغل شد» (ثقفی عامری، مرداد ۱۳۸۱).

اما، در بررسی رویکرد روسیه به مساله‌ی هسته‌ای ایران می‌بایست در ابتدا، علاوه بر نوع کنش‌ها، مذاکرات، روابط و قراردادهای میان ایران و روسیه، متغیر روابط آمریکا و روسیه را در نظر گرفت. در سال‌های بعد از مطرح شدن مساله هسته‌ای ایران از اواسط دهه ۱۹۹۰ از دیدگاه آمریکا، هر نوع کمک نهادهای روسیه به برنامه‌های هسته‌ای و موشکی ایران باید قطع می‌شد. مخالفت آمریکا با برنامه استفاده صلح‌آمیز هسته‌ای ایران که به اتخاذ سیاست «تحریم کامل» از سوی آن کشور از جمله طرح بوشهر منتهی شد مبتنی بر توجیهات زیر بود:

الف) تعهد ایران به معاهدهٔ عدم اشاعهٔ جنگ افزارهای هسته‌ای قابل اعتماد نیست و طرح بوشهر می‌تواند به توسعه وسیع تخصص‌های هسته‌ای منجر شود که به‌طور غیرمستقیم می‌تواند به برنامهٔ هسته‌ای ایران کمک نماید.

ب) ایران هم‌چنان در حال حرکت برای نزدیک شدن به توانایی تولید جنگ‌افزارهای هسته‌ای و موشک‌های دور برد برای حمل آن است. ([در آن مقطع] آمریکا از ارائه مدارکی در این زمینه خودداری می‌نماید).

ج) طرح نیروگاه هسته‌ای بوشهر از سوی ایران به عنوان اهرمی برای فشار به روسیه برای جلب کمک در زمینۀ فن‌آوری‌های حساس و توجیهی برای دست‌یابی به توانایی‌های بیشتر در زمینۀ «سیکل سوخت» جهت تأمین سوخت مورد نیاز در راکتورهای خود می‌باشد.

د) آمریکا کمک‌های روسیه به ایران در زمینۀ فن‌آوری‌های حساس را خطرناک‌ترین بخش از هم‌کاری‌های هسته‌ای روسیه با ایران تلقی می‌کند.

هـ) البته آمریکا به خوبی بر این امر واقف بود که امروزه با توجه به امکانات وسیعی که برای دسترسی به دانش فنی از جمله علوم حساس و مواد و تجهیزات مربوط به آن در جهان وجود دارد، بازداشتن کشوری مصمم و پویا مانند ایران جهت دست‌یابی به جنگ افزارهای هسته‌ای امکان‌پذیر نیست و تنها راه مطمئن متقاعد نمودن و یا رهنمون ساختن ایران به این نتیجه است که منافع ملی‌اش بدون جنگ‌افزارهای مزبور تأمین خواهد شد... زیرا چنانچه ایران از تحولات در مناطق پیرامونی خویش احساس امنیت ننماید ضرورت در اختیار داشتن جنگ افزارهای غیرمتعارف را نیز احساس نخواهد نمود (ثقفی عامری، مرداد ۱۳۸۱).

به‌طور کلی، «پروندۀ هسته‌ای ایران از اواسط دهۀ ۱۹۹۰ و در پی انعقاد قرارداد ساخت نیروگاه هسته‌ای بوشهر توسط روسیه به عنوان یکی از مواد اصلی در دستور کار روابط آمریکا با روسیه قرار گرفت. نفوذ و تأثیرگذاری آمریکا بر روسیه در مورد پروندۀ هسته‌ای ایران ابتدا در زمان دولت کلینتون در آمریکا به شکل توافق «گور ـ چرنومردین» میان ال گور[1] معاون رئیس‌جمهور آمریکا و ویکتور چرنومردین[2] نخست‌وزیر روسیه در جهت تشویق روسیه برای

---

[1]- Al Gore

[2]- Viktor Chernomerdin

۱۰۰

توقف هم‌کاری‌های نظامی و هسته‌ای با ایران نمایان گردید» (ثقفی عامری، شهریور ۱۳۸٤). متعاقب این تحولات در اولین ملاقات مقامات آمریکا و روسیه پس از انعقاد قرارداد ایران با روسیه برای احداث «واحد ۱ » نیروگاه هسته‌ای بوشهر در ماه مه ۱۹۹۵ طرف روسی قول داد که آن بخش از قرارداد با ایران را که جنبه های نظامی دارد لغو نماید و ضمناً روسیه موافقت کرد که از کمک در خصوص تأمین سیکل سوخت نیروگاه و یا ارائه نیروگاه جدیدی به ایران حداقل به مدت پنج سال خودداری نماید (همان).

در کل، تداوم هم‌کاری‌های نامنظم یا همراه با کارشکنی روسیه در مساله هسته‌ای با ایران طی سال‌های بعد از ۲۰۰۰ زمینه‌ای برای بهبود و یا سردی روابط میان تهران و مسکو بوده است. در سال ۲۰۱۰ موضوع انرژی هسته‌ای به عاملی برای سردی روابط میان دو کشور تبدیل شد. «اقدام ایران در عدم پذیرش طرح روسیه در موضوع مبادله سوخت هسته‌ای و توافق با ترکیه و برزیل و اعتماد به ترکیه موجبات واکنش شدید مقامات روس شد. تهران به‌طور ضمنی روسیه را غیر قابل اعتماد دانست. پس از این واقعه، سرگئی لاوروف[1]وزیر امورخارجه و دیمیتری مدودف رئیس جمهور روسیه در اظهاراتی شدید الحن خواستار اقدام شدید امنیتی و اعمال تحریم بر ایران شدند. حتی مدودف در جمع مقامات سیاسی روسیه با صراحت نیات و برنامه‌های ایران را در راستای دست‌یابی به سلاح هسته‌ای معرفی کرد و اقدام ایران را نیز مخالف با اصول منع گسترش سلاح‌های کشتار جمعی دانست (کرمی، پاییز ۱۳۸۹: ۱۸۲-۱۸٤). بر آیند این سردی روابط در حمایت کامال مسکو از صدور قطع‌نامه ۱۹۲۹ شورای امنیت سازمان ملل بازتاب پیدا کرد.

به‌طور کلی، می‌توان رویکرد روسیه نسبت به پرونده هسته‌ای ایران را از دو بعد مورد تحلیل قرار داد. از یک سو، روسیه در پرونده هسته‌ای ایران برای گرفتن امتیازات بیشتر و فشار بر کشورهای غربی، خواهان عدم حل سریع پرونده و به نتیجه رسیدن کوتاه مدت آن بود. یعنی مقامات روسیه در مقاطعی که رویکرد نزدیکی به غرب را در نظر داشتند، با

---

[1]- Sergey Lavrov

قطع‌نامه‌ها و برنامه‌های آنان همراهی می‌کردند. اما در مقاطعی که رویکرد تقابل با غرب را دنبال می‌نمودند، بر خلاف مواضع در شورای امنیت جبهه‌گیری می‌نمودند. اما با این وجود، در ابتدای مطرح شدن مساله هسته‌ای ایران در دهه ۱۹۹۰ روسیه مانند سایر کشورهای جهان از پیشرفت‌های سریع و اعلام نشدهٔ ایران در خصوص طرح‌ها و برنامهٔ تولید سوخت هسته‌ای در اصفهان، نطنز و اراک غافل‌گیر شد. هر چند هیچ‌گاه روس‌ها به دلیل سود کلان نیروگاه‌های هسته‌ای ایران برای آنان، زیر فشار غرب حاضر به تعلیق کامل همکاری با تهران نشده‌اند؛ اما همواره بر نظارت داشتن بر برنامه هسته‌ای ایران تاکید کرده و این ضمانت را به کشورهای غربی داده‌اند که مانع از انحراف برنامه هسته‌ای ایران می‌شوند. این موضوع مسکو را کاملا می‌توان بر مبنای بهره‌گرفتن از کارت مساله هسته‌ای ایران برای تعامل و تقابل با غرب دانست.

از سوی دیگر، روسیه پرونده هسته‌ای ایران را همانند ابزاری برای افزایش نفوذ و تاثیرات منطقه‌ای خود بهره می‌گرفت. رقابت روس‌ها با کشورهای غربی در مناطق اروپای شرقی، آسیای مرکزی و خاورمیانه در پرونده هسته‌ای ایران هم بازتاب پیدا کرده بود. بدین معنی که در صورت دخالت آمریکا و کشورهای طرفدار غرب در حوزه نفوذ روسیه، این کشور مسیر مخالف مواضع آنان در پرونده هسته‌ای ایران در پیش می‌گرفت. سیاست روسیه در این ارتباط را می‌توان با عنوان اشکال‌تراشی در مذاکرات هسته‌ای ۵+۱ با ایران مورد بازشناخت قرار داد. بدین معنی که رویکرد روسیه همواره همراهی کامل با برنامه‌ها و دغدغه‌های کشورهای غربی نبوده است؛ بلکه همواره با طرح ایراداتی در خواسته‌های ۵ کشور دیگر، حفظ و گسترش حوزه نفوذ در مناطق تحت نفوذ خود را پی‌گیری می‌نمود.

در مجموع می‌توان عنوان نمود روسیه در حالی در موقعیت حامی اصلی برنامه هسته‌ای و نظامی ایران قرار گرفته بود که از یک‌سو رهبران این کشور از جمله ولادیمر پوتین، بارها اعلام کرده بودند که در صورت دست‌یابی ایران به سلاح هسته‌ای، به دلیل نزدیکی جغرافیایی روسیه به ایران، این کشور بیش از کشورهای غربی در معرض تهدید قرار خواهد گرفت. از سوی دیگر، بر مبنای دکترین‌های دفاعی و امنیتی روسیه، هر کشوری با ظرفیت نظامی قابل

توجه می‌تواند تهدیدی برای روسیه تلقی شود (شوری، تابستان ۱۳۳۸۸: ۲۴۰). واقعیت این است که روسیه ایران هسته‌ای و یا هر قدرت هسته‌ایی دیگری را در هم‌جواری با مرزهای خود به‌عنوان تهدیدی جدی علیه حوزه نفوذ و امنیت خود می‌داند. در این ارتباط ایران هسته‌ای از نظر روسیه تهدیدی جدی برای گسترش اسلام‌گرایی در مرزهای این کشور از طریق تبلیغات ایران است. از این رو، حمایت روسیه از ایران در پرونده هسته‌ای را بیش از هر چیزی می‌توان در قالب کارت فشار برای ایجاد موازنه قدرت با غرب ارزیابی نمود.

با نظر به این تفاسیر، تغییر روند مذاکرات هسته‌ای ایران بعد از سال ۲۰۱۳، یعنی بعد از به ریاست جمهوری رسیدن حسن روحانی، موجب آغاز رویه‌ای جدید از روابط میان ایران و روسیه شد. با تغییر ریاست قوه مجریه ایران و با ایفای نقش فعال حسن روحانی رئیس جمهور و محمد جواد ظریف وزیر امور خارجه، مذاکرات پیرامون پرونده هسته‌ای ایران وارد مرحله‌ای جدید شد که در نهایت با ظرافت‌های دیپلماتیک خاص مقامات ایرانی به امضای توافق‌نامه میان ایران با کشورهای ۵+۱ منجر شد. اجرایی شدن برجام هسته‌ای توسط ایران و کشورهای مذاکره کننده در سال ۲۰۱۵، زمینه‌های توجه هر چه بیشتر مسکو به ایران را فراهم نمود. روند بحران‌های خاورمیانه، ضرورت هم‌گرایی میان ایران و روسیه و واهمه مسکو از نزدیک شدن تهران به آمریکا نیز از جمله مهم‌ترین دلایلی بودند که شرایط هم‌گرایی و ایجاد اتحاد استراتژیک را میان دو کشور ایجاد نمودند.

در واقع، حصول توافق میان ایران و کشورهای ۵+۱ در مساله پرونده هسته‌ای، واکنش‌ها و حساسیت‌های خاصی را نسبت به نزدیک شدن ایران به آمریکا برانگیخت. «متعاقب اجرایی شدن برجام، حساسیت ترکیه و عربستان به‌عنوان دو متحد بزرگ آمریکا در خاورمیانه نسبت به افزایش نفوذ ایران بیشتر شده است. در واقع متحدان منطقه‌ای آمریکا در خاورمیانه، خواهان تضمین منافع خود در برابر قدرت‌گیری ایران بودند و به‌طور طبیعی از تمام توان دیپلماتیک خود برای حفظ قطب‌بندی‌های موجود در خاورمیانه بهره گرفتند» (سلیمی، ۱ بهمن ۱۳۹۴). هم‌چنین، کشور روسیه هم پس از بعد وارد شدن توافقات برجام به بُعد اجرایی،

نسبت به گسترش هم‌کاری‌های میان تهران با واشنگتن نگران بودند. در نتیجه پوتین برای ایجاد موازنه تهدیدو با توجه به اصل هم‌جواری با ایران، برای پیش‌گیری از گسترش حوزه نفوذ غرب به ایران مسیر هم‌گرایی استراتژیک را در پیش گرفت. این هم‌گرایی کاملا در چارچوب منطق رئالیسم تدافعی قابل خوانش است و نمودهای آن در بحران سوریه بروز پیدا کرد.

۲-۳- هم‌کاری‌های اقتصادی و نظامی

یکی دیگر از مهم‌ترین ابعاد سیاست خاورمیانه‌ای روسیه به ایران در سال‌های بعد از ۱۹۹۱ تا کنون را می‌توان در زمینه‌ی هم‌کاری‌های نظامی و اقتصادی مورد تحلیل و ارزیابی قرار داد. نکته قابل توجه در این دو بعد، سود کلان روس‌ها از رابطه‌ی اقتصادی و ظنامی با ایران است. با نگاه به قراردادها و سطح مناسبات به وضوح می‌توان دریافت که همواره تراز مبادلات به نفع روسیه مثبت بوده است. در بررسی بیشتر این موضوع به‌طور دقیق مهم‌ترین سطوح و گستره‌ی هم‌کاری اقتصادی و نظامی روسیه با ایران را به دقت مورد بررسی قرار خواهیم داد.

یک سال قبل از ۱۹۹۱، اتحاد جماهیر شوروی حجم معاملات تجاری خود را با ایران به ۱ میلیارد و ۳۷٤ میلیون دلار رسانید. در مجموع در دوران اتحاد جماهیر شوروی به شکل قابل توجهی در تراز مثبت تجاری با ایران تعادل وجود داشت. صادرات اتحاد جماهیر شوروی با ایران در سطح ۱ میلیارد دلار بود؛ در حالی‌که واردات از ایران فقط ۳۷٤ میلیون دلار بود. سقوط اتحاد جماهیر شوروی بلافاصله بر روابط اقتصادی دوجانبه میان ایران و روسیه تاثیر گذاشت... در سال ۱۹۹۲ حجم مبادلات به٤٥٠ میلیون دلار رسید. هر چند در این رابطه تراز تجاری روسیه هم‌چنان مثبت بود (٤٠١ میلیون دلار در مقابل ٤٨/٦ میلیون دلار). اما فقط در فاصله یک سال، سطح معینی از بهبود شرایط تضمین شد. در سال ۱۹۹۳ حجم مبادلات تجاری میان دو کشور به ۱ میلیارد و ۹۱ میلیون دلار افزایش یافت (در این بین صادرات

روسیه به ایران ۱ میلیارد و ٤ میلیون دلار و واردات این کشور از ایران ۸۷ میلیون دلار). با این وجود، این بهبود مناسبات اقتصادی، تا حدود زیادی ناشی از اجرایی شدن قراردادهای قدیمی بود و در نتیجه نمی‌توانست پایدار بماند. در سال ۱۹۹٤ حجم مبادلات تجاری به یک پنجم سال قبل کاهش یافت (Kurtov, 18 December 2008).

در سال ۱۹۹٦/۱۳۷۵ ارزش روابط دو کشور به ٤۰۰ میلیون دلار، در سال ۱۳۷٦ به ٤٥۰ میلیون دلار و در سال های ۱۳۷۷ و ۱۳۷۸ از مرز ٥۰۰ میلیون دلار گذشت. حجم مبادلات دوکشور در سال ۲۰۰۰ حدود ۷۰۰ میلیون دلار بود و در سال ۲۰۰۱ از مرز یک میلیارد دلار فراتر رفت. البته بیشتر این مبادلات به واردات ایران از روسیه اختصاص داشته، به طوری که به عنوان مثال در سال ۱۹۹۸، واردات روسیه از ایران، ۷۰۰ میلیون دلار بوده است و این نشان می دهد که تا چه اندازه ایران تراز پرداخت منفی داشته است (مطالعات دریای خزر، ۱۳۸۷: ۷ به نقل از کرمی، تابستان ۱۳۸۹: ۱۱٥).

در اواخر دهه ۱۹۹۰ صادرات روسیه به ایران به ۳ میلیارد و ۳۷۸ میلیون دلار افزایش یافت که بخش عمده آن –حدود ٤۷/۸- درصد مربوط به تجهیزات پیچیده[1] بود. تسلیحات نظامی ۳۱/۱ درصد، سوخت و کالا ۱٤/۹ درصد و ماشین آلات ۲-٦ درصد (٥). اما در سال‌های مابین ۲۰۰۱ تا ۲۰۰٥ صادرات روسیه به ایران به ٦ میلیارد و ۸۰۰ میلیون دلار افزایش یافت. در سال ۲۰۰٦ کل حجم مبادلات میان ایران و روسیه به ۲ میلیارد و ۱٤٤ میلیون دلار رسید و این حجم در سال ۲۰۰۷ بالغ بر ۳ میلیارد و ۳۰۰ میلیون دلار بود (Kurtov, 18 December 2008).

در مجموع در دهه‌ی اول قرن بیست و یکم شاهد افزایش سطح مناسبات دیپلماتیک تهران با کرملین بودیم. در هم تنیدگی روابط و تداوم هم‌کاری‌های همه‌جانبه در زمینه اقتصادی و تجاری نیز از برآیندهای این دهه بود. «دیدار رئیس جمهوری ایران، محمد خاتمی در سال ۲۰۰۱ از روسیه و توافقنامه همکاری های اساسی با ولادیمیر پوتین، موجب شد روابط

---

[1]- complex equipment

دو طرف برای دهه بعدی ب هطور جدی تر تداوم یابد. در گفتگوی سران دو کشورکه در زمینه همکاری های نزدیک اقتصادی انجام شد بیانیه ای نیز درباره دریای خزر صادر شد. در آوریل ۲۰۰۲ وزیرخارجه ایران کمال خرازی از مسکو دیدار و مدارک تأیید شده موافقتنامه مارس ۲۰۰۱ را مبادله کرد و سرانجام دیدار پوتین از تهران درسال ۱۳۸۷/۲۰۰۸ را می توان نقطه اوج این روابط دانست» (کرمی، تابستان ۱۳۸۹: ۱۱٤).

در سال‌های بعد از ۲۰۱۲ و متعاقب ریاست جمهوری مجدد پوتین روابط اقتصادی میان تهران و مسکو در سطح قابل توجهی گسترش یافت. علت اصلی این موضوع را می‌توان در افزایش سطح تنش‌های روسیه با غرب و دغدغه‌های مشترک روسیه با سوریه دانست. در سال ۲۰۱٤ در نتیجه تلاش‌های وزیر انرژی روسیه الکساندر نواک[1]که هم‌زمان ریاست کمیسیون مشترک تجاری و اقتصادی ایران و روسیه را عهده‌دار بود و روابط شخصی خوبی با وزیر نفت ایران بیژن نامدار زنگنه و رئیس سازمان انرژی اتمی ایران، علی اکبر صالحی داشت؛ توافق‌نامه همه‌جانبه اقتصادی و تجاری توسط نواک و زنگنه در ۵ اوت به امضاء رسید (Iran and Russia Seek Closer Economic Ties, 20 October, 2014).

در پایان می‌توان عنوان نمود که طی یک دهه گذشته تداوم تحریم‌های اقتصادی و انزوای سیاسی ایران تا حدود زیادی خوشایند روس‌ها بوده است. با وجود این‌که تحریم ایران برخی تاثیرات منفی را بر سطح مبادلات اقتصادی میان دو کشور داشته است؛ اما عدم حضور اکثر شرکت‌های غربی در بازار ایران، سطح رقابت را برای شرکت‌های روسی کاهش داده است (Kozhanov, 2012: 230).

اما علاوه بر مناسبات نظامی می‌بایست به هم‌کاری‌ها و قراردادهای نظامی میان ایران و روسیه به عنوان بُعدی از اهمیت و جایگاه ایران در سیاست خاورمیانه‌ای روسیه توجه داشت. قراردادهای نظامی فی مابین ایران و روسیه از اواخر دهه ۸۰ با منعقد کردن تعدادی موافقت‌نامه هم‌کاری های نظامی به ارزش کلی ۵/۱ میلیارد دلار وارد مرحله جدید شد. اولین

---

[1]- Alexander Novak

قرارداد در ۵ نوامبر ۱۹۸۹ به منظور تحویل جنگنده‌های MiG-29- 4 فروند MiG-29UB و ۱۲ فروند جنگنده بمب افکن تاکتیکی SU-24MK و دو مجموعه موشکی برد بلند زمین به هوا S-200VE Vega-E /SA-5 به ارزش ۱/۳ میلیارد دلار، به امضاء رسید. بیشتر تسلیحات ذکر شده در این قرارداد در خلال سال‌های ۱۹۹۰-۱۹۹۱ به ایران تحویل شد (جزئیات قراردهای نظامی ایران- روسیه، ۲۷ مهر ۱۳۸۷).

در سال‌های بعد از ۱۹۹۱ تا کنون نیز هم‌کاری‌ها و قراردادهای نظامی زیادی میان ایران و روسیه منعقد شده است. «در سال ۱۹۹۱ اولین قرارداد خرید تسلیحات نظامی میان ایران و روسیه به امضاء رسید و ایران خرید مقادیر عظیمی توپ جنگی، وسایل نقلیه زرهی و مهمات را آغاز کرد» (Kurtov, 18 December 2008).

در مجموع، «از سال ۱۹۹۵ تا ۲۰۰۵، بیش از ۷۰ درصد از واردات سلاح ایران از روسیه بوده است. به توجه به اطلاعات موسسه بین‌المللی مطالعات صلح استکهلم که یک ناظر قابل استناد[1] در زمینه نقل و انتقالات نظامی جهان است؛ اگر چه در این دوره زمانی (۲۰۰۵-۱۹۹۵) ایران تسلیحات کمتری را نسبت به هند و چین از روسیه وارد نموده است؛ اما با این وجود سومین خریددار سلاح‌های نظامی این کشور بوده است» (Kassianova, December 2006). با این وجود در طول تمامی دو دهه گذشته همواره محدودیت‌های در زمینه‌ی خرید سلاح ایران از روسیه وجود داشته است.

در دهه ۱۹۹۰ یکی از مانع‌های عمده برای فروش تسلیحات روسی به ایران، مخالفت‌ها و فشارهای آمریکا بوده است. در تاریخ ۳۰ ژوئن سال ۱۹۹۵ در پی ملاقات ال گور معاون رئیس جمهوری آمریکا و نخست وزیر روسیه ویکتور چرنومردین قراردادی محرمانه میان دوکشور برای محدود کردن فروش سلاح به ایران به امضا رسید. مسکو با استناد به توافقنامه نظامی میان ایران و شوروی در ۱۹۸۹ متعهد شد که سلاح‌های پیشرفته «بی‌ثبات کننده[2]» را به

[1]- wellrespected
[2]- destabilizing

ایران تحویل ندهد (Broder, 13 October, 2000) و (,Trofimov, April 10 2003).

در مجموع در سال‌های مابین ۱۹۹۲ تا ۲۰۰۰ ایران به عنوان سومین مشتری تسلیحات نظامی روسیه، بیش از ٤ میلیارد دلار از مسکو سلاح خریداری نمود. در این میان روسیه در دهه ۱۹۹۰ سه زیردریایی تهاجمی کیلو کلاس۱ -که می‌توانند برای مختل کردن حمل و نقل در خلیج فارس مورد استفاده قرار گیرند- ۸ فروند جنگنده بمب‌افکن میگ ۲۹، ۱۰ فروند جنگنده بمب‌افکن سوخو ۲٤، صدها تانک و نفربر زرهی را به ایران تحویل دادند (,Cohen and. James, 5 April 2001).

علاوه براین، در سال‌های بعد از ۲۰۰۰ مهم‌ترین مساله در روابط نظامی روسیه و ایران را می‌توان تلاش ایران برای خرید و استقرار سامانه موشکی اس ۳۰۰ برای محافظت از نیروگاه‌های هسته‌ای، مورد مدّاقه قرار داد. ایران از سال ۱۳۸۳ در پی انعقاد قرارداد خرید سامانه موشکی اس ۳۰۰ برای پوشش گسترده دفاعی نیروگاه بود که نهایتا این قرارداد در سال ۱۳۸۵ به امضای مقامات مسئوول دو طرف رسید. مبلغ این قرارداد ۸۰۰ میلیون دلار بود که از طرف ایران به روسیه پرداخت شده است در این قرارداد حدود ٤۰۰ دلار نیز به عنوان جریمه عدم تحویل سامانه پیش‌بینی شد. مدت اجرای این قرارداد نظامی ۳ سال تعیین شده بود؛ بنابراین این سامانه باید تا سال ۱۳۸۸ در کشور مستقر شود. اما تحویل این سیستم موشکی به ایران بیش از آنکه بستری را برای همکاری نظامی ایران و روسیه فراهم کند به فاکتوری برای امتیازگیری روسیه از ایران و آمریکا بیشتر شباهت داشت و به موضوعی پرسروصدا در روابط دو کشور تبدیل گردید. یکی از عمده موانع پیش‌روی تحقق وعده روسیه در برابر ایران، مخالفت‌های رژیم صهیونیستی و آمریکا با تحویل موشک‌های اس ۳۰۰ روسیه به ایران مطرح شده چراکه آنها بهره‌مندی ایران از موشک‌هایی که یکی از پیشرفته‌ترین سیستم‌های ضدهوایی در جهان محسوب می‌شد، در منطقه حساسی چون خاورمیانه را پذیرا نبوده و بر

---

¹- Kilo-class

ضد منافع خود می‌دانند. سرانجام پس از کش وقوس‌های فراوان، رئیس جمهور روسیه روز ۲۲ سپتامبر ۲۰۱۰، در دستوری تحویل سامانه اس ۳۰۰ و انتقال مستقیم یا غیر مستقیم هشت نوع سلاح سنگین از جمله تانک، خودروهای زره ای ، هواپیماهای جنگی ، بالگردهای تهاجمی، کشتی های نظامی و سیستم های موشکی ر ا به ایران ممنوع اعلام کرد (بالازاده و غیبی، تابستان ۱۳۹۰: ۴۹-۵۰).

نهایتا در جریان دیدار وزیر دفاع روسیه سرگی شایگو[1] از ایران در ژانویه سال ۲۰۱۵، توافق مربوط به همکاری فن‌آوری، نظامی امضاء شد. مشکلاتی چند در تحویل تسلیحات نظامی و قرارداد امضا شده میان روسیه و ایران وجود داشت. اولا تحریم‌های شورای امنیت سازمان ملل متحد ارسال تسلیحات تهاجمی سنگین و فن آوری نظامی به ایران را ممنوع کرده بود. ثانیا سیستم و نحوه‌ی پرداخت‌ها بر اساس انعقاد قراردادیست که در ارتباط با خروج ایران از سیستم بانکی بین المللی SWIFT از بین رفته‌اند. و سوما مشکلات حل نشده ای با نقض قرارداد مربوط به ارسال سیستم‌های موشکی ضد هوایی روسی اس-۳۰۰ وجود داشت. اما فرمان پوتین در خصوص تحویل سامانه موشکی اس ۳۰۰ یک مشکل را از بین برد و امکانات واقعی برای توسعه ی ارتباطات نظامی ایران و روسیه فراهم کرد. (ir.sputniknews.com, 23.04.2015). سرانجام پس از فرمان پوتین، در آوریل ۲۰۱۵ سامانه موشکی اس ۳۰۰ از طریق مرز انزلی وارد ایران شد.

۳-۳- جایگاه ایران به عنوان محوری برای تقابل با نفوذ آمریکا و متحدان منطقه‌ای‌اش در خاورمیانه

یکی از مهم‌ترین ابعادی که روسیه از دریچه آن سیاست خاورمیانه‌ای خود را نسبت به ایران تنظیم کرده است، در ارتباط با نقش سد نفوذ و بهره‌گیری از ایران به عنوان عاملی برای موازنه

1- Sergei Shoigu

تهدید در سطح خاورمیانه است. واقعیت این است که روس‌ها با ورود به عرصه خاورمیانه، هدف کاهش نفوذ و حضور غرب در مناطق قفقاز و آسیای مرکزی دنبال می‌کند. هر چند در این مسیر همواره با ناوانی‌ها و موانعی مواجه بوده است.

به‌طور کلی، روسیه خواهان اعمال نفوذ سابق خود در دوران اتحاد جماهیر شوروی در مناطق حوزه نفوذ خود نیست؛ حتی در جمهوری داخلی روسیه دیگر توان آن اعمال نفوذ گذشته وجود ندارد. دلیل این امر آن است که روسیه فاقد توان‌مندی‌های لازم سیاسی، اقتصادی و نظامی برای بازسازی حوزه نفوذ سنتی شوروی سابق در منطقه است. از این جهت مقامات روس سیاست کنرتل گسترش ناتو در شرق و تقویت جایگاه خود در مناطقی که نفوذ دارند را در پیش گرفته‌اند. در این مسیر کرملین در پی تقویت بازوهای کنترل بر آسیای مرکزی و قفقاز بوده است و از حمایت کشورهایی چون ایران و دیگر کشورهایی که مخالف نفوذ غرب هستند برای پیش‌گیری از بسط قدرت ناتو و آمریکا در شرق بهره می‌گیرد (Friedman,1 April 2008).

بر همین اساس، ایران جایگاه مهمی در سیاست های امنیتی روسیه دارد. چرا که ایران و روسیه، علاوه بر دارا بودن نقش مهم در تامین امنیت منطقه‌ای، تهدیدهای امنیتی مشترکی نیز دارند. پوتین می‌داند که هر گونه ناامنی برای ایران به ضرر روسیه نیز است. به عنوان مثال پوتین در سخنرانی خود در اسفند ۱۳۹۰ حمله به ایران را دارای ابعاد غیرقابل تصور دانست. در ۲۳ آذر ۱۳۹۰ نیز در اجلاس ناتو، سفیر روسیه در ناتو دیمیتری روگوزین[1] اعلام کرد، ایران همسایه ماست، اگر به هر شکلی ایران درگیر شود و اقدام نظامی علیه ایران صورت گیرد، تهدیدی مستقیم علیه امنیت ملی روسیه خواهد بود و این موضع گیری بارها از طرف مقامات روسی عنوان شده است (گودرزی، ۱ خرداد ۱۳۹۱).

---

[1]- Dmitry Rogozin

همان‌گونه که آریل کوهن اذعان می‌کند: «روسیه به هیچ عنوان خواهان تضعیف قدرت ایران به‌عنوان اصلی‌ترین هم‌پیمان سوریه نیست. در واقع، دولت «پوتین» معتقد است که جنگ سوریه که کشورهای ترکیه، قطر و عربستان را در بر می‌گیرد، با هدف تضعیف قدرت ایران انجام پذیرفته است و دولت روسیه هرگز نمی‌خواهد قدرت ایران در منطقه تضعیف گردد (کوهن، ۱۱ خرداد ۱۳۹۲). به ویژه بعد از بحران سوریه شاهد قطب بندی جدیدی در خاورمیانه هستیم. فراتر از تهدید های فوری امنیتی، ظهور تروریسم داعش به دنبال خود رقابت های ژئوپلتیک در سطح منطقه‌ای و فرامنطقه‌ای بین ایران، عربستان و ترکیه از یک سو و روسیه و آمریکا از سوی دیگر را افزایش داد. گرچه اکنون همه این بازیگران مبارزه با داعش را در اولویت سیاست منطقه‌ای خود قرار می‌دهند، اما باید پذیرفت که به موازات آن یک رقابت ژئوپلتیک هم برای پر کردن خلا قدرت در منطقه به خصوص در سوریه بین همه این بازیگران در جریان است. از یک طرف، ائتلاف به اصطلاح بین‌المللی به رهبری آمریکا شامل دولت‌های محافظه‌کار عربی حوزه خلیج فارس به همراه ترکیه خواهان جنگ با داعش و هم‌زمان سرنگونی حکومت بشار اسد در سوریه هستند. از طرف دیگر، بلوک مخالف به رهبری مشترک ایران- روسیه و مشارکت عراق و سوریه به همراه چین تنها راه مبارزه با داعش را تقویت نظام دولت در سوریه و حتی حفظ اسد در قدرت (حداقل تا زمان انتقال سیاسی) می دانند. موضوع وقتی حساس‌تر می‌شود که دریابیم تمامی این بازیگران بر مبنای موقعیت منطقه‌ای، تاریخی و فهم خاص خود از تهدیدات امنیت ملی، منافع فردی خود را هم دارند (برزگر، آذر ۱۳۹٤).

تلاش‌ها و ملاقات‌های مقامات روسیه با ایران در جهت گسترش روابط در سال‌های گذشته و به ویژه روزهای چند سال اخیر شاهدی بر اهمیت ایران به عنوان یک کشور خاورمیانه‌ای در بازی قدرت روسیه است. اعلام تحویل موشک S300 به ایران و اعلام نظر مثبت به عضویت دائم ایران در سازمان هم‌کاری شانگهای توسط روسیه در شرایط بحرانی روابط‌اش با ایالات متحده آمریکا، نشان از این دارد که اولا به این کشور بفهماند که در مقابل اقدامات غرب و آمریکا در رابطه با بحران اوکراین و تحریم‌های اقتصادی روسیه، توان این را

دارد که منافع و هم‌چنین موازنه قوای مورد نظر ایالات متحده آمریکا در خاورمیانه را به چالش بکشد. ثانیا خاطر نشان سازد که روسیه هنوز یک بازیگر و قطب موثر در نظام بین الملل است (قاسمی، اسفند ۱۳۹۳).

در پایان می‌توان عنوان نمود که جایگاه ایران در نقش تقابل یا نفوذ غرب و آمریکا در خاورمیانه را بیشتر از هر بعد دیگری می‌توان در راستای چارچوب نظری پژوهش حاضر مورد تبیین و بررسی قرار داد. «گسترش روابط با کشوری هم‌چون ایران و نیز حمایت از بشار اسد، در حکم عرض اندام به‌عنوان یک بازیگر موثر در مقابل ایالات متحده آمریکا و افزایش هزینه‌های این کشور و البته در راستای دغدغه‌های سیاسی و امنیتی روسیه است. در حقیقت روسیه با تلاش برای گسترش روابط با کشوری مثل ایران درصدد است که اولا در منطقه اتحادی را شکل دهد تا در پاسخ به چالش‌های وارده از سوی آمریکا، اردوگاهی از کشورهای حامی و متحد در خاورمیانه را ایجاد کند که به واسطه چنین اتحادی، بتواند در منطقه نقش کلیدی داشته باشد. ثانیا، ابزاری برای رایزنی با آمریکا در خصوص مناطق حیاتی‌اش در اختیار داشته باشد» (همان).

۳-۳- ایران و روسیه متحدان استراتژیک در عرصه بحران سوریه بعد از ۲۰۱۱

بحران سوریه را می‌توان به‌عنوان گرانیگاهی مهم در تاریخ مناسبات ایران و روسیه در نظر گرفت. بدون تردید برای اولین بار در تاریخ روابط دیپلماتیک و سیاسی میان دو کشور، روسیه خواهان اتحادی استراتژیک و نیز برابر با ایران شده است. در این میان، نادیده‌گرفتن خواسته‌های روسیه در بحران لیبی، نفوذ هر چه بیشتر غرب در خاورمیانه در نتیجه انقلاب‌های مردمی بعد از ۲۰۱۱، بروز بحران اوکراین در ۲۰۱٤ و مهم‌تر از همه طولانی شدن هر چه بیشتر بحران سوریه، موجبات توجه هر چه بیشتر روسیه به سمت شرق یعنی کشورهای ایران، چین و بشار اسد را موجب شد. واقعیت آن است که بعد از دورانی چهار ساله از حاکمیت

طیف نوگرایان بر کرملین با رهبری مدودف، در سال ۲۰۱۲ طیف سنتی و عمل‌گرای روس با رهبری مجدد پوتین منصب ریاست جمهوری در دست گرفتند. این تغییر موجبات تغیر رویکرد گسترده‌ای در نگاه روسیه به ایران و مناسبات میان دو کشور شد.
عمده رویکرد روسیه به رابطه با ایران در بحران سوریه را می‌توان با نظر به ریاست جمهوری مجدد پوتین در سال ۲۰۱۲ مورد مدّاقه قرار داد. ولادیمیر پوتین در انتخابات چهارم مارس ۲۰۱۲ با کسب بیش از ۶۳ درصد آراء برای بار سوم به مقام ریاست جمهوری روسیه انتخاب شد و در ۷ مه ۲۰۱۲ مراسم تحلیف او انجام شد. از آن زمان گمانه‌زنی‌ها در مورد چرخش‌های اساسی در سیاست خارجی روسیه و به دنبال آن در رابطه میان **ایران و روسیه** در دور جدید ریاست جمهوری پوتین شروع شد. گروهی با توجه به شعارهای انتخاباتی پوتین مانند مخالفت با طرح سپر دفاع موشکی و مخالفت با یکجانبه گرایی آمریکا و حمایت از پرونده هسته‌ای ایران و اعلام اینکه کریدور هوایی ناتو از طریق خاک روسیه به افغانستان بسته می‌شود؛ عنوان کردند که رابطه روسیه و آمریکا با توجه مسائل جدیدی مانند انقلاب های خاورمیانه که نارضایتی روسیه را در بحث دخالت ناتو در لیبی مشاهده کردیم و یا بحث سوریه و موضع گیری روسیه نسبت به آن "تیره‌تر" می شود (گودرزی، ۱ خرداد ۱۳۹۱).

بازگشت پوتین به کرملین در سال ۲۰۱۲، آغاز یک دوره جدید در مناسبات میان روسیه و ایران بود. به طور جدی، اولویت‌های اصلی روسیه در عرصه بین‌المللی به دلیل شکست در بازخوانی مجدد روابط روسیه و آمریکا (۷) و آغاز تنش‌ها با غرب بر سر سوریه تحت تاثیر قرار گرفت. علاوه بر آن، این واقعیت که در موقعیت غرب‌گرایی (طرفداری از غرب) در منازعه لیبی در سال ۲۰۱۱ هیچ بازخورد مثبتی در واشنگتن و بروکسل [نسبت به خواسته‌های روسیه] دریافت نشد، موجب ناامیدی پوتین شد. مایوس شدن از میان برداشتن شکاف‌ها با غرب در طول سه دوره ریاست جمهوری روسیه (۸) - بیش از پیش- در توسعه روابط روسیه با کشورهای غیرغربی تعیین کننده بود (kozhanov, 2015: 8-9).

مهم‌ترین مساله ای که در نگاه پوتین نسبت به ایران در دور سوم ریاست جمهوری پوتین تقویت می شود تاکید بر «منافع مشترک منطقه‌ای» است. روسیه و ایران به صورت سنتی در آسیای مرکزی، افغانستان و قفقاز و منطقه ترکیه دارای منافع مشترکی هستند. به عنوان مثال در بحران گرجستان شاهد بودیم که نزدیکی زیادی میان منافع روسیه و ایران وجود داشت و همانا این بود که نگذارند نوع نقش غرب در مسائل منطقه ای تقویت شده یا مانع از گسترش ناتو به سوی شرق شوند. نوع واکنش سخت مسکو و تهران به استقرار سپر دفاع موشکی ناتو در ترکیه یعنی نزدیکی مرزهای روسیه و ایران هم نمود دیگری از نزدیکی دیدگاه‌های روسیه و ایران بود. در شرایط جدید هم شاهدیم که در بحران سوریه، دیدگاه دو کشور به یکدیگر نزدیک شده است. البته در بحران سوریه، روسیه فرصت پیدا می کند که دوباره به صحنه سیاست خاورمیانه باز گردد و این خود بسیار تحت تاثیر رویکرد سنتی دولت محوری آقای پوتین و نخبگان سنت‌گرا در روسیه است (برزگر، ۳۱ اردیبهشت ۱۳۹۱).

بحران سوریه و ظهور پدیده داعش ماهیت روابط ایران و روسیه را از یک چارچوب منفعل تاریخی نسبت به نقش منطقه‌ای یکدیگر به یک قالب فعال مبتنی بر هم‌کاری‌های منطقه‌ای و در جهت تامین منافع ژئوپلتیک تغییر می‌دهد. این تحول خود نوعی برابری سیاسی در روابط دو طرف ایجاد کرده که این می‌تواند بر اهمیت نقش ایران در عرصه سیاست منطقه‌ای و جهانی بیافزاید (برزگر، آذر ۱۳۹٤).

به طور کلی، بحران سوریه برگی جدید از تاریخ مناسبات میان ایران و روسیه را موجب شد. بدین معنی که روسیه برای ایجاد موازنه تهدید در سطح جهانی در برابر غرب و ایران برای حفظ منطقه نفوذ خود، ائتلافی عمیق و پرقدرت را در سطح منطقه خاورمیانه ایجاد کرده‌اند. در واقع، «روسیه به ایران نیاز دارد چون تنها کشوری است که هم‌زمان در عراق و سوریه و در معادلات میدانی و سیاسی دارای نقش ائتلاف‌ساز و موثر است. هم‌زمان ایران به نقش روسیه در معادلات هوایی و ایجاد تعادل سیاسی-امنیتی جبهه رقبای منطقه‌ای و فرامنطقه‌ای یعنی ترکیه و عربستان و آمریکا نیاز دارد. این دو بازیگر همچنین به این درک رسیده‌اند که بدون

تغییر در مواضع بازیگران رقیب منطقه‌ای حل منازعه داخلی سوریه حتی مبتنی بر یک توافق نسبی و برد-برد ناممکن بنظر می‌رسد (همان).

هم‌چنان که بحران‌های سوریه و داعش به هم وصل شده‌اند، در روند زمان مواضع ایران و روسیه هم در سه موضوع بحران جاری بهم نزدیک می‌شوند: نخست، این‌که دو طرف حمایت از نظام «دولت» در سوریه را یک اولویت برای مبارزه با داعش دانسته و نقش‌آفرینی بازیگران غیردولتی، گروه‌های سیاسی و شبه نظامی در این زمینه را تنها در خدمت تقویت دولت سوریه و صرفا در زمان تهدید و ناامنی می‌پذیرند. دوم، نگاه دو طرف به موضوع مبارزه هم‌زمان با تروریسم داعش و مخالفان دولت سوریه به هم نزدیک شده است. در یک زمانی روس‌ها قائل به گفت‌وگو با مخالفان میانه‌روی رژیم اسد، با این هدف بودند که تنها آن‌ها می‌توانند با تمامی گروه‌ها گفت‌وگو کنند. بر این مبنا، روس‌ها چندین بار مخالفین را به مسکو دعوت کردند. اما روس‌ها بتدریج به این نتیجه رسیدند که شکاف های عمیق بین این نیروها و فرماندهان آن‌ها وجود دارد که معادلات میدانی را هم‌زمان به ضرر آن‌ها و دولت سوریه و به نفع داعش جلو می‌برد. هم‌زمان بعضی از نیروهای این مخالفان نیز جذب گروه‌های افراطی‌تر می‌شدند. در این‌جا نیز مواضع روسیه به دیدگاه ایران نزدیک شده که تروریسم خوب و بد ندارد و باید با همه آن‌ها با یک نگاه مبارزه کرد. سوم و حساس‌ترین مورد مربوط به آینده اسد است که مواضع دو طرف در اینجا هم نزدیک شده است. بعضی دیدگاه‌ها معتقداند که روس‌ها بر اساس منافع خود در مورد جابه‌جایی اسد با غربی‌ها معامله خواهند کرد. اما با تحولات جدید، روس‌ها هم به این دیدگاه ایرانی می‌رسند که از ابتدا می گفت مبارزه با تروریسم یعنی حفظ نظام سیاسی سوریه و این یعنی حفظ اسد تا زمانی که دوره انتقال سیاسی سوریه با آرای مردم صورت پذیرد (همان).

در پایان می‌توان عنوان نمود که در تمامی مناسبات تاریخ معاصر روسیه و ایران همواره همکاری‌های دو کشور ار موضعی نابرابر بوده است. هیچ‌گاه اتحادی همه‌جانبه و راهبردی میان دو کشور ایجاد نشده است. بر اساس مبانی چارچوب نظر رئالیسم دفاعی به وضوح

می‌توان موضوع موازنه تهدید و گسترش حوزه نفوذ غرب در خاورمیانه را هم‌چون عاملی کلیدی برای ایجاد جبهه مشترک تدافعی در برابر غرب، توسط ایران و روسیه ارزیابی کرد. همکاری و اتحاد راهبردیِ ایران و روسیه در موضوع بحران سوریه را می‌توان آغازی جدید در مناسبات دو کشور دانست. در نتیجه همین هم‌گرایی تحویل سامانه موشکی اس ۳۰۰ روسیه به ایران انجام گرفت. در شرایط کنونی ایران مهم‌ترین قطب و نیروی تدافعی در سطح خاورمیانه، در مقابل نفوذ غرب و آمریکا است. از این جهت ولادیمیر پوتین با تصمیم تاریخی خود در ورود مستقیم نظامی به عرصه بحران سوریه نشان داد که تا چه اندازه با ایران نسبت به بحران سوریه مواضع مشترک دارند.

جمع‌بندی

در فصل حاضر برای تبیین رویکرد خاورمیانه‌ای روسیه در قالب چارچوب تئوریک نئورئالیسم تدافعی، استدلال‌ها و مستنداتی در سه بخش ارائه شدند. در بررسی تاریخی مناسبات ایران و روسیه نشان داده شد که علی‌رغم پیشینه تهاجمی روسیه نسبت به ایران، در سال‌های بعد از آغاز جنگ سرد زمینه‌ای از هم‌گرایی میان روس‌ها با جمهوری اسلامی ایران بر مبنای ضدیت با نفوذ غرب در منطقه تحت نفوذ به وجود آمد. این زمینه در اواسط نیمه دوم دهه ۱۹۹۰ بُعدی عینی به خود گرفت و در چارچوب دکترین اورآسیاگرایی مورد توجه واقع شد.

در رویکرد سیاست خارجی روسیه نسبت به ایران در سال‌ها ۱۹۹۱ همواره سطحی از دغدغه‌ها و بدبینی نسبت به ایران وجود داشته است. در نگاه سیاست خارجی روسیه، ایران قدرت‌مند در زمینه اقتصادی، دیپلماتیک و نظامی می‌تواند تهدیدی جدی برای منافع روسیه باشد. زمانی این تهدید بیشتر خواهد شد که ایران هم‌کاری با غرب را برگزینند و به حلقه محاصره‌کنندگان روسیه بپیوندد. هم‌چنین، مساله‌ی گسترش اسلام‌گرایی و صدور انقلاب ایران در مرزهای مناطق مسلمان‌نشین روسیه و در کشورهای مسلمان هم‌جوار با این کشور، در

قفقاز و آسیای مرکزی، یکی دیگر از دلایل بدبینی روس‌ها به ایران است. اما علی رغم این مسائل واقعیت آن است که ایران و روسیه در سطح امنیت منطقه‌ای به گستره‌ای از همکاری‌ها و اشتراک منافع رسیده‌اند که زمینه هم‌گرایی میان دو کشور را فراهم نموده است.

در تحلیل نهایی پیرامون جایگاه ایران در سیاست خاورمیانه‌ای روسیه می‌توان ابراز داشت که مساله‌ی پرونده‌ی هسته‌ای ایران، همکاری‌های اقتصادی – نظامی، اهمیت راهبردی ایران به عنوان محور تقابل با نفوذ غرب در خاورمیانه و مساله بحران سوریه بعد از سال ۲۰۱۱ مهم‌ترین محورهایی بوده‌اند که روسیه در قالب آن‌ها رویکرد خود را نسبت به تهران مشخص نموده است. در مساله‌ی پرونده هسته‌ای روس‌ها حتی فراتر از غرب مخالف هسته‌ای شدن ایران بودند؛ اما برای اعمال فشار بر غرب و حفظ مناطق نفوذ خود از کارت هسته‌ای شدن ایران در تقابل با آمریکا و اتحادیه اروپا بهره می‌گرفت. در زمینه‌ی همکاری‌های اقتصادی شاهد روندی رو به رشد از مبادلات اقتصادی میان دو کشور در سال‌های بعد از ۱۹۹۱ بوده‌ایم. هر چند که تراز اقتصادی همواره به‌طور چشم‌گیری به نفع روس‌ها مثبت بوده است. در زمینه‌ی همکاری‌های نظامی ایران سومین خریددار یا مشتری تسلیحات روسی بوده است؛ اما بنا بر فشارهای آمریکا و اسرائیل همواره مسکو در میزان، نوع و کیفیت سلاح‌ها محدودیت‌هایی را برای تهران قائل شده است. اما بحران سوریه برای اولین بار در تاریخ معاصر، زمینه اتحاد راهبردی و استراتژیک میان ایران و روسیه را فراهم نمود. این اتحاد منطقه‌ای را می‌توان برنامه‌ای استراتژیک برای ایجاد موازنه تهدید در برابر نفوذ غرب در خاورمیانه ارزیابی نمود که کاملا در قالب الگوی نظری کتاب قابل تبیین است.

یادداشت‌ها

۱- **عهدنامه گلستان** پیمانی بود که در تاریخ ۳ آبان ۱۱۹۲ (۲۵ اکتبر ۱۸۱۳) در پی جنگ‌های ایران و روسیه در دوره قاجار بین این دو کشور امضاء شد. به دنبال این قرارداد، حکومت بخش‌هایی از شمال دولت شاهنشاهی ایران شامل قفقاز، ارمنستان و ایالت‌های شرقی گرجستان یعنی کاختی و کارتلی از ایران سلب و به روسیه تزاری واگذار شد.

هم‌چنین، **عهدنامه ترکمن‌چای** پیمانی است که در ۳۰ اسفند ۱۲۰۶ (۲۱ فوریه ۱۸۲۸) در پی جنگ‌های ایران و روسیه در دوره قاجار بین این دو کشور امضا شد. این معاهده بعد از عهدنامه گلستان و به دنبال شکست ایران در جنگ در قفقاز جنوبی و آذربایجان امضا شد و طی آن برخی قلمروهای دولت قاجار در قفقاز شامل خانات ایروان و نخجوان از حکومت ایران سلب به روسیه واگذار شد. ایران حق کشتی‌رانی در دریای خزر را از دست داد و ملزم به پرداخت ۱۰ کرور تومان به عنوان غرامت به روسیه شد. این معاهده به جنگ‌های ایران و روسیه در دوره قاجار پایان داد و دولت روسیه متعهد شد که از پادشاهی ولیعهد وقت عباس میرزا حمایت کند.

۲- **قرارداد ننگین ۱۹۰۷:** به موجب این قرارداد روسیه و انگلستان در اقدامی وقیحانه در صدد بر آمدند ایران را بین خود تقسیم نمایند. به موجب این قرارداد حوزه نفوذ روسیه شامل آذربایجان، خراسان، گرگان، مازندران، گیلان، اراک، قم، ساوه، یزد، نایین، اصفهان، بروجرد، تهران، قزوین، زنجان، همدان، کرمانشاه، کردستان، خانقین و قصر شیرین بود. حوزه نفوذ انگلستان این نواحی را در بر می‌گرفت: بیرجند، قاینات، خوزستان، فارس، لرستان، بختیاری، چهارمحال و بوشهر (کولایی، ۱۳۷۸: ۲۸۸).

۳- اتحادیه کشورهای مشترک‌المنافع یا کشورهای همسود، مجموعه‌ای از ۵۳ کشور مستقل است که همه آن‌ها به جز موزامبیک و کامرون قبلاً مستعمره امپراتوری بریتانیا بوده‌اند. این

کشورها روی هم حدود ۳۰٪ جمعیت کره زمین و ۳۰٪ سطح خشکی‌های زمین را می‌پوشانند. چارچوب هم‌کاری کشورهای این ارگان بر اساس اعلامیه سنگاپور مصوب سال ۱۹۷۱ حول توسعه ارزش‌های مشترک مانند حقوق بشر، حکومت قانون، آزادی‌های فردی، مساوات، دموکراسی، تجارت آزاد، صلح جهانی و هم‌کاری‌های چند جانبه است. درحال حاضر ملکه الیزابت دوم نماد همبستگی میان تمامی ۵۳ عضو ارگان کشورهای مشترک‌المنافع است. عضویت در این ارگان به عنوان اتحاد سیاسی تلقی نمی‌شود و پذیرش ملکه الیزابت دوم به عنوان نماد ارگان به معنای پیروی سیاسی کشورهای عضو از بریتانیا نیست. به جز بریتانیا که الیزابت دوم خود در آن حضور دارد، در کشورهای دیگر عضو این اتحادیه «فرماندار کل» که معمولاً به پیشنهاد نخست‌وزیر آن کشور و دستور الیزابت دوم انتخاب می‌شود، وظایف رئیس کشور را ایفا می‌کند. کشورهای عضو قلمروهای مشترک‌المنافع زیرمجموعه اتحادیه کشورهای مشترک‌المنافع هستند. بالاترین مقام تشریفاتی دربار بریتانیای کبیر (ملکه الیزابت دوم) عنوان «ریاست کشور» را در ۱۶ عضو کشورهای مشترک‌المنافع دارا است. این کشورها به اصطلاح «قلمروهای همسود بریتانیا» خوانده می‌شوند. مقام ریاست کشور مقامی تشریفاتی است و در عمل کارهای روزمره کشورهای قلمرو از طریق دولت انتخابی به ریاست نخست وزیر انجام می‌شود. این کشورها شامل استرالیا، زلاندنو، پاپوآ گینه نو، جزایر سلیمان، تووالو (در اقیانوسیه)، کانادا (در آمریکای شمالی)، بلیز (در آمریکای جنوبی)، و آنتیگوا و باربودا، باهاما، باربادوس، گرنادا، جامایکا، سنت کیتس و نویس، سنت لوسیا، سنت وینسنت و گرنادین (در هند غربی و جزایر کارائیب) هستند (https://fa.wikipedia.org).

٤- سازمان پیمان آتلانتیک شمالی(ناتو)، اتحادی متشکل از ۲۶ کشور از آمریکای شمالی و اروپا است که با امضای پیمان آتلانتیک شمالی در ٤ آوریل ۱۹٤۹ بین ۱۰ کشور اروپایی، کانادا و ایالات متحده آمریکا در واشنگتن، تاسیس شد و مقر آن شهر بروکسل، پایتخت بلژیک شد. ایالات متحده آمریکا و متحدان غربی آن سازمان ناتو را به وجود آوردند تا در مقابل اتحاد شوروی و گسترش کمونیسم به اروپای غربی مانعی ایجاد نمایند. پیمان آتلانتیک شمالی

که بر اساس آن سازمان ناتو تاسیس شد، در مقدمه خود تاکید دارد: «دولت های امضا کننده این پیمان، قصد دارند از آزادی که میراث مشترک مردم آن ها به شمار می رود و بر اساس اصول دموکراسی، آزادی فردی و حکومت قانون ایجاد شده است، حفاظت کرده و ثبات و آرامش را در منطقه آتلانتیک شمالی برقرار سازند. آن ها همچنین مصمم هستند، تلاش‌های خود را در راستای دفاع دسته‌جمعی و حفاظت از صلح و امنیت متحد نمایند.» بر اساس این پیمان – ماده ۵ –– کشورهای عضو ناتو موافقت کرده‌اند که حمله علیه یکی از اعضا را حمله علیه تمامی اعضا در نظر گرفته و به کمک کشور یا کشورهایی که مورد هجوم قرار گرفته‌اند، بشتابند.

اعضا و روند عضویت

اولین کشورهای امضا کننده پیمان آتلانتیک شمالی، که اعضای موسس سازمان ناتو نیز به شمار می‌روند، کشورهای کانادا و ایالات متحده از منطقه آمریکای شمالی و کشورهای انگلیس، پرتغال، نروژ، ایتالیا، ایسلند، فرانسه، دانمارک و کشورهای بنه لوکس(بلژیک، هلند و لوکزامبورگ) از قاره اروپا می باشند. پس از آن در سال ۱۹۵۲ اتحاد ناتو برای اولین بار گسترش یافت و کشورهای ترکیه و یونان را نیز در خود جای داد. سپس با عضویت آلمان غربی در ۱۹۵۵ و اسپانیا در سال ۱۹۸۲ شمار اعضای ناتو، به عدد ۱۶ رسید. پس از فروپاشی شوروی و انحلال پیمان ورشو در سال ۱۹۹۱ که نوید بخش پایان جنگ سرد بود، ناتو پیشنهاد خود مبنی بر به عضویت پذیرفتن کشورهای سابق بلوک کمونیست را مطرح کرد. بنابراین در سال ۱۹۹۷ در نشست مادرید، سه کشور جمهوری چک، مجارستان و لهستان جهت عضویت در ناتو دعوت شدند و در سال ۱۹۹۹ به عضویت این سازمان در آمدند. طبق ماده ۱۰ پیمان آتلانتیک شمالی، درهای ناتو برای کشورهای اروپایی که خواهان عضویت در این سازمان بوده و آمادگی پذیرفتن تعهدات و الزامات ناشی از عضویت را دارند، باز خواهد بود. سیاست «درهای باز» ناتو که با ورود جمهوری چک، مجارستان و لهستان عملی شده بود، در سال های بعد نیز ادامه یافت. در نشست سران در سال ۲۰۰۲ که در پراگ برگزار شد، آخرین موج

گسترش ناتو شکل گرفت و ۷ کشور از حوزه بالتیک و اروپای شرقی - کشورهای استونی، لتونی، اسلوونی، بلغارستان، رومانی، اسلواکی - برای آغاز مذاکرات مربوط به عضویت دعوت شدند. در نشست سال ۲۰۰٤ استانبول، در نهایت این ۷ کشور نیز به عضویت ناتو درآمدند و تعداد اعضای ناتو به ۲٦ عضو رسید. تمامی این کشورها اصلاحات انجام شده را در قالب «برنامه کاری عضویت»(MAP) پیگیری کرده بودند (سایت دیپلماسی ایرانی، ۱۸ فروردین ۱۳۸۷).

٥- قطعنامه ۱۹۲۹ شورای امنیت سازمان ملل متحد قطعنامه‌ای مربوط به برنامه هسته‌ای ایران است که در ۹ ژوئن ۲۰۱۰ به تصویب این شورا رسید و تحریم‌های اقتصادی شدیدی را علیه ایران وضع کرد. صدور این قطعنامه در پی عدم اجرای مفاد قطعنامه‌های ۱٦۹٦ (۲۰۰٦)، ۱۷۳۷ (۲۰۰٦)، ۱۷٤۷ (۲۰۰۷)، ۱۸۰۳ (۲۰۰۸)، ۱۸۳٥ (۲۰۰۸) و ۱۸۸۷ (۲۰۰۹) از سوی ایران صورت گرفت. این قطعنامه با ۱۲ رأی موافق، ۱ خودداری از شرکت در رأی‌گیری (لبنان) و ۲ رأی مخالف (برزیل و ترکیه) در جلسه‌ای به ریاست مکزیک تصویب شد. این قطعنامه آغاز چهارمین دور تحریم‌های علیه ایران است. بر اساس این قطع‌نامه ایران نباید از هیچ فعالیت تجاری مرتبط با غنی‌سازی اورانیوم و دیگر مواد هسته‌ای یا فناوری دیگر کشورها بهره‌مند شود و تمامی کشورها می‌بایست از انتقال هرگونه تانک، خودروهای زرهی، هواپیماهای جنگی، هلیکوپترهای تهاجمی، توپخانه کالیبر بالا، کشتی‌های نظامی، موشک و سیستم‌ها و قطعات مرتبط با آن‌ها به ایران خودداری کنند. اگر ایران تمام فعالیت‌های مرتبط با غنی‌سازی و بازفرآوری خود را متوقف کند، این قطعنامه به حالت تعلیق در خواهد آمد (webcache.googleusercontent.com, 9 June 2010).

٦- در سال‌های پایانی دهه ۱۹۹۰ بسیاری از شرکت‌های تجاری و صنعتی کشور روسیه به لطف فراهم شدن شرایط سرمایه‌گذاری و مبادله با ایران توانستند از ورشکست شدن نجات پیدا کنند. شرکت‌های روسی در زمینه‌های مختلفی همانند ساختن ماترو، نیروگاه‌های هسته‌ای، قطعات و ابزارهای صنعتی، فروش هواپیماهای مسافربری و حتی فروش سوخت نفتی در ایران حضور پیدا کردند و نقشی مهم را در عرصه اقتصاد کشور ایران داشتند.

۷- بازخوانی مجدد یا تنظیم مجدد روابط میان آمریکا و روسیه به تغییراتی اشاره دارد که در سال ۲۰۰۹ متعاقب به ریاست جمهوری رسیدن باراک اوباما میان روسیه و آمریکا به‌وجود آمد. در این دوران مدودف و اوباما سعی نمودند روابط مسالمت‌آمیزی را میان دو کشور برقرار نمایند و هم‌کاری‌های خود را افزایش دهند.

۸- شکاف‌های میان روسیه با غرب در سال‌های بعد از ۱۹۹۱ تا کنون و در دوران ریاست جمهوری یلستین، پوتین و مدودف هم‌چنان به قوت خود باقی مانده است. در شرایط کنونی شاهد بیشتر شدن ابعاد و دامنه منازعات میان روسیه با آمریکا و غرب در سومین دوره ریاست جمهوری پوتین هستیم.

فصل پنجم

جایگاه عربستان سعودی در ساحت سیاست خاورمیانه‌ای روسیه

مقدمه

خاورمیانه یکی از سه منطقه‌ی مهم و حساس دنیا است، که سیاست‌های جهانی را برای سال‌های آتی تعریف می‌نماید. دیگر مناطق حیاتی شامل اروپا و آسیای شرقی است که به‌ترتیب شاهد مساله روابط اتحادیه اروپا با خروج انگلیس از این اتحادیه و خیزش چین به‌عنوان غول اقتصادی جهانی می‌باشند. در خاورمیانه‌ی امروز بحران‌های و مسائل زیادی وجود دارد که آن‌را گاهاً به یک منطقه‌ی استثنا بدل می‌کند، از قبیل؛ رشد رادیکالیسم اسلامی، تنش‌های خونین قومی و مذهبی، مساله‌ی شکنندگی دولت، مساله‌ی کردها، بحران اسرائیل و فلسطین، مساله‌ی بهارعربی و جنگ داخلی در کشورهای منطقه، خصوصاً در سوریه، یمن، لیبی و ...، بحران داعش یا دولت اسلامی و گسترش آن در عراق و سوریه و مهم‌تر از همه رقابت قدرت‌های منطقه‌ای و فرامنطقه‌ای در دامن‌زدن به این تنش‌ها در خاورمیانه است، که خاورمیانه امروز را برمی‌سازد. در این میان، درک روابط روسیه به‌عنوان یک قدرت بزرگ و فرامنطقه‌ای و عربستان به‌عنوان بازیگری مهم در سطح منطقه‌ای، ضروری می‌نماید، چرا که بخشی از مساله خاورمیانه را همین موضوعات شکل می‌دهد. به‌شکلی تاریخی و از فروپاشی شوروی به این‌سو، ریشه‌ی تنش‌های جاری مسکو و ریاض برسر دو مساله‌ی اساسی است؛ نخست، مساله‌ی روابط جهانی انرژی و مسائل پیرامون آن به‌خصوص رقابت برسر بازار جهانی نفت و قیمت آن و دیگری نیز مساله‌ی مقابله با تروریسم در سطح جهانی و خصوصاً منطقه‌ای، در خاورمیانه است. این دو کشور دارای روابط تاریخی پرفرازونشیبی هستند، که به‌واسطه‌ی بلوک‌بندی جنگ سرد و نیز ائتلاف‌های منطقه‌ای پساجنگ سرد قابل درک است. با شروع بحران سوریه از ۲۰۱۱ و مداخله‌ی روسیه در این منازعه و جنگ داخلی در دو سال اخیر، بر پیچیدگی روابط روسیه و عربستان سعودی افزوده‌شده است. درک ریشه‌های تاریخی روابط دو کشور، مسائل و دغدغه‌های مشترک آنها، جایگاه اقتصادی و سیاسی ـ امنیتی عربستان برای روسیه و در نهایت تبیین جایگاه عربستان برای روسیه در بحران سوریه، از

جمله مسائلی است که فصل حاضر درصدد تبیین و بررسی آن‌هاست. در این فصل تلاش می‌شود تا به این مسائل به شکلی دقیق در فاصله‌ی سال‌های ۱۹۹۱ تا به امروز پاسخ داده شود.

۱- پیشینه روابط خارجی دو کشور

اگر نگاهی به روابط عربستان سعودی و روسیه داشته باشیم باید این روابط را در چند بُعد، قبل و بعد از جنگ سرد و فروپاشی شوروی و در نهایت ظهور انقلاب‌های عربی موسوم به بهار عربی یا بیداری اسلامی تقسیم کرد. نخست؛ تا قبل از جنگ سرد در واقع شوروی نخستین کشوری بود که در سال ۱۹۲۶ میلادی با حجاز(بعدها عربستان سعودی) رابطه کامل دیپلماتیک برقرار کرد (رمضانی‌بونش، ۱۳۹۲: ۱۸۶۶)، اتحاد جماهیر شوروی اولین کشوری بود که استقلال پادشاهی حجاز و نجد[1]که به پادشاهی عربستان سعودی در ۱۹۳۲ تغییر کرده بود را به رسمیت شناخت. مسکو روابط دیپلماتیک با پادشاهی حجاز و نجد را در ۱۹ فوریه‌ی ۱۹۲۶ برقرار نمود. در ۱۹۳۸، دفتر نمایندگی شوروی در جده[2]بسته شد و روابط دیپلماتیک بین دو کشور در حاشیه‌ی مشکلات داخلی اتحاد جماهیر قرار گرفت، اگرچه عربستان نیز اولویت سیاست خارجی خود را با ایجاد رابطه‌ی نزدیک با غرب تغییر داده بود (Druzhinin, 2015). در این مرحله روابط دو کشور چندان عمیق نبود و عبدالله پادشاه عربستان، با نام کمونیست‌های بی‌خدا، با شوروی قطع رابطه نمود و این قطع رابطه در پرتو بلوک‌بندی‌های دوگانه‌ی بلوک غرب و سرمایه‌داری و بلوک شرق و سوسیالیست قابل‌خوانش است. عربستان به‌واسطه‌ی قرارگرفتن در بلوک غرب و تحت حمایت آمریکا، از هرگونه روابط با شوروی و کمونیست‌ها پرهیز و دوری می‌نمود.

در مرحله دوم، روابط با آغاز جنگ سرد و تقابل بیش‌تر دو اردوگاه جهانی، ریاض عملاً در جایگاه سیاسی(متحد غرب) و جایگاه ایدئولوژیک (دشمن کمونیسم و داعیه‌دار

---

1. Kingdom of Hejaz and Nejd
2. Jeddah

رهبری جهان اسلام در تقابل با پان‌عربیسم ناصری و چپ تحت حمایت شوروی) به‌تقابل با کرملین پرداخت و این نقش نیز مورد حمایت غرب قرارداشت (رمضانی‌بونش، ۱۳۹۲: ۱۸۶٦). در دوران دوقطبی و جنگ سرد، شوروی به حمایت از برخی شخصیت‌ها و رژیم‌های عربی که روابط خصمانه‌ای با عربستان داشتند پرداخت، مانند جمال عبدالناصر و یمن جنوبی، که آخرین رژیم عربی مارکسیت در جهان عرب بود (Nazer, 2015: 14138). اما زمزمه‌های پایان کمونیسم شوروی و فروپاشی آن در ابتدای دهه‌ی ۱۹۹۰، زمینه را برای برقراری روابط بین دو کشور فراهم نمود. در سپتامبر ۱۹۹۰، شوروی و عربستان سعودی برسر احیای روابط دیپلماتیک و بازگشایی دفاتر نمایندگی خود توافق کردند. شوروی سفارت خود را در می ۱۹۹۱، در ریاض[1] گشود. عربستان سعودی نیز سفارت خود را در مسکو در دسامبر ۱۹۹۱ بازگشایی نمود (Druzhinin, 2015). این روابط اگرچه گرم آغاز گردید، اما بواسطه‌ی مسائلی از قبیل رادیکالیسم اسلامی چچن و قفقاز در دل روسیه و حمایت عربستان از آنها، رقابت منطقه‌ای میان ایران و عربستان در خاورمیانه، چندان به‌دور از تنش پیش‌نرفت.

در بخش سوم روابط دو کشور با فروپاشی شوروی و حضور روسیه به‌عنوان کشور جانشین شوروی در اویل دهه‌ی ۱۹۹۰، روابط عربستان و روسیه هرچند با تنش کمتری روبرو شد اما چالش‌های گوناگونی برسر عادی‌سازی روابط وجود داشت (رمضانی‌بونش، ۱۳۹۲: ۱۸٦٦). در ۳۰ دسامبر ۱۹۹۱، عربستان فدراسیون روسیه را به‌عنوان جانشین قانونی شوروی سابق به‌رسمیت شناخت. در نوامبر ۱۹۹٤، نخست‌وزیر روسیه، ویکتور چرنومیردین[2] در دیدار از ریاض، یک توافق کلی با عربستان سعودی به امضا رساند (Druzhinin, 2015). حال آنکه، رویکردهای مرکزگریز و جدایی‌طلبانه در منطقه قفقاز شمالی روسیه و به‌ویژه جمهوری چچن و دو جنگ بین روسیه و جدایی‌طلبان چچن و رویکرد ریاض در گسترش ایدئولوژی سلفیت و وهابیت و درواقع کمک‌های مستقیم و غیرمستقیم عربستان به جدایی‌طلبان مسلمان در فدراسون روسیه روابط را با بدگمانی‌هایی مداوم همراه کرد (رمضانی‌بونش، ۱۳۹۲: ۱۸٦٦).

---

1. Riyadh
2. Viktor Chernomyrdin

این تنش‌ها زمینه را برای رقابت‌های منطقه‌ای و نیز تشدید رادیکالیسم اسلامی در خاورمیانه و شکل‌گیری بلوک‌بندی‌های آتی که به شکلی واضح خود را در بحران ۲۰۱۱ به‌بعد سوریه نشان‌داد، فراهم نمود.

در این بین با به‌قدرت رسیدن پوتین و قدرت‌نمایی دوباره روسیه در ابعاد مختلف اقتصادی، سیاسی، نظامی و انرژی، مسکو درصدد بازتعریف روابط خود در صحنه‌های مختلف منطقه‌ای و بین‌المللی برآمد. در این‌راستا، هرچند مسکو و ریاض گام‌هایی در راه کاهش تنش و همکاری در حوزه‌های انرژی، تسلیحات و اقتصاد برداشتند اما این روابط حداقلی ماند (رمضانی‌بونش، ۱۳۹۲: ۱۸۶۶). در سپتامبر ۲۰۰۳، ولیعهد عبدالله بن‌عبدالعزیز آل‌سعود[1] که بعداً، به عنوان ششمین پادشاه عربستان از ۲۰۰۵ تا ۲۰۱۵ برگزیده شد، در دیداری رسمی از مسکو، با رئیس‌جمهور ولادیمیر پوتین ملاقات نمود. در فوریه ۲۰۰۷، پوتین نیز دیداری رسمی از عربستان به عمل آورد (Druzhinin, 2015). این دیدارها به شکلی گاه‌وبی‌گاه تا به‌امروز نیز ادامه‌داشته است. اما برون‌داد این دیدارهای هرگز به‌معنای رفع بنیادین تنش‌های فی‌مابین نبوده و زمینه را برای همکاری‌های اقتصادی، سیاسی، امنیتی و فرهنگی عمیق بین دو کشور فراهم نکرده است.

در سال ۲۰۰۸ و بواسطه‌ی بحران دیپلماتیک میان روسیه و گرجستان، عربستان به حمایت از روسیه برسر استقلال آبخازیا و اوستیای جنوبی پرداخت، اما حاضر به پذیرش رسمی دو منطقه نشد. اما عمیق‌ترین بحران در روابط دو کشور که به دوری استراتژیک عربستان و روسیه منجر شده است، جنگ داخلی و بحران سوریه از سال ۲۰۱۱ به این‌سو است. جایی که روسیه به حمایت از اسد و نیز حامیان آن یعنی ایران و حزب الله پرداخته است و در مقابل عربستان چون مخالف اسد و ایران و حزب‌الله، به حمایت از اسلام‌گریان رادیکال مخالف اسد پرداخته است (Sun, February 27, 2012). این بحران از ابتدای ۲۰۱۱ تا به‌حال به مرکزثقل تنش میان دو کشور بدل شده است.

---

1. Crown Prince Abdullah bin Abdulaziz al-Saud

۲- مسائل مشترک در روابط روسیه و عربستان

۲-۱- مساله‌ی حج: یکی از مصادیق مشترک در روابط دو کشور روسیه و عربستان را باید در موضع حج دانست. خصوصاً این مساله، میان سازمان‌های اسلامی که در حال رشد هستند، و تلاش روسیه برای ارتباط با این سازمان‌ها در جریان است. در سال‌های مابین ۱۹٤٦ تا ۱۹۹۰ که متعاقب فروپاشی شوروی بود، به‌واسطه‌ی فقدان روابط دیپلماتیک میان دو کشور، سالانه ۲۰ مسلمان اهل شوروی اجازه‌ی سفر حج به عربستان داشتند، اما با فروپاشی شوروی و روی‌کارآمدن روسیه این رقم به هزاران نفر در سال رسید (Segal, 1992: 149). کشور روسیه دارای یک جمعیت مسلمان قابل‌توجه است که به ۲۰ میلیون نفر می‌رسد و در حال حاضر، از این کشور سالانه حدود ۲۰۵۰۰ نفر برای انجام مراسم حج به شهرهای مقدس مکه و مدینه سفر می‌کنند (Druzhinin, 2015). مساله مسلمانان روسیه و تلاش برای تسهیل سفر آنان به عربستان یکی از مسائل مشترک در روابط دو کشور است و می‌تواند زمینه را برای همکاری بیشتر میان دو کشور فراهم نماید.

۲-۲- مساله‌ی اسلام‌گرایان چچن و قفقاز: یکی از منابع تاریخی تنش در روابط دو کشور مساله‌ی مسلمانان چچن[1] است. در طی دوره‌های تاریخی گذشته، روسیه به‌طور رسمی و رسانه‌ای عربستان سعودی و سازمان‌های خیریه‌ی سعودی‌بنیان را به حمایت از جدایی‌طلبان اسلام‌گرایی در چچن و گسترش مدلی از اسلام‌گرایی محافظه‌کار معروف به سلفیسم در قفقاز متهم می‌کند. با این حال، پس از حملات تروریستی ۱۱ سپتامبر ۲۰۰۱ در ایالات متحده، حکومت سعودی به تنظیم امور خیریه‌ی اسلامی خود پرداخت، تا از این امر که این پول‌ها برای گروه‌های تروریستی صادر نمی‌شود، اطمینان حاصل کند. در سال‌های اخیر حکومت سعودی به‌بیان حمایت خود از سیاست‌های روسیه در چچن پرداخته است. در سال ۲۰۰۷،

1. Chechnya

رمضان قدیروف،[1] که از سوی پوتین به ریاست‌جمهوری منطقه‌ی خودمختار چچن منصوب شده، از عربستان سعودی دیدار نمود و با ملک عبدالله ملاقات نمود (:Nazer, 2015 14138). این مساله اولین بارقه‌ی شکل‌گیری نگاهی مشترک به مساله‌ی مسلمانان چچن و قفقاز بود و به دغدغه‌ی مشترک دو کشور در منطقه بدل‌شده است.

۳-۲- مساله‌ی منازعه‌ی فلسطین ـ اسرائیل: یکی دیگر از دغدغه‌های روسیه و عربستان مساله منازعه‌ی تاریخی اعراب و اسرائیل است. روسیه در تلاش برای حفظ روابط همکارانه با بازی‌گران و کشورهای خاورمیانه است. در این میان اگرچه روسیه در بحران سوریه طرف ایران را گرفته، اما به معنای کنارگذاشتن سایر بازیگران و مخالفت کامل با آنان نیست. یکی از مصادیق درک حدوداً مشترک دو کشور روسیه و عربستان از مسائل خاورمیانه، منازعه اعراب و اسرائیل است. به‌لحاظ تاریخ اگرچه روابط همکارانه‌ای میان روسیه و اسرائیل وجود داشته، اما این کشور از انتقاد به سیاست‌های اسرائیل در قبال فلسطین چشم‌پوشی نمی‌کند. روسیه از آرمان فلسطینی‌ها برای داشتن دولتی مستقل حمایت می‌کند و به انتقاد از سیاست‌های این کشور در قبال مساله فلسطین می‌پردازد (Saunders, January 12, 2016). اگرچه به‌لحاظ تاریخی منازعه‌ی اصلی خاورمیانه در یک قرن اخیر حول مساله‌ی اعراب ـ اسرائیل شکل‌گرفته، اما بواسطه‌ی عوامل مختلفی روابط میان اعراب و اسرائیل خصوصاً در یک دهه‌ی اخیر دچار تحول شده است. در این میان، از سوی عربستان تلاشی در جریان است تا بتواند به‌عنوان میانجی در حل مساله‌ی فلسطین و اسرائیل ایفای نقش نماید. ملک سلمان در تلاش است تا از نفوذ خود بر جریان حماس، دولت موقت فلسطین و نیز گفت‌وگوهای دوطرفه‌ی اسرائیل ـ فلسطین برای حل این مسائل در قالب میانجی مابین آنها ایفای نقش نماید (Saidel, May 16, 2016). این مساله‌ی مشترک و رویکرد حدودا متفق دو کشور به منازعه‌ی تاریخی اعراب و اسرائیل می‌تواند زمینه‌ساز نزدیکی دو کشور و تلاش برای حل این منازعه باشد.

---

1. Ramzan Kadyrov

۳- جایگاه عربستان در سیاست خاورمیانه‌ای روسیه

۱-۳- اهمیت اقتصادی و تجاری

زمینه‌های همکاری اقتصادی و تجاری میان روسیه و سوریه چندان تاریخی نیست. این دو کشور پس از گشایش سفارت‌خانه در کشورهای هم، از ابتدای دهه‌ی ۱۹۹۰، چندان روابط تجاری و اقتصادی گرمی نداشتند. اما با آغاز دهه‌ی ۲۰۰۰، روابط دو کشور وارد فاز جدیدی شد. در همین راستا، تجارت روسیه ـ سعودی از ۲۰۰۳ تا ۲۰۱۳، از سطح ۲۳۵ میلیون دلار در ۲۰۰۵ به ٤٥۰ میلیون در ۲۰۰۸ و ۱ میلیارد دلار در ۲۰۱۲ رسیده است. در ۲۰۱۲، صادرات سعودی به ۳۹۵ میلیارد دلار و واردات آن به ۱۳٦/۸ میلیارد دلار رسید که از این میان، روسیه درحدود ۲ درصد از تجارت خارجی عربستان را به خود اختصاص داده است. اما مبادلات تجار نامتوازن است، صادرات روسیه در حدود ۹۹ درصد حجم تجارت را شکل می‌دهد. روسیه فولاد، سیم مسی، جو، میله‌های مسی، لوله‌ها، ابزار حفاری و محصولات نیمه‌فلزی را ارائه می‌دهد، در عوض، قریب‌به‌اتفاق صادارات عربستان را محصولات پتروشیمی تشکیل می‌دهد. سرمایه‌گذاری همکاری دوجانبه چندان توسعه نیافته است. در سال ۲۰۰۵، شرکت لوک‌اویل[1] قراردادی را با عربستان به مدت ٤۰ در همکاری مشترک با شرکت نفتی آرامکو[2] به‌امضا رساند. دیگر شرکت‌های روسی فعال در عربستان شامل؛ کاماز[3] آزمایشگاه‌های کاسپرسکی[4] راه‌آهن روسیه، ولژسکی دیزل[5] و ... هستند. اتاق بازرگانی و صنعت روسیه[6] شورای تجاری روسی ـ سعودی را برای کمک به پیاده‌سازی پروژه‌های تجاری و اقتصادی به‌عنوان بخشی از برنامه‌ی همکاری دوجانبه ایجاد کرده است (Druzhinin, 2015).

1. LUKoil
2. Aramco
3. Kamaz
4. Kaspersky
5. Volzhsky Diesel
6. Russian Chamber of Commerce and Industry

تنوع‌بخشی به روابط اقتصادی دو کشور، یکی از مهم‌ترین دستورکارهای وزارت خارجه‌ی و نیز نهادهای اقتصادی آنها می‌باشد.

همکاری‌های فضایی دیگر بخش از توسعه‌ی روابط فی‌مابین را شکل می‌دهد. از سپتامبر ۲۰۰۸، روسیه به راه‌اندازی حدود ۲۰ ماهواره‌ی ارتباطی و سنجش‌ازدور پرداخته است. از ۲۰۰۸، سازمان فضایی روسیه روسکاسموس[1](۱) و وزارت خارجه، در حال کار بر روی طراحی یک چارچوب قراردادی قانونی فضایی با عربستان سعودی هستند. این همکاری شامل توافق در اکتشافات فضایی صلح‌آمیز، توسعه‌ی ارتباطات خوشه‌های ماهواره‌ای گلوناس[2](۲) و استفاده از آن است (Druzhinin, 2015). روسیه که در زمینه‌های ماهواره‌ای و فضای در ابعاد صلح‌آمیز، نظامی، آب‌هوایی، کیهان‌شناسی و زمین‌شناسی از کشورهای پیش‌رو و تاریخی است، دارای مزیت نسبی کافی برای بهره‌برداری از دست‌آوردهای خود است و به همکاری با عربستان به‌عنوان زمینه‌ای برای تقویت روابط اقتصادی و علمی میان دو کشور نگاه می‌کند.

با این حال، عربستان سعودی و روسیه، به یک دلیل ساده، رقیب طبیعی اقتصادی هم‌دیگر می‌مانند: نفت. هر دو کشور در میان بزرگ‌ترین صادرکنندگان نفت در جهان قرار دارند و خود را برسر بازارهای جهانی نفت؛ خصوصا بازهای چین و کشورهای آسیای شرقی، رقیب هم‌دیگر می‌یابند. اگرچه عربستان کم‌هزینه‌ترین تولیدکننده‌ی نفت و روسیه پرهزینه‌ترین تولیدکننده‌ی آن است. این بدان معناست که دو کشور غالباً دیدگاه‌های متفاوتی نسبت‌به سطح قیمت نفت دارند. هم‌چنین روسیه، عضو سازمان کشورهای صادرکننده نفت[3](اوپک) (۳)، که عربستان سعودی متنفذترین آن‌هاست، نمی‌باشد. تصمیم سال اخیر (۲۰۱۵)، عربستان به حفظ سهم بازار و عدم کاهش تولید برای حفظ ثبات قیمت نفت، باعث سقوط قیمت نفت تا ۵۰ درصد از ژوئن ۲۰۱٤ شد. این مساله به تشدید تنش میان دو کشور انجامیده است (Nazer, 2015: 14138). از طرفی تنوع تولید در روسیه و تک محصولی‌بودن حدودی عربستان،

---

1. Roscosmos
2. Glonass
3. Organization of the Petroleum Exporting Countries (OPEC)

زمینه را برای رقابت‌های نفتی فی‌مابین فراهم نموده و اقتصادهای مکملی نفتی این دو کشور، فرصت‌چندانی برای همکاری و تعامل در زمینه‌ی نفت و انرژی نخواهند داشت.

در بخش دیگر از مراودات اقتصادی میان دو کشور، مساله‌ی خرید و فروش سلاح قرار دارد که قرار است در دستورکار روابط دو کشور قرار گیرد. اگرچه ایالات متحده به عنوان تدارک‌دهنده‌ی اصلی سلاح عربستان باقی خواهد ماند، اما ریاض درصدد عملیاتی‌نمودن ایده‌ی تنوع‌بخشی به منابع تهیه‌ی تسلیحات خود است. علاوه‌بر کشورهای اروپایی و چین، عربستان در تلاش برای گفت‌وگو با روسیه برسر خرید برخی سیستم‌های تسلیحاتی مانند موشک‌های اسکندر[1] است (Nazer, 2015: 14138). در همین راستا، در ژانویه‌ی ۲۰۱۶، عربستان سعودی خواستار خرید نظامی از روسیه شده بود. علایق نظامی حال حاضر عربستان که خواهان درخواست آنها به روسیه است، شامل؛ قایق‌های موشکی روسی، کشتی گشت‌زنی در دریا، کشتی فرود بالگرد متوسط و کشتی‌های گشت‌زنی دیگر است. علاوه‌بر این موارد، موشک‌های اسکندرE نیز در دستور خرید قرار دارد و روسیه انتظار دارد پکیجی از محصولات نظامی خود به ارزش ۱۰ میلیارد دلار را به عربستان پیشنهاد دهد که با اقلامی از هواپیما و نیز سیستم‌های دفاعی تکمیل می‌شود (uawire.org, January 20, 2016). خرید سلاح از روسیه اگرچه با توجه به بودجه‌ی ۸۰ میلیارد دلاری عربستان می‌تواند برای روسیه عواید زیادی به‌همراه داشته باشد، اما در عین‌حال، نشان‌دهنده‌ی بازی عربستان با کارت اقتصادی برای کشاندن روسیه به‌سوی خود است. در وضعیت متشنج خاورمیانه، عربستان در تلاش است تا توجه روسیه را به‌خود جلب‌نموده و این کشور را از همکاری و حمایت از اسد بازدارد، که باید گفت تا به امروز این کشور در رسیدن به این آرزو ناکام بوده است.

۲-۳- بعد امنیتی اهمیت عربستان

زمینه‌یابی روابط امنیتی روسیه و عربستان، در کنار جایگاه امنیتی ریاض برای روسیه را باید از همان سال ۲۰۰۱ پی‌گرفت، که حادثه‌ی تروریستی ۱۱ سپتامبر (٤) زمینه‌ی آن را فراهم نمود.

---

1. Iskander missiles

باوقوع حادثه ۱۱ سپتامبر و دخالت آشکار تعداد قابل‌توجهی از شهروندان سعودی در آن، انگشت‌اتهام آمریکا به سوی رفتارها و جریان‌های داخل سعودی نشانه‌رفت و دلخوری‌های اولیه در مناسبات ریاض ـ واشنگتن شکل‌گرفت. سعودی‌ها برای رهایی از این وضعیت، سیاست متنوع‌سازی شرکای سیاست خارجی خود را در پیش گرفتند. سفر رئیس سرویس امنیت عربستان سعودی به روسیه در آن زمان و مذاکرات وی با پوتین و مقامات روسیه از جمله گشودن فصلی از مناسبات اقتصادی و مالی، موضوعی بود که سروصدای زیادی به‌راه انداخت و صاحب‌نظران را متوجه چرائی و چشم‌انداز تحول احتمالی در مناسبات ریاض ـ مسکو کرد (حسینی، ۱۳۹٤: ۱۹٤۹۱٦۹). اما این حادثه نیز نتوانست به دوری استراتژیک و تاریخی آمریکا و عربستان لطمه‌ای جدی وارد نماید، چرا که دو کشور به اهمیت این روابط واقف بودند.

یکی از مسائلی که در بعد امنیتی در روابط میان روسیه و عربستان همواره از اهمیت بالایی برخوردار بوده، موضوع ایران است، چرا که همکاری‌های ایران و روسیه و تاثیر آن در نگاه ریاض به مسکو موثر بود. در این راستا، در واقع ریاض که با هرگونه روی‌کرد مسکو که موجب تقویت حوزه نفوذ ایران در منطقه خاورمیانه عربی و کاهش تنش بین ایران، اروپا و آمریکا شود، مخالف بوده و امیدوار است که نوعی شکاف منطقه‌ای (در حوزه سوریه و برسر آینده‌ی سوریه) و هم‌چنین سرانجام پرونده‌ی هسته‌ای ایران (بین ایران و غرب) میان تهران و مسکو ایجاد گردد و ریاض بتواند از یک‌سو قدرت ایران در منطقه را مهار کند و از سویی دیگر نیز، فشارهای بین‌المللی و تحریم‌ها برضد ایران را نیز افزون نماید (رمضانی‌بونش، ۱۳۹۲: ۱۸٦٦). اما برخلاف انتظار عربستان، شرایط سیاسی بین‌المللی بگونه‌ای نیست که سعودی‌ها بتوانند در روابط ایران و روسیه تاثیر چندانی بگذارند، چراکه تعریف رابطه ایران و روسیه با تعریف رابطه روسیه و عربستان سعودی تفاوت چشم‌گیری دارد. در بهترین شرایط، روابط عربستان سعودی با روسیه می‌تواند یک رابطه‌ی گذرا و سطحی و یا در حد یک رابطه‌ی خوب سیاسی میان دو کشور با دادوستد اقتصادی تعریف گردد. عربستان سعودی هیچ

وقت نمی‌تواند یک رابطه‌ی استراتژیک مشابه رابطه ایران با روسیه داشته باشد. منافع استراتژیک روسیه و عربستان سعودی در موارد زیادی با هم در تضاد شدید می‌باشد. از مساله یمن گرفته که دو کشور در مورد آن با یکدیگر اختلاف نظر دارند، تا مساله سوریه و اوکراین، که شدیدا دیدگاه‌های مخالف یکدیگر دارند. روس‌ها هم هیچ‌گاه فراموش نمی‌کنند که سعودی‌ها به‌دستور آمریکا و علیرغم ملیاردها دلار ضرر، قیمت نفت را پایین کشیدند تا روسیه را به‌خاطر مساله اوکراین در فشار قرار دهند (آبشناس، ۲۰۱۵: ۳۹۱۱۶۱).

در بعدی دیگر، باید به تهدیدات امنیتی اسلام‌گرایان تحت حمایت عربستان، برای روسیه اشاره نمود. دو انفجار انتحاری در بیست‌ونه و سی دسامبر ۲۰۱۳، در شهر ولگوگراد[1] در بخش شمالی ناحیه‌ی قفقاز شمالی و نزدیک به سوچی[2] رخ داد. این امر موجب شد پوتین در پیام سال نو خود، عربستان را به دست‌داشتن در این انفجارها متهم و این کشور را به‌عنوان کشوری حامی تروریسم معرفی کند. مسکو در یک سال گذشته (۲۰۱۲) نسبت‌به خطر افراط‌گرایی در روسیه هشدار داده بود و مقامات روسیه نیز تلاش‌ها و اقداماتی را در این راستا مورد توجه قرارداده بودند. در عین‌حال، انفجارهای ولگوگراد عملا انگشت‌اتهام را به‌سمت ریاض برد و رسانه‌های گوناگون، تهدیداتی را از سوی مسکو اعلام کردند (رمضانی‌بونش، ۱۳۹۲: ۱۸۶۶). این مساله بار دیگر باعث تنش در روابط دو کشور شد، چرا که اسلام‌گرایان که به‌عنوان عاملان این انفجارها شناخته می‌شدند، از سوی روسیه، به‌عنوان نیروهای تروریستی تحت حمایت مالی عربستان دیده می‌شوند.

در بعد دیگر باید به زمینه‌های اشاره کرد، که موجب تنش‌های نه‌چندان عمیق در روابط عربستان و آمریکا و نزدیکی ریاض به مسکو، می‌شود. سعودی‌ها پس از ۱۱ سپتامبر در مناسبات سنتی خود با آمریکا دچار مشکلات عدیده شده و دیگر نمی‌توانند مانند گذشته به‌قدرتی به اسم آمریکا تکیه کنند. نگرانی‌های ریاض از گذشته‌های نسبتاً دور و حتی قبل از دوره اوباما آغاز گردید. زمانی که دو دشمن دیرینه ایران یعنی رژیم بعثی در عراق و گروه

---

1. Volgograd
2. Sochi

طالبان[1] در افغانستان در اثر حمله نیروهای آمریکایی و ائتلاف، سرنگون و عملاً مسیر برای قدرت‌یابی ایران هموار گردید. علاوه‌بر این، تحولات موسوم به بهار عربی و خیزش‌های مردمی در منطقه خاورمیانه و شمال آفریقا که از سال ۲۰۱۱ وزیدن گرفته نه‌تنها به مذاق سعودی‌ها خوش نیامده بلکه موجب جبهه‌بندی و بسیج همه نیروها و توان این کشور برای ممانعت از حرکت این امواج و رسیدن آن به مرزهای عربستان و حتی نفوذ به داخل آن کشور شده است. همه اینها، مواردی است که انبوهی از سوءظن و ناراحتی ها را بین مقامات سعودی و واشنگتن بوجود آورده است. البته مفهوم این گفته آن نیست که آمریکا و عربستان به پایان دوره خوشی‌های خود در روابط رسیده‌اند، بلکه منظور آن است که سعودی‌ها تلاش دارند زمان را نگه دارند و هیچ تغییری برخلاف خواست سنتی و خانوادگی آنها صورت نگیرد و این همان مشکلی است که آمریکا برای اجابت دارد و ریاض به ناگزیر، تلاش دارد با سیاست تنوع‌سازی، ترکیبی از قدرت‌ها را در سبد سیاست خارجی خود قرار داده و از مطالبات و علائق آنان در هر زمینه براساس منافع خود استفاده کند (حسینی، ۱۳۹٤: ۱۹٤۹۱٦۹). یکی از این بازیگران مورد توجه عربستان، روسیه است که به‌عنوان یک قدرت بزرگ، می‌تواند گزینه‌ی مطلوبی برای روابط استراتژیک با عربستان باشد، اما با توجه به اختلافاتی که در این بخش و دیگر بخش‌ها اشاره شد، احتمال روابطی تنگاتنگ و استراتژیک، چندان مورد انتظار نیست.

۳-۳- بحران سوریه بعد از ۲۰۱۱: روسیه و عربستان

روسیه در سال‌های اخیر درگیر دو بحران مهم بوده است. از سوی مساله بحران اوکراین و دخالت روسیه در این بحران و از سوی دیگر جنگ داخلی سوریه و مداخله‌ی نظامی روسیه در کشور سوریه برای حمایت رژیم اسد و قرار گرفتن در بلوک ایرانی، روسی، سوری و حزب الله. روسیه در تلاش است تا با استفاده از این فرصت، جایگاه خود را در حل مسائل

1. Taliban

منطقه‌ای و بین‌المللی نشان‌داده و زمینه‌ای برای توسعه روابط با غرب فراهم نماید، تا نشان‌دهد که بحران سوریه بدون حضور روسیه حل نمی‌شود و این کشور می‌تواند نقشی سازنده در حل این بحران ایفا نماید (Surkov, Jan 18, 2016). هرچند این نقش سازنده، در قالب حملات هوایی نظامی، ایجاد بلوک بندی آمریکایی و روسی در سوریه و حتا زمینه‌سازی برای تشدید تنش‌های در این بحران و خاورمیانه باشد. روسیه به بحران سوریه، به‌عنوان فرصتی برای نشان‌دادن قدرت و توانایی خود و نگاه استراتژیک به خاورمیانه می‌نگرد.

در این میان، سه دلیل می‌توان برای عمل‌گرایی و حمایت روسیه از بشار اسد، از همان ابتدای شروع بحران این کشور برشمرد: نخست؛ مسکو بر این باور بود که واشنگتن و متحدان اروپایی آن نسبت به آنچه در سوریه می‌گذرد، دچار بدفهمی شده‌اند. در عوض آن‌که برکناری رژیم اسد منجر به حکومتی دموکراتیک شود، آن‌چنان که غرب باور دارد، مسکو نگران است که این امر زمینه را برای خیزش یک رژیم رادیکالیست اسلامی سنی که نه‌تنها ضد غرب است، بلکه ضد روسی نیز خواهد بود، فراهم نماید. مسکو برای تایید دیدگاه خود، سه کشور افغانستان، عراق و لیبی را که با رهبری آمریکا حکومت آن‌ها ساقط شد، مثال می‌زند (Alhomayed, March 22 2012). دوم؛ مسکو نمی‌تواند به درکی از منافع دولت اوباما و حتا دولت یحتمل جمهوری‌خواه آتی این کشور نسبت به تغییر رژیم در سوریه برسد. از دید آن‌ها اگر واشنگتن بر برانداختن اسد جدی است، آن باید ائتلافی شکل دهد که اراده‌ی این کار را با یا بدون تصویب شورای امنیت سازمان ملل داشته باشد (Katz, March 9, 2012). سوم؛ مسکو بر این باور است که انگیزه‌ی برانداختن رژیم اسد، در اصل از عربستان سعودی و قطر سرچشمه می‌گیرد. چرا که دیدگاه روسیه نسبت به حمایت عربستان سعودی از اسلام‌گرایان رادیکال در چچن و قفقاز و دیگر مناطق مسبوق به سابقه است. از دید مسکو چنین برداشت می‌شود که عربستان درصدد است تا از وضعیت تحولات فعلی بهار عربی به نفع امیال ژئوپلیتیکی خود در حمایت از سلفی‌ها در مصر و لیبی و فشار بر شیعیان در بحرین و نیز تغییر حکومت علوی ایران‌گرای سوریه و جایگزینی آن با یک رژیم سنی حامی سعودی

استفاده نماید (Katz, 2001: 603–622). حال آنکه، به‌طور کلی نسبت به موضع و جایگاه عربستان در جناح بندی قدرت‌های بزرگ در قبال بحران سوریه می‌توان تأکید کرد که «حکام عربستان از طرفی بقاء خویش و حضور مقتدرانه در منطقه را در اتحاد قوی با آمریکا می‌دانند و از طرف دیگر، خود را رهبر جهان اهل تسنن معرفی می‌نمایند که وظیفه دارد در مقابل ایران شیعی، مقاومت و از نفوذ آن جلوگیری نماید. از این رو، از همان ابتدای پیروزی انقلاب اسلامی ایران، به‌عنوان موازنه‌کننده و مانعی برای جلوگیری از تاثیرات منطقه‌ای و نفوذ ایران، ایفای نقش نموده است» (نیاکویی و بهمنش، ۱۳۹۱: ۱۲۲–۱۱۸). بر همین مبنا، روسیه به عربستان، در قبال بحران سوریه، دیدگاه مثبتی نداشته و از تمایلات اسلام‌گرایانه و نیز زیادخواهانه‌ی این کشور نگران است. تلاش روسیه در قالب کوتاه‌نمودن دست سعودی‌ها از رسیدن به اهداف‌شان در سوریه، قابل درک است.

به‌طور کلی، باید گفت؛ در واقع بروز خیزش‌های عربی در منطقه‌ی شمال آفریقا و خاورمیانه، تاثیرات زیادی را در روابط روسیه و عربستان برجای گذاشته است. در این حوزه جدا از اختلافات پیشین دو کشور بر سر حوزه‌های تقابل در قفقاز و آسیا مرکزی، عملاً با آشکارشدن پیامدهای خیزش‌های بهار عربی، روسیه و عربستان دارای اختلاف نظرهای گسترده‌ای نیز شدند. در این بین سوریه به‌عنوان پایگاه سنتی روسیه در منطقه، شاهد تقابل نقش بازیگران، منافع و دیدگاه‌های عربستان و روسیه بوده است. یعنی در حالی‌که برای روسیه داشتن روابط استراتژیکی با سوریه به رهبری بشار اسد و در اختیار داشتن پایگاه دریایی طرطوس در ساحل مدیترانه منافع حیاتی تلقی می‌شود، ریاض با دشمنی با خاندان اسد و هم‌چنین مخالفت شدید با تداوم حضور سوریه در محور مقاومت، سعی کرد تا از راه تجهیز، آموزش و در اختیار گذاشتن پیشرفته‌ترین تسلیحات به گروه‌های تکفیری در سوریه، دولت قانونی این کشور را سرنگون کند. در این راستا، سعودی‌ها بارها پنهان و آشکار خواستار نوعی معامله با مسکو، بر سر کاهش نقش حمایتی روسیه از اسد و یا دولت سوریه شدند. در این راستا رویکردهای هم‌گرایانه مسکو با دمشق عملاً موجب اختلافات و حتی سخنان تند روسیه

و عربستان برضدهم گردید (رمضانی‌بونش، ۱۳۹۲: ۱۸٦٦). تا حدی که، در دوران حکومت ملک عبدالله، که در ماه ژانویه ۲۰۱۵ فوت کرد، روابط دو کشور بواسطه‌ی حمایت روسیه از رژیم بشار اسد به‌شدت لطمه دید. رئیس سابق سازمان اطلاعات عربستان؛ شاهزاده بندر بن‌سلطان، در این مدت دو بار از روسیه دیدار کرد تا شاید بتواند نظر پوتین در مورد حمایت از دمشق را تغییر دهد، که هر دو بار شکست خورد (Henderson, 2015).

تشدید نقش نظامی روسیه در بحران سوریه، به‌طور بالقوه روابط دو کشور را به‌دورانی که دو کشور دارای روابط تخاصمی بودند، عقب برده است (Nazer, 2015: 14138). در نگاهی متفاوت نیز، مساله‌ی بحران سوریه، نشان‌دهنده‌ی نوع دیدگاه دو کشور به مقوله‌ی مبارزه با تروریسم است، اما در همین مساله دو کشور با هم‌دیگر در تعیین تروریسم و نوع مبارزه با آن اختلاف دارند. روسیه در بحران سوریه در کنار هم‌پیمانان خود به حمایت از اسد می‌پردازد، در حالی که عربستان در تلاش است تا به حمایت از مخالفان اسد بپردازد. از میان این مخالفان اسد، اسلام‌گرایان از گروه‌های قوی به‌حساب می‌آیند، که بدنام‌ترین آنها داعش است. اگرچه داعش با رفتارهایش در عراق و سوریه به دشمن جهان بدل‌شده است، اما دیگر تشکیلات اسلام‌گرا در سوریه نیز بواسطه‌ی تعصب، غیرت و خشونت[1] اسلامی‌شان قابل مقایسه با داعش هستند. مساله این است که آیا این گروه‌ها با پایان جنگ سوریه، مبارزه را متوقف می‌کنند. دیگر موضوع قابل توجه در رویکرد ضدتروریستی ریاض و مسکو، حمایت عربستان سعودی از گروه‌های جهادی[2] در سوریه است. بر اساس برخی گزارش‌ها، عربستان و ترکیه تلاش دارند تا گروه‌های جهادی را سوریه همبسته نموده و ذیل یک ساختار واحد تحت نام جیش‌الفتح[3] قرار دهند. جالب این‌که، ایمن الظواهری[4] رهبر القاعده نیز خواهان این نوع همبستگی است. مثلاً عربستان به‌عنوان یک حامی آمریکا و به‌همراه آن در سال ۲۰۱٤، النصره را که گروهی تروریستی است، طراحی نمود. النصره به عنوان القاعده‌ی سوریه نیز معروف

---

1. zeal and brutality
2. jihadist groups
3. Jaish al-Fatah
4. Ayman al-Zawahri

است. حمایت عربستان از این گروه‌های جهادی و تروریستی، زنگ خطری برای روسیه به‌حساب می‌آید و باعث شک‌برانگیزشدن سیاست‌های عربستان می‌شود (Pakhomov, 2016: 16362). در نهایت باید ذکر کرد، بحران سوریه، نقطه‌ی ثقل دوری استراتژیک روسیه و عربستان برای حل این مساله است. روسیه در رفتار عربستان چندان نقطه‌ی اتکایی برای اعتماد به طرح‌های و نیات این کشور در مورد بحران سوریه نمی‌بیند.

جمع بندی

در قالب یک جمع‌بندی و تلاش برای پیونددادن نوشته‌های این فصل با چارچوبه‌ی نظری، یه به‌عبارتی دیگر کاربست نظریه رئالیسم تدافعی در متن، نکاتی‌چند را مطرح می‌کنیم. در چارچوب نظری گفته‌شد که والتز در نظریه‌ی نئورئالیسم خود که به وجه تدافعی این نظریه شهرت دارد، در کتاب نظریه‌ی سیاست بین‌الملل افزایش قدرت را تضمین امنیت دانست. در این مسیر، از فرآیندهای خودیاری در واقع‌گرایی تدافعی برای کسب امنیت در نظام اقتدارگریز بین‌المللی استفاده می‌شود. بر همین مبنا، عربستان به‌عنوان یک بازیگر منطقه‌ای و روسیه هم‌چون یک قدرت بزرگ و فرامنطقه‌ای در تلاش‌اند تا در نظام بین‌الملل اقتدارگریز، حداکثر امنیت را برای خود به‌باور آورند. در همین‌راستا، اصل خودیاری در سیاست‌های دو کشور در بخش‌های مختلف در کنار تلاش برای بلوک‌بندی‌های موقت در مواقع بحران به‌چشم می‌آید. عربستان سیر خودیاری و بازیگری مستقل در دنیای فعلی را از اوسط بحران سوریه و به‌نسبت سال‌های ۲۰۱۳ به‌بعد آغاز نموده است که با ناامیدی از حامی دیرین خود یعنی ایالات متحده، تا حدودی به شکل خودیارانه و گاها در قالب تلاش ناکام برای نزدیکی به روسیه شاهد بودیم.

در بخش دیگری از نظریه‌ی رئالیسم تدافعی، دولت‌ها تهدیدهای مطرح‌شده از سوی دیگر دولت‌ها را براساس ٤ مفهوم؛ قدرت نسبی، نزدیکی، ثبات آنها و توازن تدافعی ـ

تهاجمی‌شان برآورد می‌کنند. حال از منظر این نوشتار، روسیه با نگاه به عربستان، میزان اهمیت استراتژیک آن را در قالب این ٤ مفهوم مورد سنجش قرار داده است و برمبنای آن نوع رابطه‌ی خود، یا جایگاه سعودی در سیاست خارجی خود را شکل داده است. عربستان سعودی براساس مفهوم نزدیکی جغرافیایی، برخلاف ترکیه و ایران، چندان دسترسی و نزدیکی به روسیه ندارد. اگرچه در عصر موشک‌های قاره‌پیما مفهوم نزدیکی جغرافیایی چندان کاربردی ندارد، اما وقتی یک قدرت هسته‌ای و مهم چون روسیه در مقابل کشوری چون عربستان با سلاح‌های متعارف مورد بررسی و مقایسه قرار گیرد، اهمیت نزدیکی جغرافیایی و ناتوانی نظامی ریاض در برابر این کشور مشخص می‌شود.

قدرت نسبی عربستان سعودی به لحاظ نظامی و اقتصادی باید مورد توجه قرار گیرد. به‌لحاظ نظامی این کشور با بودجه‌ی نظامی سالانه‌ی ۸۰ میلیارد دلار و داشتن تجهیزات نظامی بسیار نیرومند و جدید دارای جایگاه خاصی درمیان کشورهای جهان است، اما این کشور به‌لحاظ نظامی کاملا وابسته به خارج است. در بعد نظامی عربستان تجربه‌ی جنگ خارجی چندانی نداشته و نیروهای هوایی این کشور در بحران یمن نیز توانایی چندانی را به‌نمایش نگذاشته و به نوعی در یک گرداب بی‌پایان گیرافتاده‌اند. این کشور می‌تواند به عنوان یک خریدار نظامی سلاح از روسیه تا یک قدرت رقیب نظامی برای آن دیده شود، و برهمین اساس جایگاه این کشور برای روسیه با عنایت به بودجه‌ی نظامی چشم‌گیر آن قابل توجه است. در بعد اقتصادی نیز به‌واسطه‌ی تک‌محصولی‌بودن این کشور در تقسیم‌کار بین‌المللی یعنی تولید و فروش نفت خام، و همزمان این‌که سوریه یکی از تولیدکنندگان و فروشندگان بزرگ نفت در جهان است، عربستان در ساحت سیاست خارجی روسیه، به‌عنوان یک رقیب و حتا تهدید دیده می‌شود. تهدید از این منظر که تلاش عربستان برای اعمال فشار بر روسیه و ایران در بحران سوریه با پایین آوردن قیمت نفت تا ۵۰ درصد و جبران کسری نفت در بازار جهانی، باعث تهدیدزا بودن این کشور برای روسیه شده است.

عربستان به‌عنوانی یک حکومت پادشاهی و سنتی و حتا ارتجاعی، بر مبنای حمایت از سلفیت و وهابی‌گری، یک حکومت باثبات در خاورمیانه به‌حساب می‌آید. علت ثبات این کشور را باید در ایجاد رفاه اقتصادی نسبی داخلی، توانایی بسیج‌سازی داخلی، نفوذ و قدرت در خاورمیانه و سیطره بر شورای همکاری خلیج فارس و سایر مسائل مرتبط دانست. این ثبات نسبی، زمینه‌ساز اهمیت نسبی عربستان برای روسیه می‌شود، چراکه در خاورمیانه‌ای که دولت‌های آن از بی‌ثباتی و شکنندگی رنج می‌برند و گردباد بهار عربی تیشه‌بر‌ریشه‌ی بسیاری از آنها زده است، دولتی باثبات چون عربستان از اهمیت نسبی برای روسیه برخوردار خواهد بود.

در نهایت توانایی آفندی ـ پدافندی یا تهاجمی ـ تدافعی عربستان باید مورد توجه قرار گیرد. این کشور با زیرساخت‌های نظامی و میزان خرید جنون‌انگیز تسلیحات سالانه از توانایی بالایی برخوردار است و به یک انبار بزرگ از سلاح‌های متعارف بدل شده است. بهانه‌ی عربستان برای چنین خریدهای کلانی، قرارگرفتن در خاورمیانه‌ای جنگ‌زده و تهدید از رقبای منطقه‌ای چون ایران است، که ذخیره‌ی سلاح را برای دفاع از خود مشروع می‌کند. در زمینه‌ی تهاجمی با حمایت‌های عربستان از جریان‌های اسلام‌گرایی رادیکال سلفی ـ وهابی در سراسر جهانی، حمایت نظامی از نیروهای ضد اسد و نیز حمله به یمن، میزان توانایی تهاجمی آن قابل درک می‌شود، اما این توانایی همیشه با شکست و ناکامی مواجه بوده و دکترین‌های نظامی این کشور چندان کامیاب نبوده است. البته در طول سال‌ها، روسیه از حمایت عربستان از اسلام‌گرایان چچن و قفقاز به‌عنوان تهدیدی برای امنیت داخلی و جان شهروندان خود احساس نگرانی کرده است، اما این به‌معنای توانایی بالایی آفندی و پدافندی عربستان نیست. در نهایت باید گفت، بر اساس آنچه گفته شد، اهمیت عربستان در ساحت سیاست خارجی خاورمیانه‌ای روسیه در ابعاد نظامی، دیپلماتیک، اقتصادی و سیاسی روشن می‌شود. به‌نسبت ترکیه و ایران، عربستان در جایگاهی فروتر در سیاست خاورمیانه‌ای روسیه قرار دارد.

یادداشت‌ها

۱- سازمان فضایی فدرال روسیه، سازمان ملی فضایی کشور روسیه است. این سازمان با نام کوتاه روسکاسموس شناخته می‌شود. روسکاسموس در سال ۱۹۹۲ و پس از فروپاشی شوروی سابق تاسیس شد و میراث‌دار برنامه‌های فضایی شوروی گردید. مرکز فرماندهی روسکاسموس در مسکو واقع شده است. مرکز اصلی کنترل پروازهای فضایی در نزدیکی شهرکورولف واقع شده است. مرکز آموزش فضانوردان در شهر استار سیتی واقع شده است. امکانات پرتاب به فضا در پایگاه فضایی بایکونور قزاقستان (با بیش‌ترین پرتاب سرنشین‌دار و بدون‌سرنشین) و پایگاه فضایی پلستسک در شمال روسیه، که در درجه اول برای پروازهای بدون‌سرنشین نظامی تخصیص‌داده‌شده است، قراردارد. در حال حاضر ریاست آن از ۱۰ اکتبر ۲۰۱۳ به‌عهده ژنرال الگ استاپنکو می‌باشد.

۲- گلوناس یا سامانه ماهواره‌ای ناوبری جهانی، یک سامانه ناوبری ماهواره‌ای برمبنای موج‌های رادیویی است که به‌وسیله نیروی دفاعی هوا ـ فضای روسیه برای دولت روسیه فعالیت می‌کند. گلوناس، هم مکمل و هم جای‌گزینی برای سامانه موقعیت‌یاب جهانی ایالات متحده آمریکا(جی.پی.اس) می‌باشد و تنها سامانه جایگزین ناوبری می‌باشد که از لحاظ پوشش و دقت با جی.پی.اس قابل‌مقایسه است.

۳- سازمان کشورهای صادر کننده نفت با نام اختصاری اوپک، یک کارتل نفتی است که متشکل از کشورهای الجزایر، ایران، عراق، کویت، لیبی، نیجریه، قطر، عربستان سعودی، امارات متحده عربی، اکوادور، آنگولا و ونزوئلا است. مقر بین‌المللی اوپک از سال ۱۳۴۴ در شهر وین در کشور اتریش بوده است. هدف اصلی این سازمان، آنچنان که در اساس‌نامه بیان‌شده، به این شرح است: «هماهنگی و یک‌پارچه‌سازی سیاست‌های نفتی کشورهای عضو و تعیین بهترین راه برای تامین منافع جمعی یا فردی آنها، طراحی شیوه‌هایی برای تضمین

ثبات‌قیمت نفت در بازار نفتی بین‌المللی، به‌منظور از بین بردن نوسانات مضر و غیرضروری؛ عنایت و توجه ویژه به کشورهای تولیدکننده نفت و توجه خاص به ضرورت فراهم کردن درآمد ثابت برای کشورهای تولیدکننده‌ی نفت؛ تامین نفت کشورهای مصرف‌کننده به‌صورت کارآمد، مقرون‌به‌صرفه و همیشگی؛ و بازدهی مناسب و منصفانه برای آنهایی که در صنعت نفت سرمایه‌گذاری می‌کنند.».

٤- حملات ۱۱ سپتامبر، عبارت‌است از سلسله‌ای از حملات انتحاری که در ۱۱ سپتامبر ۲۰۰۱، به‌دست گروه تروریستی القاعده در خاک ایالات متحده آمریکا انجام شد. در صبح آن روز، ۱۹ تن از اعضای القاعده، چهار هواپیمای تجاری ـ مسافربری را ربودند. هواپیماربایان، دو هواپیما را در فاصله‌های زمانی گوناگون تعمداً به برج‌های دوقلوی مرکز تجارت جهانی در شهر نیویورک زدند. در نتیجه این دو برخورد، همه مسافران به‌همراه عده بسیاری که در ساختمان‌ها حضور داشتند، کشته شدند. هر دو ساختمان، پس از دو ساعت به‌طور کامل ویران شدند و آسیب‌های زیادی به ساختمان‌های پیرامون زدند. گروه هواپیماربایان، هواپیمای سوم را به پنتاگون، واقع در ارلینگتون در ویرجینیا زدند. هواپیمای چهارم اما در زمینی نزدیک شنکسویل، در ایالت پنسیلوانیا، سرنگون شد. این در حالی بود که شماری از مسافران و خدمه پرواز پیش از سرنگونی هواپیما، تلاش کرده‌بودند تا کنترل هواپیما را که هواپیماربایان آن را به سمت واشینگتن، دی.سی. هدایت می‌کردند، به دست بگیرند. اما هیچ‌کدام از مسافران این پرواز و سه پرواز دیگر زنده نماندند. کشته‌شدگان این حمله‌ها ۲۹۷٤ تن بودند، که با در نظرگرفتن ۱۹ هواپیماربا در کل شمار کشته‌های این حمله‌ها به ۲۹۹۳ تن می‌رسد. بیش‌تر کشته‌شدگان این حمله‌ها مردم عادی و شهروندان بودند، که ملیت آن‌ها از ۹۰ کشور گوناگون جهان بود. به‌علاوه، مرگ دست‌کم یک تن ناشی از قرارگرفتن در برابر گرد و خاک به‌وجودآمده از ویرانی دو برج نیز گزارش شد.

فصل ششم

جایگاه ترکیه در ساحت سیاست خاورمیانه‌ای روسیه

مقدمه

به فراخور جایگاه کشورها در ساختار اقتصادی، سیاسی، نظامی و دیپلماتیک در عرصه‌ی ملی، منطقه‌ای و بین‌المللی، امکان سنجش وزن آن‌ها در سیاست‌های منطقه‌ای و فرامنطقه‌ای روشن می‌شود. سنجش وزن کشورهای مختلف در سیاست خارجی رقبا، همسایگان و نیز بازیگران نظام بین‌الملل اهمیت آن‌ها را مشخص می‌کند. روسیه اگرچه در دوران جنگ سرد یکی از دو بلوک اصلی قدرت در مقابل آمریکا بود، اما با فروپاشی شوروی و تشکیل فدراسیون روسیه و استقلال برخی جمهوری‌های تازه‌تاسیس از آن، و نیل نظام بین‌الملل دوقطبی به‌سمت نظم‌نوین جهانی آمریکایی، شاهد کاهش اهمیت و نفوذ روسیه جدید هستیم. در عرصه‌ی بین‌المللی نوین در هزاره‌ی سوم که آمریکا با بسیج کشورها، به راه‌انداختن جنگ در خاورمیانه متمایل شد، روسیه به‌مثابه‌ی یکی از کشورهای نه‌چندان نیرومند نظاره‌گر تحولات بین‌المللی بوده و در بهترین حالت تلاش داشت تا در قالب سازمان‌ها و نهادهای بین‌المللی خودنمایی کرده و از قدرت خود بهره‌گیرد، که مهم‌ترین وزنه‌ی قدرت نهادی آن در شورای امنیت سازمان‌ملل به عنوان یکی از ۵ قدرت جهانی قابل استناد است. با شکل‌گیری تحولات بهار عربی از سال ۲۰۱۰، و رسوخ آن به خاورمیانه، خصوصا سوریه، زمینه برای قدرت‌نمایی دوباره‌ی روسیه فراهم شد. اگرچه باید توجه داشت که مساله‌ی اوکراین، خود اولین زمینه‌ی قدرت‌نمایی منطقه‌ای روسیه بود، که با مداخله در جنگ داخلی سوریه و حمایت از بشار اسد در قالب بلوک ایرانی، سوری و روسی ظهور نمود. در این میان ترکیه به‌عنوان یکی از کشورهای مداخله‌گر در بحران سوریه، که در قالب بلوک غربی و ضد اسد ظاهر شد، زمینه‌ی بالقوه‌ی درگیری با روسیه را بواسطه‌ی مساله‌ی حمایت روسیه از اسد، حمایت از کردها به‌عنوان تهدیدی برای ترکیه و نیز تلاش برای به‌حاشیه‌راندن ترکیه در این بحران فراهم نمود. حال باید توجه داشت که اهمیت مراودات اقتصادی ترکیه برای روسیه و تلاش آنکارا برای بازیگری مستقل از غرب در سال‌های اخیر نیز خود روی دیگر سکه‌ی اهمیت این کشور را برای روسیه

نمایش می‌دهد. سنجش اهمیت ترکیه در ساحت سیاست خارجی روسیه از ۱۹۹۱ به این سو، از منظر اقتصادی و انرژی، امنیتی و نظامی، مساله سوریه و دغدغه‌های مشترک آنها در خاورمیانه و آسیای مرکزی و قفقاز جنوبی و نیز پیشینه‌ی تاریخی روابط این دو کشور ضروری است. در این فصل تلاش می‌شود تا علل و زمینه‌های اهمیت ترکیه را در سیاست خارجی خاورمیانه‌ای روسیه مورد بررسی قرار دهیم.

۱- پیشینه روابط خارجی دو کشور

بررسی تاریخی روابط ترکیه و روسیه، در اصل بررسی تاریخچه‌ی رقابت‌ها، فرازونشب‌ها و جنگ‌ها و تنش‌های میان دو کشور است. این رقابت از قرن ۱۶ با ظهور دو امپراتوری بزرگ شکل گرفت. روسیه خود را امپراتوری سوم روم و سنگر مسیحیان شرقی پس از سقوط قسطنطنیه (۱) در ۱۴۵۳ بوسیله‌ی ترک‌های عثمانی می‌دید. عثمانی نیز امپراتوری خود را به خاورمیانه و بالکان، با جمعیتی اسلاو ارتدکس گسترش داده بود. مشهودترین نمود رقابت میان دو امپراتوری را می‌توان در جنگ‌های کریمه به سال ۱۸۵۳ ـ ۱۸۵۶ دانست که ترکها به کمک متحدان خود یعنی انگلیس و فرانسه علیه روسیه متحد شده بودند. جنگ دیگری که می‌توان در همین دوران‌ها با آن اشاره نمود، جنگ روسی ـ ترکی[1] ۱۸۷۷ ـ ۱۸۷۸ بود که پیروزی آشکار روسیه و ایجاد بلغارستانی[2] مستقل را در پی داشت (Cornwell, 2015). این تحولات با شروع قرن بیستم و جنگ جهانی اول، سرعت و نمود بیشتری پیدا کرد که نتیجه‌ی آن شکست امپراتوری عثمانی و تجزیه‌ی خلافت بود.

در سال پایانی جنگ جهانی نخست، با شکل‌گیری اتحاد جماهیر شوروی و ترکیه نوین در ابتدای قرن بیستم میلادی، روابط دو طرف نه تنها بهبود نیافت بلکه در طول این قرن به‌ویژه در دوران جنگ سرد، تقابل شوروی و ترکیه در قالب بلوک‌بندی‌های متصلب فضای دو

1. Russo-Turkish War
2. Bulgaria

قطبی ادامه یافت. شوروی به عنوان رهبر جهان کمونیست روی‌درروی ترکیه‌ای قرار گرفت که با وفاداری به ارزش‌های غربی، روابط گسترده‌ی سیاسی، امنیتی اقتصادی با جهان غرب و عضویت در سازمان‌هایی مانند ناتو و سنتو در خط مقدم سیاست سدنفوذ[1] و مقابله با آموزه‌های کمونیسم به منطقه خاورمیانه داشت (کوزه‌گرکالجی، ۱۷ آبان ۱۳۹۱). ترکیه به عنوان میراثی از امپراتوری عثمانی، اکنون در قالب یکی از مدافعان ارزش‌ها غربی در خاورمیانه، در مقابل نیرویی ضد سرمایداری و غربی قرارداشت، اما هرگز به مانند دوران پیشاشوروی شاهد جنگ میان طرفین نبودیم، چرا که پس از جنگ دوم جهانی و شکل‌گیری دو بلوک قدرت ایالات متحده و شوروی، کشورهای قدرت‌مند منطقه‌ای نقش حافظ منافع بلوک‌های دوگانه را داشتند.

با سقوط اتحاد جماهیر شوروی، روابط ترکیه ـ روسیه به صورت ناگهانی بهبود یافت، که این روابط بواسطه‌ی توافق‌های انرژی و ساخت کارخانه‌های مختلف ایجاد شده بود. در همین دوران بواسطه‌ی حجم بالای تجارت آزاد سالانه بین دو کشور، روسیه پس از آلمان به دومین شریک تجاری ترکیه بدل شد (Cornwell, 2015). به عبارت‌دیگر، پس از سقوط شوروی و ایجاد فدراسیون روسیه[2] نوین، ترکیه آن را به‌رسمیت شناخت و در سال ۱۹۹۲، حکمت چتین[3] وزیر امورخارجه‌ی وقت ترکیه، از روسیه دیدار کرد. متعاقبا در طی دیدار نخست وزیر سلیمان دمیریل[4] از روسیه، پیمان اصول روابط میان ترکیه و فدراسیون روسیه در ۲۵ می ۱۹۹۲ به امضا رسید (gov.tr, 2008). اما این ماه‌عسل روابط دو کشور دیری نپایید، این بار مسائل هویتی و قومی جایگزین چالش‌های مذهبی و ژئوپلیتیکی قرون ۱۸ و ۱۹ و ایدئولوژیکی قرن بیستم گردید. رستاخیز هویت‌های خاص قومی در منطقه قفقاز جنوبی[5] و حمایت سرسختانه آنکارا از باکو در بحران ناگورنو ـ قره باغ[6] (۲) و از آن سو حمایت مسکو

1. Containment
2. Russian Federation
3. Hikmet Çetin
4. Süleyman Demirel
5. Transcaucasia
6. Nagorno-Karabakh War

از ایروان در جریان این بحران، نوعی موازنه قوا بر پایه رویکردهای رئالیستی را در سطح منطقه پدید آورد که نتیجه آن چیزی جز ادامه تقابل روسیه و ترکیه در فضای پس از جنگ سرد نبود. عواملی مانند شکل‌گیری سه کشور جدید در منطقه قفقاز، رستاخیز هویت‌های قومی در این منطقه و هم‌ذات‌پنداری ترک‌ها با آذری‌ها در پرتو اندیشه‌های پان- ترکیسم، بحران ناگورنو- قره باغ و حمایت سرسختانه ترکیه از آذربایجان در مقابل حمایت روسیه از ارمنستان، پشتیبانی آنکارا از گروههای قومی مخالف دولت مرکزی روسیه در قفقاز شمالی به‌ویژه چچن، تاتارستان و اینگوش و در مقابل حمایت مسکو از حزب کارگران کردستان (پ.ک.ک) و بخش یونانی‌نشین قبرس و کوشش برای کنار زدن و حذف یکدیگر در فضای اورآسیا و به‌ویژه در منطقه قفقاز جنوبی موجب شد تا روابط مسکو- آنکارا نتواند علی‌رغم خارج‌شدن از فضای متصلب حاصل از بلوک‌بندی‌های دوران جنگ سرد، فضای دیگری را تجربه نماید. در مجموع در این دوره زمانی، اگرچه مناسبات دیپلماتیک بین دو کشور برقرار بود و ملاقات‌هایی در سطوح نسبتاً بالا نیز صورت گرفت (از جمله سفر ویکتور چرنومیردین[1] نخست وزیر وقت روسیه به آنکارا در در دسامبر ۱۹۹۷ و دیدار بولنت اجویت[2] نخست وزیر وقت ترکیه از مسکو در نوامبر سال ۱۹۹۹)، اما به دلیل شرایط و عوامل پیش گفته، مناسبات سیاسی دو کشور نتوانست شرایط جدید و مطلوبی را تجربه کند (کوزه‌گرکالجی، ۱۷ آبان ۱۳۹۱).

به قدرت رسیدن حزب عدالت و توسعه[3] در سال ۲۰۰۲ و تغییر نگاه و رویکرد نخبگان سیاسی جدید ترکیه موجب تغییرات بنیادینی در سیاست خارجی ترکیه به صورت عام و مناسبات این کشور با فدراسیون روسیه به صورت خاص گشت. روی کارآمدن این حزب در صحنه سیاسی ترکیه، منجر به بروز تحولاتی اساسی در عرصه سیاست خارجی بر پایه سیاست عمق استراتژیک[4] (۳) داوود اوغلو[5] گشت که یکی از نمودهای بارز آن را می‌توان تحول

1. Viktor Chernomyrdin
2. Bülent Ecevit
3. Adalet ve Kalkınma Partisi
4. Strategic depth
5. Ahmet Davutoğlu

صورت‌گرفته در عرصه مناسبات مسکو۔ آنکارا مشاهده نمود. مسافرت رجب طیب اردوغان،[1] رهبر حزب عدالت و توسعه در سال ۲۰۰۲ (به عبارتی در نخستین سال دستیابی به قدرت) به مسکو و دیدار با میخائیل کاسیانوف،[2] نخست‌وزیر وقت و نیز ولادیمیر پوتین،[3] رئیس‌جمهور وقت روسیه نشان از تغییری اساسی در سیاست ترکیه نسبت به رقیب دیرینه داشت. حادثه تروریستی یازده سپتامبر ۲۰۰۱ در ایالات متحده و پیامدهای آن از جمله؛ حمله نظامی آمریکا به افغانستان و عراق و رشد چشم‌گیر رویکردهای یک‌جانبه‌گرایانه‌ی نومحافظه‌کاران به‌رهبری بوش در عرصه مناسبات بین‌المللی، عامل مهم دیگری بود که در سطح بین‌المللی به نزدیکی هرچه بیشتر دو کشور یاری رساند. مخالفت پارلمان ترکیه (که اکثریت آن در اختیار اعضای حزب عدالت و توسعه قرار داشت) به استفاده نیروهای آمریکایی از خاک ترکیه و گشودن جبهه‌ای در شمال عراق علیه رژیم صدام حسین در مارس سال ۲۰۰۳، پیام قابل تأملی برای سیاست‌گذاران مخالف سیاست‌های یک‌جانبه واشنگتن در کرملین به‌همراه داشت. به نظر بولنت ارس،[4] «این اقدام پارلمان ترکیه این استنباط را نزد سیاست‌گذاران روسی پدید آورد که ترکیه به‌عنوان کنش‌گری فعال با استقلال عمل به‌مراتب بیش‌تر از دوران جنگ سرد و دهه ۹۰ به عنوان متحد نزدیک و سنتی غرب به‌ویژه ایالات متحده در حال شکل‌دهی به سیاست خارجی خود در قبال همسایگان است. در واقع، رویکرد مستقل ترکیه در جریان حمله آمریکا به عراق، موجب ایجاد اعتماد قابل‌توجهی در رهبران روسیه به ترکیه شد و این باور شکل گرفت که ترکیه در رویکرد جدید خود صرفاً منافع ایالات متحده را در قبال منطقه لحاظ نخواهدکرد (کوزه‌گرکالجی، ۱۷ آبان ۱۳۹۱).

به عبارت دیگر، در همین دوران است که عصر طلایی روابط ترکیه و روسیه شکل می‌گیرد. روابط اقتصادی بواسطه‌ی روابط شخصی میان رجب طیب اردوغان و ولادیمیر پوتین تسهیل می‌شود. خط لوله‌ی گاز زیردریایی در سال ۲۰۰۳ ایجاد می‌شود و روسیه در سال

---

1. Recep Tayyip Erdoğan
2. Mikhail Kasyanov
3. Vladimir Putin
4. Bülent Ers

۲۰۱٤ به مهم‌ترین صادرکننده گاز به ترکیه بدل می‌شود. توریسم نیز به یک‌باره به‌عنوان یک حلقه‌ی‌رابط میان دو کشور ظاهر می‌شود، که بواسطه‌ی ارسال شمار چشم‌گیری توریست روسی به ترکیه در سال‌های ۲۰۱۳ و ۲۰۱٤، قابل توجه است. مذاکره بر سر ایجاد اولین طرح هسته‌ای ترکیه با روس‌اتم در آککویو[1] با هزینه‌ای معادل ۲۰ میلیارد دلار و مذاکره بر سر خط لوله‌ی جدید گازی که از اوکراین[2] برای ارسال گاز روسیه به اروپا بود، انجام می‌شد (Titov, 2015: 51424). اما بهار عربی[3] و بحران سوریه و تنش دو کشور در سوریه، زمینه را برای بازگشت به فضای منازعه‌آلود سابق فراهم می‌کند، اگرچه بواسطه‌ی تحولات جدید و پیش از بحران سوریه، بواسطه‌ی مداخله‌ی روسیه در کریمه و ورود به اوکراین، زنگ‌های خطر برای آنکارا به‌صدا درآمده بود (Cornwell, 2015). این مسائل زمینه را برای طرح چالش‌های جدید در روابط دو کشور ایجاد می‌کند، که در ادامه به آنها خواهیم پرداخت.

۲- مسائل و دغدغه‌های روابط روسیه و ترکیه

۱-۲- مساله‌ی جنبش‌های جدایی‌طلب: مسکو و آنکارا هر دو مخالف برجسته‌کردن جنبش‌های جدایی‌طلب در خاک دیگری به عنوان یک ابزار سیاست خارجی هستند. گرچه ترکیه بارها از سیاست‌های روسیه در قبال چچن[4] انتقاد کرده است، اما در سطوح رسمی، ترکیه همیشه از تمامیت ارضی روسیه دفاع کرده است. این مسئله در طرف مقابل نیز صادق است. مسأله کردهای ترکیه که می‌توان از آن با عنوان زخم‌کهنه سیاست داخلی ترکیه یاد کرد، همواره برای سیاست‌مداران ترک دردسرساز بوده است و حتی دولت عدالت و توسعه نیز نتوانست با طرح گفت‌وگوی کردی آن را به سرانجامی خوش برساند. فارغ از عملیات‌های جسته‌وگریخته در مناطق شمالی کردستان عراق (میری، ۱۳۹۵: ٥۲٤)، از ابتدای سال ۲۰۱٥،

1. Akkuyu
2. Ukraine
3. Arab Spring
4. Chechnya

این کشور در استان دیاربکر در جنوب شرقی خود مقررات منع آمد و شد برقرار کرده و حملاتی سنگین را به مناطق شهری و روستایی اطراف دیاربکر به منظور پاک‌سازی حامیان و نیروهای حزب کارگران کردستان به‌راه انداخته است. مقامات روسی همواره منکر وجود هرگونه ارتباطی با حزب کارگران کردستان ترکیه[1] (پ.ک.ک) (۵) هستند. روسیه همواره فعالیت‌های تروریستی این گروه را محکوم و در گذشته نیز از اعطای پناهندگی سیاسی به عبدالله اوجالان رهبر این گروه اجتناب کرده است (Markedonov and Ulchenko, 2011: 45383).

اگرچه باید توجه داشت که گروه‌های فروملی که علیه کشور خود قیام می‌کنند، به صورت‌های گوناگون در قالب کارت‌بازی از سوی دولت‌های منطقه‌ای و فرامنطقه‌ای برای فشار بر دولت‌های متبوع‌شان مورد بهره‌برداری قرار می‌گیرند. حال آنکه، گاها مقامات روسیه متهم به دست داشتن در تجهیز نظامی حزب کارگران کردستان شده‌اند، که روسیه حاضر به قبول چنین ادعاهایی نیست (سایت دیپلماسی ایرانی، ۱۳۹۰: ۱۲۲۶۲). اما به‌دور از هر دیدگاهی باید گفت، در بهترین حالت این جنبش‌ها و گروه‌های شبه‌نظامی، در مواقعی که روابط دولت‌ها تیره‌گشته به‌عنوان کارت بازی دولت علیه دیگری استفاده شده و مادامی که روابط کشورها از تیره‌گی خارج شده و پیوندهای سیاسی، اقتصادی و نظامی برقرار شده، این گروه‌ها اولین قربانی بی‌توجهی دولت‌ها هستند.

۲-۲- موضوع حضور بازیگران فرامنطقه‌ای در بحران‌های منطقه و خصوصا دریای سیاه:

ترکیه و روسیه هر دو موضع مشترکی در قبال نقش بازیگران فرامنطقه‌ای در حوزه دریای سیاه دارند، منطقه‌ای که آنکارا و مسکو یک نقش تعیین‌کننده در آن بازی می‌کنند. از این رو دو کشور خواهان حفاظت از نص و روح کنوانسیون مونترو[2] ۱۹۳۶ (٤)، هستند که در آن کنترل

---

1. Kurdistan Workers' Party
2. Montreux Convention

ترکیه بر عبور و مرور دریایی در تنگه‌های بسفر و داردانل به‌رسمیت شناخته شده است (بهرامی، ۱۳۹۱ :IPSC). این قرارداد، رژیم‌حقوقی عبور از تنگه‌های بسفر و داردانل را در قلمرو ترکیه تنظیم می‌کند و به‌موجب آن عبور کشتی‌های تجاری و جنگی از این تنگه‌ها بدون توقف در ۲۹ ماده و چهار تبصره تنظیم شده است.

۳-۲- مخالف ترکیه با احیای تعارضات قومی: ترکیه هرگز به دنبال «احیای» تعارضات قومی ـ سیاسی در منطقه نبوده است. ترکیه در مقایسه با دیگر دولت‌های عضو ناتو، در زمان جنگ روسیه و گرجستان، سیاست‌های خود را با توجه به منطقه مورد مناقشه آبخازیا[1] در گرجستان[2] تنظیم‌کرده و به نگرانی‌های روسیه توجه داشته و در درگیری میان روسیه و گرجستان هم‌چون دیگر متحدان ناتویی خود زبان به انتقاد شدید از روسیه نگشوده است. ترکیه هم‌چنین از لابی و اعمال‌نفوذی برای عضویت اوکراین و گرجستان به ناتو در دهه ۲۰۰۰ استفاده نکرده است و در این راستا، مواضع ترکیه به سیاست‌های روسیه نزدیک بوده است (Markedonov and Ulchenko, 2011: 45383). این مساله را باید به ترس متقابل دو کشور از احتمال قیام و حمایت رقیب از گروه‌های قومی در کشورهایشان مرتبط دانست که می‌تواند به تهدیدی برای امنیت ملی، منطقه‌ای و نیز بین‌المللی آنها بدل شود.

---

1. Abkhazia
2. Georgia

۳- جایگاه ترکیه در سیاست خاورمیانه‌ای روسیه

۱-۳- اهمیت اقتصادی و تجاری

به شکلی غالب، روابط اقتصادی میان روسیه و ترکیه عمدتاً به عنوان ابزاری جهت ایجاد و توسعه روابط دوجانبه سیاسی عمل کرده است. در طول جنگ سرد، اتحاد شوروی نقش عرضه‌کننده‌ی گاز و ترکیه نقش دریافت‌کننده را بازی کرده‌اند. عرضه‌ی گاز طبیعی از اتحاد جماهیر شوروی سابق به ترکیه؛ در طول خط لوله ترانس ـ بالکان، که از ۱۹۸۷ آغاز شد، نشان‌دهنده‌ی تحولی در روابط سنتی دو کشور بوده است. مرحله بعدی روابط اقتصادی ترکیه و روسیه با موافقت‌نامه ساخت خط لوله گاز تحکیم شده است. این موافقت‌نامه علیرغم آشفتگی‌های متعدد در روابط سیاسی میان دو کشور عملی شد. دلایل اصلی تنش‌های تجدیدشده، محدودیت‌هایی بود که از سوی ترکیه در مورد انتقال و عبور کشتی‌های دریایی از طریق تنگه‌های دریای سیاه[1] اعمال شده بود و عامل دیگر هدف مشخص ترکیه در گسترش نفوذ خود در آسیای مرکزی[2] و قفقاز جنوبی و تلاش برای تسخیر «قلب‌ها و اذهان» ساکنان مسلمان سرزمین روسیه بود (بهرامی، ۱۳۹۱: IPSC). اما در نهایت لزوم داشتن روابطی به دور از تنش میان ترکیه و سوریه یک رفتار شرطی میان دو کشور بوده است. چرا که این دو کشور از نتایج دشمنی و دوری استراتژیک از هم‌دیگر خبر دارند.

به‌طور کلی باید گفت؛ معادله‌های انرژی نقش مهمی در گسترش روابط دو کشور داشته است، حدود دو سوم گاز ترکیه و ۷۶ درصد انرژی مورد نیاز آنکارا از مسکو تامین می‌شود. ترکیه در سال ۱۹۸۶ قراردادی برای خرید ۶ میلیارد متر مکعب گاز طبیعی برای مدت ۲۵ سال و همچنین قراردادی مشابه برای خرید ۸ میلیارد متر مکعب گاز طبیعی در سال ۱۹۹۸ بست. حدود دو هزار شرکت ترکیه‌ای در روسیه فعالیت می‌کنند که سرمایه‌گذاری آن‌ها حدود ۷

1. Black_Sea
2. Central Asia

میلیارد دلار برآورد شده است. روسیه با داشتن بیش از ۳۳ در صد گاز طبیعی، ۱ درصد نفت خام، ۲۰ درصد اورانیوم در مجموع مالک نزدیک به یک پنجم منابع انرژی جهان است. از طرفی موقعیت ترکیه به روس‌ها اجازه می‌دهد بی‌آنکه به‌گذر از تنگه بسفر نیاز باشند، انرژی خود را فراسوی مدیترانه عرضه کنند. روسیه بزرگترین شریک تجاری ترکیه و آنکارا نیز هفتمین شریک بزرگ مسکو است. افزون بر نفت و گاز، کالاهای ساخته‌شده و فلزات و مواد شیمیایی در فهرست صادرات روسیه به ترکیه قرار دارد. از طرفی صادرات ترکیه به روسیه را نیز وسایل نقلیه، منسوجات و محصولات غذایی و محصولات شیمیایی تشکیل می‌دهد. ترکیه محبوب‌ترین مقصد گردشگران روسی است بطوریکه در سال ۲۰۱۱ حدود ۳/۵ میلیون نفر از شهروندان روسیه به ترکیه سفر کرده‌اند (منصوری، ۱۳۹٤: ۸۲۹۰۳). اهمیت ژئواکنومیک دو کشور برای هم‌دیگر بسیار بالا بود، روسیه با توجه به سطح مراودات اقتصادی خود در رابطه با ترکیه، از لزوم و اهمیت تدوام این مراودات آگاه است و برای حفظ آن تلاش می‌کند.

در سال ۲۰۰۸ روسیه در زمینه تجارت خارجی موفق شد جایگزین آلمان به عنوان بزرگ‌ترین شریک تجاری ترکیه شده و در این سال حجم مبادلات تجاری میان دو کشور به ۳۵ میلیارد دلار در سال افزایش پیدا کرد. در سال ۲۰۰۹، نخست‌وزیر وقت روسیه ولادیمیر پوتین از آنکارا دیدار کرده و نتیجه آن پانزده موافقت‌نامه مشترک بینادولتی و امضای هفت پروتکل بود. در می ۲۰۱۰ و به هنگام دیدار رئیس‌جمهور روسیه دیمیتری مدودف[1]دو کشور در مورد ساخت اولین نیروگاه هسته‌ای در ترکیه با هزینه‌ای بالغ بر ۲۰ میلیارد دلار به توافق رسیدند (کوزه‌گرکالجی، ۱۷ آبان ۱۳۹۱). مجموع معاملات و گردش کالا،واردات و صادرات دو کشور در سال ۲۰۱۵ بیش از ۲۳میلیارد دلارشده است که بیش از ٤درصد کل تجارت خارجی روسیه را تشکیل می دهد. در سال گذشته ترکیه درمیان سایر شرکای تجاری روسیه در مکان ششم قرار گرفته است. حجم صادرات غیرنفتی روسیه به ترکیه درسال ۲۰۱۵ بالغ بر ۹,۵ میلیارد دلار بود که بر این اساس ترکیه در این حوزه بعد از قزاقستان،[2] نیوزلند[1] و

1. Dmitry Medvedev
2. Kazakhstan

بلاروس[2] جایگاه چهارم را در بین شرکای تجاری روسیه در این سال اشغال کرده است (والِریونا ریژُوا، ۱۳۹۵: ۱۶۰۶). این جایگاه استراتژیک دو کشور، در ساحت سیاست خارجی آنها، خصوصا برای روسیه، نشانی است بر چربیدن همکاری در روابط دو کشور بر تنش‌های گاه‌وبی‌گاهی که رخ‌می‌نماید.

دو عامل شکل‌دهنده این تعاملات اقتصادی میان دو کشور ترکیه و روسیه بوده است: نخست، اشتیاق تازه ترکیه برای بهره‌گیری از مزیت موقعیت جغرافیایی خود و دوم، وابستگی ترکیه به انرژی خارجی. ترکیه خود را به عنوان پل و مسیر ترانزیت بین‌المللی مواد خام انرژی روسیه، قفقاز، دریای خزر و تا حدودی دولت‌های عربی به اروپا و اسرائیل می‌بیند. در ۲۰۰۲ روسیه علاقه خود را به اجرایی کردن پروژه دوم جریان آبی نشان داد. این طرح که شامل ساخت دومین خط لوله‌ای بود که از ترکیه به سمت کشورهای واقع در مرزهای جنوبی و غربی این کشور عبور می‌کرد. طرح‌های انتقال خط لوله گاز ترکیه و بهره‌گیری از این موقعیت دارای ماهیت پیچیده‌ای است. از پروژه‌های گازی ترکیه، برخی موجب وابستگی بیشتر کشورهای غربی به روسیه می‌شود و روسیه را به منبع اصلی انرژی اروپا تبدیل می‌کند (Markedonov and Ulchenko, 2011: 45383). این موضوع فرصتی را در اختیار ترکیه قرار داده تا با افزایش قدرت مانور خود در قبال روسیه و اتحادیه اروپا از این موقعیت به عنوان برگی برنده در سیاست خارجی استفاده کند.

در حقیقت روسیه با حفظ روابط توام با اختلاف با غرب، مناسبات خود با ترکیه را به‌عنوان یکی از محورهای سیاست راهبردی خود برای ایجاد توازن با غرب به‌کار گرفته است. در همین راستا، رئیس‌جمهوری جدید روسیه خواستار فعال‌شدن مشارکت دیپلماتیک چندجانبه این کشور در اشکال مختلف، از جمله در چارچوب گروه «بریکس»[3] (شامل برزیل، روسیه، چین، هند و آفریقای‌جنوبی) (٦)، گروه بیست (٧)، گروه ٨ کشور صنعتی جهان (٨)،

---

1. New Zealand
2. Belarus
3. BRICS

سازمان همکاری‌های شانگهای (۹) و غیره در سیاست‌گذاری منطقه‌ای است، تا بدین وسیله مسکو جایگاه تاثیرگذار خود را هم‌چنان در معادلات سیاسی منطقه‌ای و جهانی حفظ کند. البته این مشارکت استراتژیک با موانعی نظیر؛ عدم توازن در حجم تجارت دوجانبه (کسری تجاری به نفع روسیه)، عدم سهولت در راه صادرات میوه و سبزیجات ترکیه به روسیه و اختلاف‌نظر بر سر قیمت گاز طبیعی صادراتی روسیه به ترکیه روبه‌رو است (حسام قاضی، ٤ مهر ۱۳۹۱). اما حلقه‌ی درهم‌تنیده‌ی این مراودات اقتصادی در کنار مسائل امنیتی، نظامی، سیاسی و نیز بحران‌های منطقه‌ای قابل تبیین است که در بخش‌های مختلف پیشین و نیز در ادامه به تکمیل آنها خواهیم پرداخت.

در نهایت قابل‌ذکر است که در دوره‌ی یلتسین و مدودف رویکرد تجاری و اقتصادی در روابط دو کشور غلبه پیدا کرد و تنش پنهان سیاسی امنیتی را سرپوش گذاشته و حجم روابط اقتصادی به طور قابل توجهی افزایش یافت (مرادی، ۱۳۹٤)، در دوره‌ی پوتین نیز این روال تداوم یافت، اما مسائل امنیتی گاها زمینه را برای به‌حاشیه‌راندن مسائل اقتصادی و تجاری فراهم نموده‌اند. "استقرار سامانه رادار دفاع موشکی ناتو در خاک ترکیه" و "بحران سوریه" در روابط دو کشور، تحولات منطقه قفقاز نیز در برگیرنده اختلاف نظرهایی میان آنکارا و مسکو است، اختلافات ترکیه و روسیه بر سر بحران قره باغ، مساله گرجستان، ارمنستان و تحولات آسیای مرکزی و مناسبات روسیه با بخش یونانی‌نشین قبرس نیز می‌تواند موجب بروز تنش در مناسبات آنکارا با مسکو شود (حسام قاضی، ٤ مهرماه ۱۳۹۱). در نهایت باید گفت، بواسطه‌ی تنش ناشی از سقوط هواپیمای روسی توسط ترکیه بر فراز سوریه، زمینه را برای تنش سیاسی و تحریم اقتصادی ترکیه از سوی روسیه فراهم نمود. در همین راستا، براساس آخرین برآوردهای اقتصادی در ماه‌های ژانویه ـ آوریل ۲۰۱۶ گردش کالای روسیه با ترکیه به‌میزان ٤٥ درصد، صادرات ٤۳ درصد و واردات ٥۰ درصد در مقایسه با دوره مشابه در سال ۲۰۱٥ سقوط کرد. در ماه‌های ژانویه ـ آوریل ۲۰۱٥ سهم ترکیه در گردش کلی کالای (معاملات کلی) روسیه ٤،۹ درصد بود که در ماه‌های ژانویه ـ آوریل ۲۰۱۶ این شاخص به ۳،۶ درصد

تنزل یافت (والِریونا ریژُواو ۱۳۹۵: ۱۶۰۶). پیامدهای اقتصادی یک تنش سیاسی، برای ترکیه بسیار سخت و جبران‌ناپذیر بود، چرا که این کشور از سوی درگیر تنش‌های داخلی بوده که لطمات سنگینی برا اقتصاد کشور وارد نمود و از سوی دیگر به علت کاهش رابطه اقتصادی با روسیه، فشارهای زیادی را تحمل نمود، که بازتاب آن در آمارهای فوق مبرهن است، این سیر تنش با عذرخواهی رسمی اردوغان از پوتین، دور جدیدی از تلاش برای بازسازی روابط را شکل داده است.

۲-۳- بعد امنیتی اهمیت ترکیه

با پایان نظم دوقطبی، ترکیه با چالش‌های چندی مواجه‌شده و خود را در مواردی در تنازع با منافع روسیه دیده است. منازعات منطقه‌ای در ناگورنو ـ قره‌باغ، اوستیای جنوبی، آذربایجان، چچن، مناطق بالکان در کنار مرزهای ترکیه از جمله‌ی این چالش‌ها به‌حساب می‌آیند. ظهور دولت‌های ترک‌زبان مستقل (آذربایجان و جمهوری‌های آسیای مرکزی) ترکیه را وادار به بازتعریف استراتژی سیاست خارجی‌اش نمود. اصول کمالیستی[۱] (۱۰)، که در آن دوران به عنوان اصولی اساسی تعریف شده بودند، دیگر مناسب و کافی نبودند. نیروهای سیاسی داخلی، نقش قابل توجهی در این فرایند بازی می‌کردند. حدود ۱۰ درصد از جمعیت ترکیه، ریشه‌های قفقازی دارند (چرکسی، آبخاز، آذری، گرجی، و جوامع چچن) و نیز از مناطق دریای سیاه (تاتارهای کریمه) هستند. این گروه‌ها نگاه منفی به روسیه داشته، که این نگاه به‌طور غالب از خاطره‌ی دوران شوروی سابق نشات می‌گیرد. تمام این عوامل می‌توانست زمینه‌ساز تنش میان روسیه و ترکیه باشد. اما خطر تنش و درگیری، دو کشور را وادار به طرح ایده‌ی تنش‌زدایی نمود. بدین‌ترتیب، ترکیه در روابط خود با روسیه وارد مرحله امنیت‌زدایی، یعنی خارج‌کردن موضوعات از متن امنیتی و وارد نمودن آن به فضای گفتمان سیاسی با مسکو شد. البته تغییر وضعیت ترکیه و روسیه در نظم‌نوین جهانی و اولویت‌بندی دستور کارها، باعث تغییر اساسی

---

1. Kemalizm

برداشت این کشورها از همدیگر شد و مفاهیمی مانند ثبات سیاسی منطقه، توسعه اقتصادی، وابستگی‌متقابل و سیاست خارجی فعال در منطقه، از عناصر شتاب‌دهنده در بازتعریف روابط ترکیه و روسیه گردید (Markedonov and Ulchenko, 2011: 45383). در دنیایی که دستورکارهای سیاسی از سیاست اعلای نظامی به سیاست ادنای اقتصادی نیل نموده و جای این دو دستورکار در سیاست‌خارجی کشورهای به نوعی تغییر نموده، که مسائل اقتصادی به‌عنوان پیش‌رانه‌ی تحرک روابط کشورها مطرح می‌شوند.

تلاش‌های حزب عدالت و توسعه، در راستای به صفر رساندن تنش با همسایگان در مورد رابطه ترکیه با روسیه نیز صادق است. در این راستا ترکیه به منظور حل منازعات منطقه قفقاز به تدوین استراتژی جدیدی اقدام کرد. در این زمینه رجب طیب اردوغان با ارائه برنامه‌ای تحت‌عنوان «ثبات قفقاز و سکوی همکاری» دیپلماسی فعالی در قبال حل منازعات قفقاز برعهده گرفت. این سیاست‌ها از حمایت روسیه نیز برخوردار بود. یکی از مصادیق بارز سیاست تنش‌زدایی ترکیه با روسیه در قفقاز را می‌توان در جریان بن‌بست گرجستان در ۲۰۰۸ دانست. در جریان درگیری میان گرجستان و روسیه، ترکیه از طرح انتقادهای تند علیه روسیه خودداری کرد و از متحدان و شرکای ناتویی خود که انتقادات شدیدی علیه روسیه مطرح می‌کردند فاصله گرفت. در می ۲۰۱۰، در طول ملاقات مدودف از ترکیه، آنکارا و مسکو در مورد اینکه برای سفرهای توریستی و اقامت یک ماهه نیازی به دریافت ویزا ندارند به توافق رسیدند. رهبران دو کشور هم‌چنین موافقت‌نامه‌ای برای ساخت نخستین نیروگاه هسته‌ای در ترکیه امضا کردند. به اعتقاد بسیاری از کارشناسان سیاسی مسائل و نگرانی‌های بالقوه در سیاست خارجی ترکیه و روسیه موجب ایجاد روابط دوستانه میان دو کشور خواهد شد (بهرامی، ۱۳۹۱: IPSC). ترکیه و روسیه دارای نگرانی‌ها و علایق سیاسی، اقتصادی منطقه‌ای هستند و همین موضوع موجب نزدیکی بیش از پیش دو کشور شده است.

با توجه به ایجاد یک ساختار نهادی تحت عنوان شورای عالی همکاری که از سوی مقامات دو کشور، به دنبال سفر دیمیتری مدودف در می ۲۰۱۰ به ترکیه ایجاد شد، ترکیه و

روسیه را قادر به مقابله با مشکلات مشترک کرده است. شورای عالی همکاری استراتژی توسعه همکاری دو جانبه در حوزه سیاسی، تجاری، اقتصادی، فرهنگی، طرح و اجرای پروژه‌های مشترک و سرمایه‌گذاری و همکاری‌های دوجانبه برای برقراری صلح و ثبات و امنیت جهانی را تعیین می‌کند. شورای عالی همکاری (کارگروه مشترک برنامه‌ریزی استراتژیک) اجلاس اجتماعی (سازمان‌های جامعه مدنی آن را نمایندگی می‌کنند و در آن حضور دارند) و شورای مشترک اقتصادی (بازیگران تجاری در آن فعال هستند) تضمین کننده تغییر پارادایم و الگوی حاکم بر روابط خارجی آنکارا ـ مسکو خواهد بود و نویددهنده آینده‌ای روشن در روابط دو کشور است. ترکیه و روسیه به‌عنوان دشمنان دوره جنگ سرد، گام‌های بلندی در سال‌های اخیر در جهت تعمیق پیوندهای اقتصادی و سیاسی برداشته‌اند، به‌گونه‌ای که برخی از صاحب‌نظران ترک، روابط میان دو کشور را به عنوان «اتحاد استراتژیک» توصیف می‌کنند (بهرامی، ۱۳۹۱: IPSC). اتحادی که می‌تواند در چشم‌انداز راهبرد امنیت فی‌مابین و منطقه‌ای در آسیای مرکزی، مدیترانه و خاورمیانه به عنوان یک دستورکار راهبردی به‌اجرا درآید.

۳-۳ـ بحران سوریه بعد از ۲۰۱۱: بستر تنش‌زایی گسترده میان مسکو و آنکارا

در بطن تحولات خاورمیانه، عاملی که موجب تقابل جدی و آشکار مسکو ـ آنکارا گشت، تحولات سوریه بود که از ژانویه ۲۰۱۱ به این سو، موجبات رویارویی دو کشور روسیه و ترکیه را فراهم آورده است (ترابی، ٤ دی ۱۳۹۰). پیش از پرداختن به رقابت روسیه و ترکیه در سوریه، باید گفت؛ به‌لحاظ تاریخی و تا پیش از بحران سوریه، در طی چند دهه‌ی اخیر، دولت ترکیه در دو مسأله‌ی مهم اختلافاتی جدی را با زمام‌داران سوریه داشته است. اولین مسأله میان دو کشور، در ارتباط با سرچشمه‌های آب مشترک میان دو کشور می‌باشد، به‌گونه‌ای که همواره میان دو کشور بر سر منابع آبی که از مرزهای ترکیه به‌سوی سوریه سرازیر می‌شود کشمکش وجود داشته است. دیگر مسأله منازعه‌آفرین میان دو کشور، در ارتباط با حمایت حکومت

مرکزی سوریه از گروه کُرد مسلح معارض ترکیه یعنی حزب کارگران کردستان (PKK) است. در واقع، «دولت ترکیه همواره حکومت بشار اسد را به حمایت از گروه‌های کرد شورشی (PKK) متهم نموده است. در همین راستا، آمریکا در نظر داشت با برکناری بشار اسد پشتیبانی او از گروه‌های کرد شورشی که علیه متحد اصلی او در منطقه می‌جنگند، پایان پذیرد» (Doran and Boot, 26, September 2012). پس از آغاز بحران سوریه، اهمیت موضوع کردها در روابط ترکیه نمایان شد. مساله‌ی کردها پاشنه‌ی آشیل[1]ترکیه است. از ابتدای سال ۲۰۱۵، دوری دیگری از جنگ بین آنکارا و پ‌ک‌ک شروع شده است. در سوریه، یگان‌های مدافع خلق[2](شاخه‌ی نظامی حزب اتحاد دموکراتیک[3](۱۱)، وابسته به پ‌ک‌ک)، موقعیت خود را تقویت نموده و دولتی دوفاکتو[4]را در منطقه‌ای معروف به روژآوا[5]ایجاد کرده است. روژآوا با یک موقعیت مستحکم، روابط خوبی با روسیه و آمریکا دارد. در این بخش از جهان، این اتفاقی نادر است. برای روسیه، بازی با کارت کردها فرصتی بدیع برای اعمال فشار بر ترکیه است (Balcer, 2016: 1898). آنکار کردهای سوریه را به عملیات‌های تروریستی در در مرزهای ترکیه متهم می‌نماید و براین باور است که آنها تحت حمایت روسیه قرار دارند (Gressel, 2016: 1898). حال با درک شدت رقابت میان کردها و ترکیه، و نیز عدم پذیرش تحرکات کردهای سوریه از سوی دولت ترکیه، و تلاش این کشور برای مقابله با کردها، اهمیت کارت بازی کردها برای روسیه در بحران سوریه مشخص است.

از سویی دیگر، در بحران سوریه، روسیه در کنار کشورهایی چون ایران و چین در نقش متحد و حامی اصلی و استراتژیک بین‌المللی حکومت بشار اسد و ترکیه در محور مخالفین غربی و عربی دولت حاکم در سوریه که به سیاست تغییر رژیم پایبند هستند، در دو محور کاملاً متضاد و رویاروی یکدیگر قرار گرفتند. از یک سو، ترکیه به پایگاه و سرزمین اصلی مخالفین دولت سوریه تبدیل شده است و از سوی دیگر، روسیه به‌عنوان مهم‌ترین حامی

---

1. Achilles' heel
2. People's Defence Units
3. Democratic Union Party
4. de-facto
5. Rojava

بین‌المللی سوریه ظاهر شده است. نمادهای عینی این تقابل را می‌توان در اختلاف‌نظرهای جدی دو کشور در عرصه دیپلماتیک به‌ویژه در چهارچوب مصوبات شورای امنیت، اختلاف‌نظر در مورد راه‌حل برون‌رفت از بحران سیاسی سوریه و حمایت مسکو از انجام اصلاحات تدریجی در ساختار سیاسی سوریه و در مقابل حمایت آنکارا از سرنگونی رژیم بشار اسد به‌روشنی مشاهده نمود. شاید بتوان نقطه اوج این تقابل را لغو دیدار رسمی ولادیمیر پوتین، رئیس‌جمهور روسیه از ترکیه دانست که قراربود یکشنبه (١٤ اکتبر ٢٠١١) به مدت دو روز، در چارچوب نشست «شورای عالی همکاری» دو کشور برگزار شود (ترابی، ٤ دی ١٣٩٠). پوتین و اردوغان از دوستی و رابطه‌ی نزدیکی برخوردارند، اما این واکنش به رفتارهای ترکیه از سوی روسیه، به معنای ارسال سیگنال در راستای منافع روسیه و چربیدن آن بر روابط است، که خود بازتاب تضاد منافع هر یک از دو کشور در بحران سوریه است.

در همین راستا، نوع بازیگری ترکیه در بحران سوریه نیز قابل توجه است. با شروع تحرکات در سوریه، موضع ترکیه نیز به موضوعی پیچیده و متغیر تبدیل شده است. سیاست ترکیه در چرخش‌های متعدد از میانجی‌گری و داوری به مهیاکردن امکانات و مدیریت مخالفان تا لشکرکشی و تهدید به جنگ متمایل شده است (نیاکویی و بهمنش، ١٣٩١: ١٢٢). یکی دیگر از مسائل در بازیگری فعال ترکیه در بحران سوریه، که چون تهدیدی برای روسیه قلمداد می‌شود، مساله استقرار صفحات موشکی پاتریوت ناتو در ترکیه است. از همان آغاز بحران سوریه، بخشی از نگرانی‌های مسکو در ارتباط با ایجاد سپر دفاع موشکی در خاک ترکیه بود و از این طریق با ایفای نقش مخالف سیاست‌های غرب در بحران سوریه، خواهان گرفتن امتیازاتی بود. واقعیت این است که «روس‌ها تلاش داشتند تا به‌شکلی تحولات جهان عرب را تبدیل به ابزاری برای گرفتن امتیاز در چارچوب رقابت با غرب و آمریکا کنند. چنان که گفته شد؛ مهم‌ترین نگرانی روسیه، مسئله ایجاد سپر دفاعی موشکی ناتو در ترکیه و سپر دفاع موشکی آمریکا در اروپا بود. به باور مقامات کرملین ایجاد سپر دفاع موشکی در ترکیه یا هر

کشور دیگر اروپایی به‌معنای پایان اصل نابودی قطعی متقابل[1]و در نتیجه تضعیف بازدارندگی به ضرر روسیه و به نفع آمریکا است. در چنین شرایطی توازن منطقه‌ای و جهانی به سود غرب تغییر خواهد کرد و روسیه بیش از گذشته تحت‌فشار قرار خواهد گرفت. مخالفت گسترده روس‌ها با ایجاد سپر دفاع موشکی به‌خوبی نشان‌گر این موضوع است که آن‌ها درک کاملی از اهداف آمریکا و پیامدهای ایجاد چنین سامانه‌ای در محیط پیرامونی خود دارند. در نتیجه این امر، روس‌ها بارها مخالفت خود را با عملی‌شدن این طرح‌ها اعلان و حتی برخلاف رویه خود صحبت از بازگشت جنگ سرد جدید نموده‌اند (ترابی، ٤ دی ١٣٩٠). طرح جنگ سرد جدید میان روسیه و آمریکا در قالب ساماندهی موشک‌های پاتریوت غرب در ترکیه و تلاش برای کنارگذاشتن روسیه توسط بازیگران غربی و حامیان آن از بحران سوریه بوده است.

در بعد دیگری از تنش میان روسیه و ترکیه بر سر سوریه، نباید شکاف گسترده بین این دو کشور در ارتباط با سوریه را نادیده گرفت. ترکیه به شدت معترض حملات هوایی روسیه به ترکمن‌های سوری شده است که تحت حمایت مالی، تسلیحاتی و نظامی آنکارا هستند. آنکارا که با ورود روسیه به صحنه نبرد سوریه عملا امکان ایجاد منطقه‌ی حائل مطلوب خود را از دست داده است، حفظ ترکمن‌ها را ابزاری برای مقابله با کردها و ممانعت از پیش‌روی آنها به‌سمت غرب رودخانه فرات، عدم عبور از آن و رسیدن به جرابلس ارزیابی می‌کند که از مدت‌ها پیش رسما آن را خط قرمز خود عنوان کرده است (احمدی لفورکی، ١٥ آذر ١٣٩٤). کردها به عنوان پاشنه‌ی آشیل تهدید ترکیه قلمداد می‌شوند، چرا که هرگونه تحرک آنها در سوریه به‌عنوان تکرار تاریخیِ کردستان مستقلی دیگر در مرزهای این کشور به مانند کردستان عراق از ٢٠٠٣ فرض می‌شود.

یکی دیگر از نکاتی که زمینه را برای اوج‌گیری رابطه‌ی منازعه‌آلود میان ترکیه و روسیه بر سر سوریه فراهم نمود، سرنگونی جنگنده‌ی روسی بود. ترکیه با این ادعا که جت سوخوی روسیه را در ٢٤ نوامبر ٢٠١٥، سرنگون کرد که حریم هوایی این کشور را نقض‌کرده است. اما

1- Mutual Assured Destruction

این ادعا توسط روسیه رد شد. این نخستین بار در دهه‌های اخیر است که یک عضو ناتو هواپیمای روسیه را سرنگون می‌کند. نظر به حساسیت موضوع ترکیه بلافاصله تقاضای برگزاری نشست اضطراری از سوی ناتو نمود. بعد از نشست، ینس استولتنبرگ[1] دبیر کل ناتو، ضمن اعلام حمایت اعضا از حق ترکیه برای دفاع از حریم هوایی خود، از اقدام آنکارا حمایت کرد و در عین‌حال، از دو طرف خواست تا آرامش خود را حفظ کرده و از شدت تنش بکاهند. همین نوع واکنش از سوی باراک اوباما و دیگر رهبران اروپایی نیز دیده شد (احمدی لفورکی، ۱۵ آذر ۱۳۹٤). این واکنش‌ها از سوی ناتو و غرب به معنای حاکمیت رفتار عقلایی و به‌دور از تنش با دعوت ترکیه به حفظ آرامش و دوری از تنش قابل تفسیر است.

در ارتباط با پیامدهای سرنگونی جت روسی برای روابط ناتو- روسیه باید خاطرنشان ساخت که از دید بسیاری از اعضای اروپایی ناتو این حادثه با وارد کردن روابط مسکو ـ آنکارا به یک دوره بحرانی و تقابلی و افزایش جنگ نیابتی بین دو کشور در مرزهای سوریه ـ ترکیه، عملا ناتو را بیش‌ازپیش با روسیه وارد تنشی نمود که مدت‌هاست از وقوع آن پرهیز می‌کند. از دید آمریکا نیز هم ترکیه و هم اوکراین به‌واسطه افزایش تنش با روسیه به‌دنبال افزایش فشاربر این کشور برای مداخله جدی‌تر هستند؛ امری که آمریکایی‌ها از آن پرهیز دارند. به‌همین خاطر، بی‌سبب نیست که رسانه‌های نزدیک به دولت ترکیه ناخرسندی خود را از نحوه حمایت ناتو و آمریکا در قبال سرنگونی سوخوی روسی پنهان نمی‌کنند و با فانتزی‌های ناسیونالیستی از جبهه متحد غرب علیه جهان سنی به رهبری ترک‌ها سخن به میان می‌آورند (احمدی لفورکی، ۱۵ آذر ۱۳۹٤). تلاش ترکیه برای شکل‌دادن قطبی از نیروهای ضدروسی که ناتو سردمدار آن باشد و دست به محکومیت ترکیه بزنند، به سرعت ناکام ماند.

اما به مرور زمان بواسطه‌ی فشارهای داخلی و اقتصادی حاکم بر دولت ترکیه، و نیز لزوم همکاری روسیه و ترکیه برای حل بحران سوریه و اهمیت از سرگیری مراودات سیاسی و اقتصادی، شاهد تحول در روابط دو کشور هستیم. نکته جالب توجه مسئله این است که با گذشت زمان، ادبیات رهبران دو کشور نسبت به همدیگر ملایم‌تر شد. در همین خصوص،

1. Jens Stoltenberg

ولادیمیر پوتین رئیس جمهور روسیه با اعلام اینکه مشکلی با ملت ترکیه ندارد و مسئله‌اش صرفاً دولت ترکیه است به‌طور ضمنی این پیام را داد که آماده تعامل دوباره با ترکیه در صورت تغییر رفتار و انجام پیش شرط‌های اعلام شده است. متعاقبا علائم صادرشده از کاخ آق‌سرای[1] ترکیه نیز مثبت بود و رهبران ترکیه به شکل‌های مختلف آمادگی خود را برای از سرگیری روابط با روسیه اعلام داشتند. قابل تامل‌ترین اظهار نظرها از سوی اردوغان بود که به‌طور مبهم از اشتباه خلبان سخن راند تا شاید روزنه‌ای برای گشودن بحران بیابد. رئیس‌جمهوری ترکیه در سخنانی در شهر ازمیر با عالی خواندن همکاری‌های دو کشور قبل از این واقعه گفته بود: «روابط شخصی من با پوتین واقعا متفاوت بود. این روابط هم‌اکنون فدای خطا و اشتباه یک خلبان شده است». با این که اردغان در سخنان خود مشخص نکرد که خلبان منهدم‌کننده بمب‌افکن سوخو ۲۴ یا خلبان روسی که هنگام فرود با چتر توسط تروریست‌ها در چهار کیلومتری مرز ترکیه کشته شد، کدام یک اشتباه کرده‌اند (ببری، ۱۳۹۵: ۱۵۷۱). اما با وجود این مسائل، باز هم باید گفت که اقدام ترکیه در سرنگون کردن هواپیمای روسی، یک اشتباه محاسباتی از سوی این کشور بوده که نشان می دهد تحولات اخیر، چنان عرصه را بر دولت‌مردان ترکیه تنگ کرده که حتی در مسائل مهمی چون نحوه تعامل با دیگر بازیگران تأثیرگذار با بحران سوریه ـ و به‌طور خاص بازیگری که خود ترکیه منافع فراوانی در تعامل با آن دارد ـ توان اتخاذ تصمیم صحیح را نداشته و اقدامی انجام می‌دهد که می‌تواند فاجعه‌بار باشد (عزیزی، ۲۰۱۵). سرانجام، ۲۷ ژوئن ۲۰۱۶، پس از دریافت پیامی توسط پوتین از جانب اردوغان رئیس‌جمهور ترکیه اطلاع حاصل شد که محتوای آن عذرخواهی بابت سانحه هواپیما بود و در آن عباراتی از اظهار تأسف و همدردی نسبت به کشته‌شدن خلبان هواپیما بیان شده بود. پس از این، ولادیمیر پوتین دولت را مأمور به انجام مذاکره با ترکیه برای ازسرگیری همکاری تجاری و همکاری در دیگر حوزه‌ها نمود. درواقع، عادی‌سازی مناسبات ترکیه و روسیه گامی منطقی هم برای روسیه و هم برای ترکیه است (والِریونا ریژُوا، ۱۳۹۵: ۱۶۰۶). چرا که اهمیت ترکیه در ساحت سیاست خارجی روسیه ریشه‌ای تاریخی داشته، خصوصا از

1. Aksaray

فروپاشی شوروی به این‌سو، اهمیت اقتصادی و سیاسی این کشور برای روسیه مبرهن شده است.

جمع بندی

روسیه بر اهمیت و جایگاه ترکیه در ساحت سیاست خارجی خود آگاه است. این کشور با توجه به مبانی اقتصادی، سیاسی، نظامی و امنیتی در سطح منطقه‌ای با عنایت به منطقه‌ی خاورمیانه، وزن ترکیه را در سیاست خارجی خود شناخته است. زمینه‌های این شناخت بر مبانی آنچه در این فصل گفته شد، در قالب تئوری رئالیسم تدافعی (به‌عنوان چارچوب نظری کتاب) قابل تبیین است. برای کاربست چارچوب نظری رئالیسم تدافعی با فصل ترکیه در ساحت سیاست خاورمیانه‌ای روسیه می‌توان از یکی از روایت‌های رئالیسم تدافعی، یعنی نظریه‌ی «توازن تهدید» بهره‌برد. در این نظریه، دولت‌ها تهدیدهای مطرح‌شده از سوی دیگر دولت‌ها را براساس قدرت نسبی، نزدیکی، ثبات آنها و توازن تدافعی ـ تهاجمی‌شان برآورد می‌کنند (گریفیتس، ۱۳۹٤: ۵۸). در همین راستا، بر اساس ٤ اصل این تئوری اهمیت ترکیه در سیاست خاورمیانه‌ای روسیه را می‌توان درک نمود.

قدرت نسبی ترکیه به‌عنوان عضوی از پیمان آتلانتیک شمالی یا ناتو، به‌لحاظ نظامی در نیروهای زمینی، هوایی و دریایی قابل توجه است و این کشور یکی از ارتش‌های نیرومند جهان را دراختیار دارد. به لحاظ اقتصادی این کشور در سال‌های پیاپی جزو ۲۰ اقتصاد برتر جهان بوده است و بواسطه‌ی صنعت پذیرش سرمایه، بورس، توریسم و تولید صنعتی جزو اقتصادهای نوظهور دو دهه‌ی اخیر به‌حساب می‌آید. به لحاظ فرهنگی این کشور در موقعیت دو فرهنگ شرقی و اروپایی قرار گرفته است و جایگاه حائز اهمیتی را دارد. کشور ترکیه در نیمکره‌ی شمالی و نقطه‌ی تلاقی دو قاره آسیا و اروپا مکان‌یابی شده است. این کشور در جنوب شرقی اروپا و غرب آسیای مرکزی واقع شده است. موقعیت ژئواستراتژیک ترکیه بواسطه‌ی حلقه‌ی ارتباط اروپا و خاورمیانه بسیار قابل توجه است. این کشور دارای نفوذی

زیادی در آسیای مرکزی و قفقاز است. به‌لحاظ فاکتور نزدیکی در تئوری توازن تهدید که جایگاه مکانی و جغرافیای یک کشور را معین می‌نماید، این کشور برای روسیه از اهمیت خاصی برخوردار است. چرا که این کشور رقیب قدرت‌مندی برای روسیه در آسیای مرکزی بوده، در قفقاز نفوذ داشته و به‌لحاظ جغرافیایی این کشور بوسیله گذرگاه‌های حیاتی بسفر و داردانل، به منزله شاهراهی از اروپا به کشورهای مسلمان بوده و عکس این قضیه هم صادق است و این دو شاهراه آبی برای روسیه نیز بسیار حائز اهمیت است. از طرف دیگر روسیه و ترکیه به کشور بهره‌مند از دریای سیاه بود و از نزدیکی دریایی به‌همدگیر برخوردارند. ترکیه در خاورمیانه به‌عنوان دموکراتیک‌ترین کشور قلمداد شده و از نظم کمالیستی و تشکیل دولت مدرن در این کشور، دارای ثبات سیاسی نسبی در منطقه بوده است. این کشور با وجود پشت‌سر گذاشتن ۵ کودتا (۱۲)، توانسته ثبات سیاسی خود را حفظ کند.

در زمینه‌ی قدرت تدافعی و تهاجمی که بیشتر به چشم‌انداز نظامی قدرت ترکیه برمی‌گردد، چنان‌که گفته شد؛ ترکیه بواسطه‌ی عضویت در ناتو، داشتن نیروهای هوایی، زمینی و دریایی قدرت‌مند با تجهیزات مدرن، یکی از بزرگ‌ترین و مدرن‌ترین ارتش‌های جهان را داراست که نشان از قدرت‌نظامی آن دارد، اما قدرت تدافعی آن در عین این توانایی نظامی به ناتو نیز وابسته است، چرا که سامانه‌ی موشکی پاتریوت ناتو و کشورهای غربی در این کشور مستقر بوده که توانایی دفاعی بالایی دارند . در زمینه‌ی قدرت تهاجمی نیز بواسطه‌ی یکی از مواد پیمان ناتو، یعنی ماده ۵ «دولت‌ها توافق دارند که حمله‌ای مسلحانه علیه یک یا چندی از آن‌ها در اروپا و آمریکای شمالی، به‌معنای حمله‌ای علیه تمامی آن‌ها تلقی خواهد شد و در نتیجه آن‌ها موافقت می‌نمایند در صورتی که این‌چنین حمله‌ای اتفاق افتد، هر یک از آن‌ها، در راستای عمل به‌حق دفاع انفرادی یا دسته‌جمعی از خود بر اساس ماده ۵۱ منشور سازمان‌ملل، دولت یا دولت‌های مورد حمله قرار گرفته را از طریق اقدامات آنی، هرآنچه که ضروری می‌نماید، به‌صورت انفرادی یا به اتفاق دیگر دولت‌ها، مساعدت نمایند تا امنیت را در منطقه آتلانتیک شمالی بازگردانده و برقرار نمایند که می‌تواند شامل استفاده از نیروهای مسلح نیز

باشد» (سایت دیپلماسی ایرانی، ۱۳۸۷: ۱۷۱۰)، این کشور از قدرت تهاجمی بالایی در کنار متحدان خود برخوردار است. بر اساس همین مادهی قانونی در ناتو، هرگونه تهاجم به ترکیه، به معنای تهاجم به اعضای ناتو بوده و پاسخ کشورهای این پیمان را دربرخواهد داشت. برمبنای تئوری توازن تهدید رئالیسم تدافعی و ٤ فاکتور کلیدی آن، اهمیت ترکیه در ساحت سیاست خارجی روسیه روشن شد و جایگاه این کشور در منطقهی خاورمیانه به عنوان یک قدرت منطقهای همواره مورد توجه روسیه بوده است.

یادداشت‌ها

۱- قسطنطنیه: پایتخت امپراتوری روم شرقی بود. در سال ۳۹۵ میلادی تئودور کبیر امپراتور روم کشور خود را میان دو پسرش تقسیم کرد و بدین ترتیب، دو کشور به نام‌های روم شرقی و روم غربی پدید آمد. بنیان‌گزار این شهر قسطنطین (معرب کلمه‌ی کنستانتین) بود که در ۲۷۴ میلادی متولد شد و در ۳۳۷ میلادی از دنیا رفت. وی نخستین امپراتور روم بود که آئین مسیحیت را پذیرفت و آن را دین رسمی کشور روم اعلام کرد و کلیسا را با دولت پیوند داد. وی پس از پیروز بر دشمنانش، در سال ۳۳۰ پایتخت خود را به دهکده‌ی بیزانطیوم (قسطنطنیه) - که در حاشیه‌ی تنگه‌ی بسفر قرار دارد- انتقال داد و آن را وسعت بخشید؛ ساختمان‌های زیادی در آن ساخت. حاکمان امپراتوری روم شرقی همیشه بر این مطلب تاکید داشتند که دولت بیزانس (دولت روم شرقی) دولتی است شرقی. قسطنطنیه تا سال ۱۴۵۳ پایتخت امپراتور روم شرقی محسوب می‌شد. در این سال، از سپاهیان دولت عثمانی به فرماندهی سلطان محمد فاتح شکست خوردند و قسطنطنیه تصرف شد و بدین‌ترتیب، به عمر امپراتوری هزارساله‌ی روم شرقی خاتمه داده شد. شهر قسطنطنیه پس از تصرف توسط نیروهای عثمانی، اسلامبول (یعنی شهر اسلام) خوانده شد.

۲- قره‌باغ: نام منطقه‌ای در همسایگی ایران در ناحیه شمالی است که به دلایل مختلف از دیرباز تاکنون همواره مورد توجه بوده است. قره‌باغ (به ترکی آذربایجانی) یا آرتساخ (به زبان ارمنی) است. این نام برگرفته از دو کلمه قره و باغ است؛ بر خلاف تصور عموم کلمه «قره» در ترکی علاوه بر معنای سیاه، به معنای بزرگ نیز هست و کلمه «باغ» نیز به همان معنی مصطلح در فارسی است. از این‌رو، قره‌باغ به منطقه یا محلی گفته می‌شود که در آنجا باغ‌های وسیع و انبوه وجود داشته و رنگ سبز درختان نیز متمایل به سیاه است. این نام برای نخستین‌بار در اسناد متعلق به قرن ۱۲ میلادی ذکر شده است. علاوه‌بر این، یکی از قدیمی‌ترین اقامتگاه‌های انسان‌های اولیه به نام «غار آزیخ» در کوه‌های قره‌باغ کشف شده است.

۳- دکترین داود اوغلو معروف‌به دکترین "عمق استراتژیک" (Strategic Depth) است که در کتابی به‌همین نام منتشر شده است. هسته‌ی اصلی این دکترین را ژئوپلیتیک تشکیل می‌دهد و مولفه‌های دیگری چون تأکید بر قدرت نرم، تلاش برای میانجی‌گری و حل بحران‌های منطقه‌ای و بین المللی و اتخاذ راهبرد برد ـ برد در ارتباط با دیگر کشورها آن را تکمیل می‌کنند. وی در کتاب مذکور، معتقد است که "ترکیه به دلیل موقعیت جغرافیایی و تاریخی خاص خود دارای عمق استراتژیک است." به‌همین دلیل داود اوغلو ترکیه را در زمره‌ی کشورهای قرار می دهد که آنها را قدرت‌های مرکزی (Central Powers) می‌نامد. او معتقد است که ترکیه نباید خود را محدود به نقش منطقه‌ای در بالکان یا خاورمیانه کند؛ چرا که کشوری مرکزی است و نه منطقه‌ای. بنابراین باید نقش رهبری را در چندین منطقه ایفا کند؛ چیزی که به این کشور در نظام بین‌الملل اهمیت استراتژیک می‌دهد. از دید داوود اوغلو، ترکیه به‌همه مناطق خاورمیانه، بالکان، قفقاز، آسیای مرکزی و خزر، مدیترانه، خلیج فارس و دریای سیاه تعلق دارد و در همه این مناطق می‌تواند نقش رهبری را به‌عهده گرفته و اهمیت استراتژیک جهانی برای خود کسب کند. وی این ادعا را رد می‌کند که ترکیه پلی بین اسلام و غرب است، چرا که به اعتقاد او، این امر باعث می‌شود ترکیه حالت منفعل به خود گرفته و بازیچه دست دیگر بازیگران شود. مولفه‌های تشکیل‌دهنده دکترین عمق استراتژیک داود اوغلو را می‌توان چنین نام برد: ۱) ترکیه باید نقش پررنگ، فعال(proactive) و متناسب با تاریخ پرشکوه گذشته و عمق جغرافیایی خود ایفا کند؛ ۲) برای اجرای بهتر آن می‌بایست بر روی قدرت نرم خود سرمایه‌گذاری کند. چرا که به نظر او کشورش با همه مناطق ذکرشده دارای روابط تاریخی و فرهنگی است؛ ۳) نهادهای سیاسی داخلی این کشور می‌توانند الگویی برای کشوهای این مناطق باشند؛ ٤) اقتصاد آن بازوی قدرتمندی برای پشتیبانی از این روابط است؛ ٥) باید در مدیریت بحران‌های منطقه‌ای و بین‌المللی نقش مهمی را ایفا کند؛ ٦) با همکاری اقتصادی، سیاسی و امنیتی با کشورهای منطقه، نیاز به‌مداخله قدرت‌های خارجی را از بین ببرد و ۷) به جای التماس و صرف هزینه‌های گزاف برای پیوستن به اتحادیه اروپا، باید روی

کشورهای منطقه سرمایه‌گذاری کند، مخصوصاً کشورهایی که زمانی جزء امپراطوری عثمانی بوده‌اند (شکوهی، ۱۳۹۰).

٤- قرارداد مونترو: یکی از مهم‌ترین اسناد در حقوق بین‌الملل است که رژیم حقوقی عبور از تنگه‌های بسفر و داردانل را در قلمرو ترکیه تنظیم می‌کند و به‌موجب آن عبور کشتی‌های تجاری و جنگی از این تنگه‌ها بدون توقف در ۲۹ ماده و چهار تبصره تنظیم شده است. هدف اصلی از انعقاد این قرارداد که در بیستم جولای ۱۹۳٦ در شهر مونتروی سوئیس به امضا رسید، تنظیم حقوق و مقررات آن دسته از کشتی‌های تجاری و جنگی است که دارای ساحلی در دریای سیاه نبوده و قصد ورود به این دریا را دارند. قرارداد مونترو، برای عبور کشتی‌ها در زمان صلح، در زمان جنگ و در زمان‌هایی که تهدید جنگ در نزدیکی حس می‌شود، تنظیم شده است. این قرارداد محدودیت‌های جدی هم از نظر وزن و هم از نظر تعداد رزمناوها و مدت زمان حضور آنها درعبور از تنگه‌ها و حضور در دریای سیاه اعمال می‌کند. کشورهایی که دارای ساحل در دریای سیاه هستند برای عبوردادن رزمناوهای خود از این دو تنگه باید از طرق دیپلماتیک ۸ روز قبل و کشورهایی که دارای ساحل در دریای سیاه نیستند باید ۱۵ روز قبل موضوع را به اطلاع ترکیه برسانند. به‌استثنای مواردی که در قرارداد لحاظ شده، وزن کشتی‌های خارجی که قصد عبور از تنگه را دارند نباید بیش از ۱۵ هزار تن باشد.

۵ـ حزب کارگران کردستان، که به صورت مخفف به شکل پ‌ک‌ک نگاشته می‌شود، نام گروهی چپگرا و مسلح در کردستان ترکیه است که از سال ۱۹۸٤ به عنوان سازمانی چریکی شناخته شده که به صورت مسلحانه علیه دولت ترکیه برای خودمختاری کردستان و حقوق فرهنگی و سیاسی کردها در ترکیه مبارزه می‌کند. پ.ک.ک پیش‌تر به‌دنبال ایجاد یک دولت مستقل کُردی در جنوب و جنوب شرقی ترکیه بود. اما هم اکنون به‌دنبال حقوق فرهنگی و زبانی کردها و ایجاد نوعی از خودگردانی در چهارچوب مرزهای ترکیه است. این حزب در دهه‌ی ۷۰ میلادی به‌عنوان یک سازمان ظهور کرد و در اواخر دهه‌ی ۸۰ و دهه‌ی ۹۰ بخش اعظم جنوب شرقی ترکیه صحنه‌ی درگیری نظامی میان این گروه و ارتش ترکیه بود. بنیان‌گذار

و رهبر این حزب عبدالله اوجالان است که هم اکنون در زندانی در جزیره امرالی در نزدیکی استانبول به‌سر می‌برد. پس از غیاب اوجالان و انتقالش به زندان، پ‌ک‌ک عملاً توسط مراد کارایلان و یک تیم از فرماندهان قدیمی هدایت می‌شود. در نهمین نشست عمومی کنگره خلق (۲۰۱۳) یا شورای رهبری پ‌ک‌ک که در چند سال اخیر از آن به عنوان کنگره جوامع کرد (KCK) نام برده شده است، جمیل بایک و بسه هوزات (از زنان علوی) بطور مشترک روسای شورای رهبری پ‌ک‌ک شدند.

٦ـ گروه بریکس، یک گروه بین‌المللی متشکل از کشورهای برزیل، روسیه، هند، چین و آفریقای جنوبی است. گروه بریکس را می‌توان یک باشگاه اقتصادی با گرایشات سیاسی دانست. کشورهایی که بریکس را تشکیل داده‌اند فقط کشورهای بالقوه در حال توسعه محسوب نمی‌شوند، بلکه قطب‌های اصلی ساختار چند قطبی جهان هستند. این سازمان ابتدا BRIC نامیده شد و با پیوستن آفریقای جنوبی، به BRICS تغییر نام داد. با پیوستن آفریقای جنوبی به این نهاد در سال ۲۰۱۱ این سازمان گسترش یافت و شکل جهانی‌تری به‌خود گرفت. کشورهای گروه بریکس ۳۰ درصد مساحت جهان و ٤۲ درصد از جمعیت جهان را به خود اختصاص داده‌اند. صندوق بین المللی پول ۱۱ آوریل ۲۰۱۱ اعلام کرد: ۵ کشور عضو سازمان بریکس به‌عنوان جوامع عمده‌ی اقتصاد جدید جهانی در سال ۲۰۱۲ روند روبه‌رشد قدرتمند اقتصادی خود را ادامه خواهند داد.

۷- گروه ۲۰ (G20) متشکل از وزرای دارایی و روسای بانک‌های مرکزی کشورهای عضو در سال ۱۹۹۹، به‌منظور تشکیل جلسات منظم میان مهم‌ترین کشورهای صنعتی و اقتصادهای در حال توسعه تاسیس شد. جلسات این گروه با هدف بحث و بررسی درباره مباحث جهانی برگزار می‌شود. اولین اجلاس گروه ۲۰ در دسامبر ۱۹۹۹ در برلین به میزبانی مشترک وزرای دارایی آلمان و کانادا برگزار شد. گروه ۲۰ متشکل از وزرای دارایی و روسای بانک‌های مرکزی ۱۹ کشور آرژانتین، استرالیا، برزیل، کانادا، چین، فرانسه، آلمان، هند، اندونزی، ایتالیا، ژاپن، مکزیک، روسیه، عربستان، آفریقای جنوبی، کره جنوبی، ترکیه، انگلیس، ایالات متحده

آمریکا و اتحادیه اروپا است که توسط شورای ریاست دوره‌ای و بانک مرکزی اروپا در این اجلاس نمایندگی می‌شود.

۸- گروه هشت (G8) از هشت کشور صنعتی جهان تشکیل شده‌است. شرکت‌کنندگان در اولین اجلاس، سران کشورهای فرانسه، آلمان، بریتانیا، ایتالیا، ژاپن و آمریکا بودند و از این رو این گروه در بدو تشکیل گروه ٦ و با پیوستن کانادا به گروه هفت تبدیل شد.

۹- سازمان همکاری‌های شانگهای (SCO) در سال ۲۰۰۱ توسط سران روسیه، قزاقستان، چین، قرقیزستان، ازبکستان و تاجیکستان بنیان‌گذاشته شد. سازمان همکاری‌های شانگهای (SCO) در حقیقت ترکیب جدید سازمان شانگهای ۵ است که در سال ۱۹۹٦ تأسیس شده بود، ولی نام آن پس از عضویت ازبکستان به سازمان همکاری شانگهای تغییر داده شد. علاوه بر اعضای اصلی، ابتدا مغولستان در سال ۲۰۰٤ و یک سال بعد ایران، پاکستان و هند به عنوان عضو ناظر به سازمان ملحق شدند. این سازمان که از زمان تاسیس تاکنون در منطقه افزایش یافته است؛ برخلاف سازمان پیمان آتلانتیک شمالی (ناتو) و پیمان ورشو سابق، هنوز یک معاهده دفاعی چندجانبه به شمار نمی‌رود. سازمان همکاری‌های شانگهای از دل رقابت قدرت‌های بزرگ برسر منطقه ژئوپلیتیک آسیای مرکزی ظهور کرد. هدف اولیه تاسیس این سازمان، غیرنظامی کردن مرز بین چین و شوروی بود.

۱۰- کمالیسم در معنای محدود، نامی است که به دکترین رسمی راهنمای دستگاه سیاسی ترکیه در عصر جمهوریخواهی سکولار این کشور، به ویژه در دهه‌های ۱۹۲۰ و ۱۹۳۰، یعنی دوران پس از فروپاشی امپراتوری عثمانی، داده می‌شود. البته برخی از پژوهش‌گران کمالیسم را در معنای وسیع‌تری به‌کار گرفته و معتقدند که کمالیسم را به‌سادگی نمی‌توان یک پدیده صرفاً خاص ترکیه قلمداد کرد. به عنوان مثال بابی‌سعید، رژیم‌هایی را که در عصر پسااستعماری در اکثر کشورهای مسلمان به قدرت رسیدند، و در ادبیات بنیادگرایی آن‌ها را سکولار، مدرن‌ساز و ناسیونالیست می‌خوانند، با عنوان کمالی است توصیف می‌کند. شش اصل این گفتمان جدید حکمرانی، یعنی کمالیسم ترکی، آنگونه که در قانون اساسی مصوب ۱۹۲٤ ترکیه و در گفتار و

اسناد مربوط به حزب جمهوریخواه خلق و شخص آتاتورک آمده است، عبارت‌اند از: جمهوری‌خواهی، ناسیونالیسم، مردم‌گرایی، اصلاح‌گرایی، سکولاریسم، و دولت‌گرایی (قلی‌پور، ۱۳۹۳: ٧٤٥٦).

۱۱- حزب اتحاد دموکراتیک: حزبی سیاسی در کردستان سوریه است که در سال ۲۰۰۳ توسط چپ‌گرایان کرد در شمال این کشور تاسیس شد. حزب اتحاد دموکراتیک رابطه نزدیک و ایدئولوژیک با حزب کارگران کردستان ترکیه دارد. این حزب اذعان می‌کند که دو حزب رابطه نزدیک ایدئولوژیک با یکدیگر دارند. با این حال پ ک ک دخالت در اداره امور کردستان سوریه را رد می‌کند. این حزب در سوریه ثبت رسمی نشده است؛ زیرا قانون اساسی سوریه قبل از سال ۲۰۱۲ بدون اجازه به احزاب سیاسی، اجازه تشکیل نمی‌داد.

۱۲- نظامیان ترکیه در گذشته بارها دولت‌های منتخب را به بهانه عدم پای‌بندی به روح سکولار قانون اساسی و یا بی‌توجهی به امنیت ملی سرنگون کرده بودند. کودتای می ۱۹۶۰؛ این اولین کودتا در تاریخ ترکیه‌ی مدرن بود که علیه حکومت قانونی عدنان مندریس انجام می‌شد. در این کودتا ۳۸ افسر به ریاست ژنرال جمال گورسل، در عملیاتی موفقیت‌آمیز قدرت را در کشور به دست گرفتند. کودتای مارس ۱۹۷۱؛ برای دومین‌بار و در سال ۱۹۷۱، ارتش دست به کودتا زد. زمینه‌ی سیاسی این کودتا در یک کشمکش بین‌المللی و تنش داخلی نهفته بود؛ بدین معنا که کودتا در اوج درگیری سیاسی میان ترکیه و یونان بر سر جزیره قبرس و علیه دولت راستگرای «سلیمان دمیرل» رخ داد. نظامیان مدعی بودند که در این منازعه، دولت دمیریل به مبانی کمالیستی ترکیه پایبند نبوده و قادر به دفاع از منافع ملی ترکیه نبوده است. کودتای سپتامبر ۱۹۸۰؛ کودتای سوم، معروف به کودتای سیاه بود و به خونین‌ترین کودتای تاریخ ترکیه نیز معروف است، چرا که زمینه را برای کشتارهای وسیعی در داخل ترکیه فراهم نمود. پس از کودتا بیانیه‌ای از سوی کنعان اورن؛ رئیس ستاد مشترک ارتش و فرمانده کودتاچیان، خطاب به سلیمان دمیرل؛ نخست‌وزیر و نجم‌الدین اربکان؛ رهبر حزب سلامت ملی و بولنت اجویت؛ رهبر حزب جمهوریخواه، فرستاده شد که از پایان حکومت آنها خبر

می‌داد. کودتای فوریه ۱۹۹۷؛ کودتای چهارم که به شیوه‌ای نرم انجام شد. این کودتا به کودتای سفید معروف شد و علیه دولت نخست‌وزیر اسلام‌گرای ترکیه، نجم‌الدین اربکان انجام گرفت. در این کودتا ارتش بدون خون‌ریزی اربکان را وادار به کنارگیری نموده و در نهایت حزب رفاه وی را نیز ممنوع اعلام کرد. در نهایت کودتای ناموفق ۱۵ جولای ۲۰۱۶، که گروهی از نظامیان این کشور تلاش داشتند علیه اردوغان کودتا نمایند که با شکست مواجه‌شده و زمینه را برای پاکسازی ارتش از عناصر مخالف اردوغان فراهم نمود (زرین‌نرگس و سلیمی، ۱۳۹۵: ٦١١٤٧).

نتیجه‌گیری

سیاست خارجی قدرت‌های بزرگ نسبت به مناطق مختلف، عرصه‌ی انباشت مقدورات و محذورات آن‌ها و پیگیری منافع سیستم سیاسی حاکم بر آن کشور است. سیاست خاورمیانه‌ای روسیه در دوره‌های مختلف با نگاه به محذورات و مقدورات این کشور، درپی به حداکثر رساندن منافع و نیز نمایش قدرت این کشور بوده است. در دوران امپراتوری‌گری که عصر آن از شکل‌گیری دولت‌های مطلقه‌ی مدرن از فردای پس از قرارداد ۱٦٤۸ وستفالیا آغاز شد، روسیه‌ی تزاری تحت حکم‌رانی خاندان‌های مختلف و براساس مطامع امپراتوری تزاری تلاش داشت تا قدرت خود را در مناطق مختلف جهان بست دهد. یکی از این مناطق خاورمیانه بوده است. خاورمیانه برای بیش از ٤ قرن، به عرصه‌ی تاخت‌وتاز و رقابت این امپراتوری‌ها بدل شد. روسیه تزاری که به خاورمیانه به‌عنوان منطقه‌ی حیاتی و نزدیک به خود می‌نگریست، تلاش داشت تا در رقابت با امپراتوری قدرت‌مند عثمانی و امپراتوری صفویه و پس از آن قاجارها، منافع و امیال خود را پی‌گیری نماید. این دوران با روابط دیپلماتیک روسیه با عثمانی و ایران و نیز جنگ‌های مختلف با دو امپراتوری نیرومند خاورمیانه و جداکردن مناطقی از دو امپراتوری به‌واسطه‌ی شکست از روسیه‌ی تزاری همراه بود.

در دوران حکومت شوروی سیر تحول سیاست خارجی این کشور، که دو جنگ جهانی را هم پشت‌سر نهاده و به‌عنوان یک قدرت جهانی ظهور کرده بود، نسبت به خاورمیانه متحول شد، چرا که جنگ سرد دو قطب قدرت را ایجاد نموده بود و دیگر دولت‌ها در پیرامون رقابت دو ابرقدرت جهانی معنا پیدا می‌کردند و هر کشور تلاش داشت بر اساس منافع و گاها به اجبار به یکی از دو بلوک نزدیک شود. خاورمیانه در این دوران به مناطق نفوذ دو ابر قدرت تقسیم شده بود. شوروی با استفاده از فضای متحول منطقه‌ای در بست قدرت و نفوذ خود در منطقه گام برمی‌داشت. خاورمیانه دوران جنگ سرد، در قالب منطقه‌ی حیاتی رقابت شوروی و

آمریکا بازنمود یافته و به عرصه‌ی جولان آنها بدل شده بود. تا حدی که خاورمیانه را می‌توان یک منطقه‌ی به‌شدت تحت‌نفوذ واقع‌شده دانست که هرگونه کنش آن در ساختار نظام بین‌الملل ذیل تحول در رفتار شوروی و آمریکا قابل صورت‌بندی بود.

در سال‌های بعد از فروپاشی اتحاد جماهیر شوروی در سال ۱۹۹۱ سیاست خارجی روسیه بر مبنای دو دکترین آتلانتیک‌گرایی و اورآسیاگرایی قابل تحلیل و بررسی است. بر اساس گفتمان آتلانتیک‌گرایی، روسیه دارای هویت غربی اصیل است و یگانه راه روسیه برای بازگشت به عظمت سابق، تاکید بر این بخش از هویت خود است. در قالب این گفتمان در سال‌های ۱۹۹۱ تا ۱۹۹۶ دو اصل نگاه مثبت به غرب و تاکید بر توسعه اقتصادی برای ورود به بازار آزاد، در اولویت برنامه‌های روس‌ها قرار گرفت. اما تلاش‌های آمریکا برای اعمال هژمونی خود در عرصه بین‌الملل و اعمال نفوذ در مناطقی که از دیرباز حوزه نفوذ روسیه بوده‌اند، موجبات تغییر رویکرد سیاست خارجی روسیه به سمت اورآسیاگرایی را فراهم نمود. بر مبنای گفتمان اورآسیاگرایی روسیه در کنار هویت غربی دارای هویت شرقی می‌باشد و می‌بایست مسکو با ایجاد ارتباط با کشورهای آسیایی و کشورهای ضد هژمونی آمریکا در عرصه‌ی بین‌المللی تعریفی جدید از منافع ملی ارائه دهد. بنا بر این ملاحظات در رویکرد آتلانتیک‌گرایی تا حدود زیادی توجهات دولت‌مردان کرملین از خاورمیانه دور شده و بیشتر بر هماهنگی با سیاست‌های غرب نسبت به خاورمیانه تاکید می‌شود. اما در گفتمان اورآسیاگرایی که در دوران ریاست جمهوری پوتین هم در قالب عمل‌گرایی روسی یا نئواورآسیاگرایی پی‌گیری می‌شود، توجه به مسائل خاورمیانه موردنظر قرار می‌گیرد. در قالب این دو گفتمان یا دکترین حاکم بر سیاست خارجی روسیه سیاست‌مداران کرملین، نسبت به قدرت‌های منطقه‌ای حاضر در خاورمیانه یعنی ایران، عربستان و ترکیه مواضعی خاص را اتخاذ نموده‌اند.

در این میان جمهوری اسلامی ایران، بیش از هر کشور دیگری مورد توجه روس‌ها قرار گرفته است. تاریخی از تقابل و هم‌کاری میان ایرانیان و روس‌ها از قرن هجدهم تا کنون و همسایگی تاریخی میان دو کشور، زمینه‌ای برای برقراری مناسبات گسترده میان دو طرف، در سال‌های

بعد از ۱۹۹۱ بوده است. اشتراک وجه در اتخاذ موضع تقابلی در برابر غرب از سوی جمهوری اسلامی ایران و روسیه طی چند دهه‌ی اخیر، دیگر بُعد مهمی بوده است که توجه مقامات روس را به سمت تهران جلب کرده است. وجوهی از منافع مشترک منطقه‌ای، منافع مشترک اقتصادی و مناسبات دیپلماتیک، هم‌کاری‌های تسلیحاتی و دغدغه‌های امنیتی مشترک در برابر نفوذ غرب به خاورمیانه بسترهای لازم را برای هم‌گرایی میان ایران و روسیه ایجاد کرده‌اند. اما همواره دو دهه بعد از سقوط شوروی، هیچ‌گاه شاهد اتحاد و هم‌گرایی راهبردی میان ایران و روسیه نبوده‌ایم.

میزانی از علاقه مسکو به تعامل و هم‌کاری با آمریکا و دیگر کشورهای غربی، مانعی جدی در برابر هم‌کاری همه‌جانبه ایران و روسیه بوده است. اما روند تحولات خاورمیانه بعد از ۲۰۱۱ و بروز بحران اکراین در ۲۰۱٤ مقامات روس را به این اقناع رساند که می‌بایست با ایران در سطح منطقه خاورمیانه تشکیل ائتلاف دهند. در واقع، بعد از سال ۲۰۱٤ برای اولین بار هم‌گرایی راهبردی (استراتژیک) میان ایران و روسیه شکل گرفت که دو هدف اساسی را پی‌گیری می‌نمود. یکی، ممانعت از گسترش حوزه نفوذ غرب در خاورمیانه و دیگری ایجاد موازنه تهدید در برابر ائتلاف کشورهای غرب و متحدان منطقه‌ای آن‌ها در خاورمیانه. در نتیجه اتحاد راهبردی روسیه و ایران در موضوع بحران روسیه می‌توان عنوان داشت که سیاست خاورمیانه‌ای روسیه طی چند سال گذشته بر مبنای تقویت و همکاری با ایران به عنوان دوست و متحدی قابل اطمینان بوده است.

کشور ترکیه نیز با جایگاهی که در میان ۲۰ اقتصاد برتر دنیا دارد، از منظر اقتصادی دارای جایگاه ویژه‌ای برای روسیه است. البته باید توجه‌داشت اهمیت اقتصادی متقابل روسیه برای ترکیه و نیز میزان عواید اقتصادی ناشی از توریسم برای آن بسیار قابل‌توجه است. ترکیه به‌لحاظ انرژی به خصوص در حوزه‌ی گازی، وابستگی شدیدی به روسیه به‌عنوان یکی از مهم‌ترین انتقال‌دهندگان گاز به این کشور دارد. روابط اقتصادی دو کشور مجموعه‌ای صنایع تولیدی سنگینی و نیمه‌سنگین و مشاغل خدماتی را شامل می‌شود. صنعت توریسم ترکیه تا

حدودی زیاد بر روی گردشگران روسی می‌چرخد و این کشور عواید قابل‌توجی را از گردشگران روسیه کسب می‌کند. ترکیه یکی از مهم‌ترین کشورهای فعال در حوزه‌ی ساخت‌وساز در روسیه به حساب می‌آید و این بخش برای روسیه حدود ۱۰۰ هزار شغل فراهم نموده است. درهم‌تنیدگی روابط دو کشور در حوزه‌ی اقتصادی از ۱۹۹۱ تا ۲۰۱۶ یکی از مهم‌ترین کانونی‌های نزدیکی روابط دو کشور است، که به‌واسطه‌ی تحکیم یا تیرگی روابط امنیتی دو کشور بیشترین آسیب یا سود را می‌بینند.

در بعد امنیتی شاهد پیچیدگی بیشتری در روابط دو کشور و جایگاه ترکیه برای روسیه هستیم. ترکیه که خود را کشوری مرکزی دانسته و تلاش دارد تا علاوه بر خاورمیانه در آسیای مرکزی و قفقاز نیز ایفای نقش نماید، در اولین گام با روسیه به‌عنوان قدیمی‌ترین بازیگر و دولت متنفذ در این مناطق مواجه می‌شود که حاضر به پذیرش هر رفتاری از سوی ترکیه نیست. در سوی دیگر دولت اسلام‌گرای ترکیه تا حدویدی به تهییج مسلمانان آسیای مرکزی و چچن و تسهیل پیوستن آنها به القاعده و داعش متهم است. به‌واسطه‌ی روابط دیرینه‌ی ترکیه با غرب، عضویت در ناتو و تلاش این کشور برای پیوستن به اتحادیه‌ی اروپا، اهمیت ژئواستراتژیک و نیز احساس تهدید همیشگی روسیه از سوی ترکیه قابل درک می‌شود. دلیل ما برای ارائه‌ی چنین استدلالی را باید در استقرار سیستم دفاع موشکی پاتریوت غرب در ترکیه دانست. در بحران سوریه نیز که یکی از مهم‌ترین تهدیدهای برای مدیریت امنیت منطقه‌ای است، بواسطه‌ی نوع عمل‌گرایی ضد اسد که ترکیه دارد، ائتلاف حامیان و مخالفان رژیم اسد به مقابله‌ی دیدگاه‌های روسیه و ترکیه بر سر آینده و تحولات فعلی سوریه منجر شده است. روسیه از طرف ترکیه احساس نگرانی و تهدید می‌کند که بازنمود آن را باید در ساقط نمودن جت روسی در سال ۲۰۱۵ دانست.

هم‌چنین، در ارتباط با جایگاه عربستان در سیاست خاورمیانه‌ای روسیه می‌توان ابراز داشت که عربستان در چند دهه‌ی اخیر از جایگاه ویژه‌ای در میان کشورهای عربی خاورمیانه برخوردار بوده است. این کشور در شورای همکاری خلیج فارس نقش راهبردی و رهبری است و بیشتر کشورهای حاضر در حاشیه‌ی جنوبی خلیج فارس از دستورات و پیشنهادات این کشور حمایت می‌کنند. نقش و جایگاه این کشور در دو سازمان اتحادیه‌ی عرب و سازمان همکاری اسلامی قابل توجه است، که این جایگاه پس از افول پان‌عربیسم و ناصریسم، بیشتر تثبیت شده است. اما با این جایگاه کلیدی که عربستان در خاورمیانه‌ی عربی دارد، به‌لحاظ اهمیت آن در ساحت سیاست خارجی روسیه در مکانی پایین‌تر از جمهوری اسلامی ایران و ترکیه قرار دارد. چرا که به‌واسطه‌ی شرط نزدیکی و قدرت نظامی و اقتصادی ترکیه، آنکارا دارای جایگاهی تاریخی برای روسیه است. ایران نیز به‌لحاظ عمق استراتژیک روابط و نیز تاریخی بودن روابط‌اش با روسیه از اهمیت زیاد برخوردار است. عربستان سعودی بواسطه‌ی اقتصاد تک محصولی فروش نفت خام و نیز تلاش برای اعمال فشار بر کشورهای رقیب، با پایین آوردن قیمت نفت، به ضرر کشورهای تولید کننده‌ی این ماده؛ خصوصا روسیه، بیشتر به عنوان رقیب در بازارهای انرژی جهانی نگریسته می‌شود تا یک کشور استراتژیک برای روابط اقتصادی پایدار.

اما به لحاظ بازار مصرفی که عربستان دارد، این کشور بواسطه‌ی ناتوانی در تولید داخلی، همواره به کشوری چون روسیه برای واردات کالاهای مختلف توجه داشته و حتا تلاش دارد تا سبد کشورهای تامین کننده‌ی سلاح خود را در همکاری با روسیه تنوع بخشد. اما در بعد امنیتی باید توجه داشت که بواسطه‌ی نزدیکی و حتا وابستگی شدید عربستان به غرب و نیز مخالفت شدید این کشور با ایران و مقابله با اسد در سوریه، سعودی چون یک رقیب نگریسته می‌شود و بیشتر یک بازیگر تهدیدزا به‌حساب می‌آید. حمایت‌های دائمی عربستان از اسلام‌گرایان سلفی و رادیکال چون القاعده و النصره، حمایت از رادیکال‌های چچنی و قفقاز

نیز، باعث شده تا جایگاه عربستان در ساحت امنیتی سیاست خارجی خاورمیانه‌ای روسیه، چون یک تهدید نگریسته شود و ریاض از سوی روسیه به حمایت از تروریسم متهم شود.

علاوه بر سیاست خاورمیانه‌ای روسیه نسبت به هر یک از کشورهای ایران، عربستان و ترکیه در مقام تحلیل کلی سیاست خارومیانه‌ای روسیه در خاورمیانه بر اساس چارچوب نظری پژوهش می‌توان چند نکته اساسی را مورد اشاره قرارداد.

یک- بعد از سقوط اتحاد جماهیر شوروی ایالات متحده آمریکا تلاش نمود در نقش پلیس بین‌الملل ظاهر شود و نظام تک‌قطبی را در عرصه بین‌الملل اشاعه دهد. این اقدام آمریکا از سوی روس‌ها به عنوان برهم خوردن موازنه تهدید در سطح نظام بین‌الملل ارزیابی شد. در نگاه سیاست‌مداران کرملین گسترش حوزه نفوذ تدریجی جبهه به اصطلاح بین‌المللی ضد داعش به رهبری آمریکا در خاورمیانه، عاملی مهم برای تنگ‌تر شدن عرصه بر مسکو است. بدین معنی که در صورت تسلط آمریکا و متحدان‌اش بر خاورمیانه، در آینده‌ی نزدیک شاهد موضوع مشابه همین روند در مناطق آسیای میانه و قفقاز خواهیم بود.

دو- از نگاه روسیه بحران سوریه جدی‌ترین عرصه برای مقابله با نفوذ غرب و حفظ نفوذ خود در خاورمیانه است. آن‌ها به این اقناع رسیده‌اند که که در صورت سقوط بشار اسد و متعاقب آن پیروزی تروریست‌ها در خاورمیانه در آینده نزدیک شاهد بحران رادیکالیسم اسلامی در مناطق هم‌جوار خود و جمهوری‌های مسلمان حاضر در فدراسیون روسیه خواهند بود. از این رو در سال ۲۰۱۵ پوتین با نظر به اندیشه‌های الکساندر دوگین حضور جدی در خاورمیانه را در قالب بحران روسیه به دو هدف مبارزه با تروریسم و مقابله با اشاعه نفوذ غرب در خاورمیانه، در دستور کار قرار داد.

سه- روسیه نسبت به بحران سوریه و خاورمیانه پس از ۲۰۱۱ نگاهی کاملا امنیتی دارد. بدین معنا که هر گونه تحول جدید در خاورمیانه می‌تواند تهدیدی علیه منافع ملی روسیه باشد. از نظر مسکو حضور ائتلاف بین‌المللی ضد داعش در سوریه، رویکردی تهاجمی است که از سوی جبهه کشورهای غربی برای گسترش نفوذ در عرصه خاورمیانه و دیگر مناطق حوزه

اورآسیا پی‌گیری می‌شود. از این جهت دستگاه سیاست خارجی روسیه برای کم کردن دامنه تهدیدها در مناطقی همانند اکراین، گرجستان و دیگر مناطق اروپای شرقی که حیات خلوت روسیه محسوب می‌شوند، رویکرد تهدید متقابل را در برابر آنان در خاورمیانه در دستور کار قرار داده است. بدین معنی که دامنه بحران از مناطق هم‌جوار و دارای اولویت درجه اول برای مسکو، به منطقه کم اهمیت‌تر برای روسیه (البته پر اهمیت برای آمریکا) یعنی خاورمیانه کشیده شود. این رویکرد تدافعی به معنای برقراری اصل موازنه تهدید می‌باشد.

چهار - روسیه در رویکرد جدید خود به خاورمیانه در پی ایجاد جبهه‌ای متقابل در برابر جبهه غرب بوده است. از این رو می‌توانیم سوریه بعد از ۲۰۱۱ را همانند بستری برای آغاز جنگ سردی جدید به بازیگری دو جبهه شرق به رهبری روسیه و جبهه غرب به رهبری آمریکا سخن به میان آورد. از این جهت می‌توان عنوان نمود که خاورمیانه از منطقه‌ای دارای اهمیت درجه چندم در سیاست خارجی روسیه به مساله‌ای درجه اول تبدیل شده است.

پنج- در رویکرد سیاست خارجی روسیه بعد از ۱۹۹۱ همواره رادیکالیسم اسلامی تهدیدی جدی برای این کشور قلمداد شده است. با توجه به این‌که در میان نیروهای گروه‌های تندرو رادیکال در بحران سوریه همانند داعش، احرار الاشام و جبهه النصره تعداد زیادی از مسلمانان چچن در نقش رزمنده و فرماندهان عملیات نظامی ایفای نقش می‌کنند؛ روسیه به‌شدت از گسترش دامنه‌های بحران رادیکالیسم اسلامی به مناطق سرزمینی تحت حاکمیت خود در جمهورهای مسلمان‌نشین این کشور همانند چچن و داغستان نگران است. در نتیجه می‌توان یکی از اهداف جدی روسیه را در خاورمیانه در سال‌های بعد از ۲۰۱۱ مقابله راستین با نیروهای تروریست دانست. روسیه به‌خوبی می‌داند که در صورت موفقیت گروه رادیکال داعش در ایجاد حکومت اسلامی در آینده نزدیک با تهدید امنیتی جدی به نام ظهور رادیکالیسم اسلامی در مرزهای خود مواجه خواهد شد.

شش- با نگاهی به مواضع ولادیمیر پوتین رئیس جمهور روسیه، طی دو سال گذشته، به وضوح می‌توان بر این امر پی برد سیاست خاورمیانه‌ای روسیه در موضعی کاملا تدافعی است.

پوتین نسبت به استقرار طرح دفاع موشکی آمریکا در کشورهای اروپای شرقی با صراحت اعلام نموده است که در مرزهای اروپا موشک‌های تهاجمی خود را مستقر خواهد نمود. پوتین اعلام کرده است در صورت اصرار آمریکا بر ایجاد طرح دفاع موشکی خود در اروپای شرقی، روسیه با همکاری ایران و چین در مجاورت مرزهای اروپا سپر دفاع موشکی ایجاد خواهد کرد. این موضوع پوتین نشانگر موضع تدافعی و بازدارنده روسیه در برابر موضع تهاجمی واشنگتن است. در پایان می‌توان ابراز داشت اصل موازنه تهدید و حفظ منطقه نفوذ مهم‌ترین مسائلی هستند که سیاست خاورمیانه‌ای روسیه را طی سال‌های ۱۹۹۱ تا ۲۰۱۶ را شکل بخشیده‌اند.

فهرست منابع

منابع فارسی

آبشناس، عماد (۲۰۱۵)، **روابط عربستان و روسیه در مقابل رابطه ایران با روسیه**، قابل دسترسی در: http://ir.sputniknews.com/opinion/20150623/391161.html

آتایف، ترکایا (۱۳۸۰)، **روابط ایران و عثمانی در جنگ جهانی اول**، در ایران و جنگ جهانی اول: مجموعه مقالات سمینار، به‌کوشش صفا اخوان، تهران: مرکز اسناد و تاریخ دیپلماسی، جلد اول.

امامزاده فرد، پرویز (۱۳۸۷)، سیاست فدراسیون روسیه در دوران ریاست جمهوری یلتسین در منطقه خاورمیانه، **فصل‌نامه‌ی مطالعات خاورمیانه**، سال چاردهم و پانزدهم، شماره ۵۲ و ۵۳.

امینی، علیرضا (۱۳۸۲)، **تاریخ روابط خارجی ایران**، تهران، نشر خط سوم، چاپ اول.

بالازاده زهره، غیبی، فهیمه (تابستان ۱۳۹۰)، **پژوهش‌نامه روابط بین‌الملل (علوم سیاسی و روابط بین الملل)**، دوره ٤، شماره ۱۵.

برزگر، کیهان (۳۱ اردیبهشت ۱۳۹۱)، پوتین جدید؛ تلفیق دولت-محوری سنتی و الزامات جهانی، **هفته‌نامه آسمان**.

برزگر، کیهان (بهار ۱۳۸۸)، سیاست خارجی ایران از منظر رئالیسم تدافعی و تهاجمی، **فصلنامه بین‌المللی روابط خارجی**، سال اول، شماره اول.

برزگر، کیهان (آذر ۱۳۹٤)، روابط ایران و روسیه در پرتو بحران سوریه و مبارزه با داعش، **ماه‌نامه دیپلمات**، شماره سوم.

بهرامی مقدم، سجاد و ستوده، علی اصغر (بهار و تابستان ۱۳۹۳)، مناظره‌های هویتی و تحول سیاست خارجی روسیه، **پژوهش نامهٔ ایرانی سیاست بین الملل**، سال دوم، شماره ۲.

بهرامی، محمد (۱۳۹۱)، **ترکیه و روسیه، از واگرایی تا همگرایی**، قابل دسترسی در:
http://peace-ipsc.org/fa

بهزاد احمدی لفورکی (۱۵ آذرماه ۱۳۹٤)، "پیامدهای سرنگونی سوخوی روسی توسط ترکیه بر روابط روسیه – ناتو"، **پژوهشکده مطالعات استراتژیک خاورمیانه**

بهمن. شعیب (۱۵ دی ۱۳۸۸)، رئالیسم روسی در آزمونی نوین، **روزنامه جوان.**

بهمن. شعیب (۲۲ خرداد ۱۳۸۹)، آتلانتیک گرایی جای اوراسیاگرایی را می گیرد، **روزنامه جوان.**

ببری، نیکنام (۱۳۹۵)، **بحران سوریه؛ نقطه تلاقی روسیه و ترکیه**، قابل دسترسی در سایت موسسه مطالعات ایران و اورآسیا به آدرس: http://www.iras.ir/fa/doc/note/1571

بیلیس، جان و استیو، اسمیت (۱۳۸۳)، **جهانی شدن سیاست؛ روابط بین‌الملل در عصر نوین**، تهران، ابرار معاصر.

پریماکوف، یوگنی (۱۳۹۱)، **دنیا بدون روسیه** (ترجمه ایراس). تهران: انتشارات ایراس.

پرچی‌زاده، رضا (۲۰۱۵)، **گذری تاریخی بر توسعه‌طلبی روس‌ها در خاورمیانه**، قابل دسترسی در:http://www.tahlilrooz.net/?p=3899

تاج بخش، احمد (۱۳۳۷)، **روابط ایران و روسیه**، تبریز، نشر دنیا.

ترابی، قاسم (٤ دی ۱۳۹۰)، روسیه و تحولات جهان عرب، **پژوهشکده مطالعات استراتژیک خاورمیانه.**

ثقفی عامری، ناصر (شهریور ۱۳۸۷)، ایران در کانون روابط متلاطم آمریکا و روسیه، **معاونت پژوهش‌های سیاست خارجی** / گروه مطالعات استراتژیک ثقفی عامری، ناصر (شهریور

۱۳۸٤)، روسیه و پرونده هسته‌ای ایران، **معاونت پژوهش‌های سیاست خارجی**/ گروه مطالعات استراتژیک.

ثقفی عامری، ناصر (مرداد ۱۳۸۱)، نیروگاه هسته ای بوشهر: تفاوت سیاست های آمریکا و روسیه، **معاونت پژوهش‌های سیاست خارجی** / گروه مطالعات استراتژیک.

حسام قاضی، روژان (٤ مهرماه ۱۳۹۱)، روابط روسیه و ترکیه در خاورمیانه، **پژوهشکده مطالعات استراتژیک خاورمیانه.**

حسینی، سید احمد (۱۳۹٤)، **روسیه و عربستان با کارت ایران چگونه بازی می‌کنند؟** دیپلماسی ایرانی، قابل دسترسی در: http://www.irdiplomacy.ir/fa/page/1949169

خاله‌زاده، مهدی (۱۳۷۲)، **پیامدهای فروپاشی اتحاد جماهیر شوروی بر خاورمیانه**، رساله‌ی کارشناسی ارشد، دانشگاه امام صادق (ع).

جزئیات قراردهای نظامی ایران- روسیه (۲۷ مهر ۱۳۸۷)، قابل دسترس در: https://www.centralclubs.com/topic-t48525.html

دانلی، جک (۱۳۹٤)، واقع‌گرایی، در کتاب **نظریه‌های روابط بین‌الملل**، به کوشش اسکات برچیل و دیگران، مترجمین حمیرامشیرزاده و روح‌الله طالبی آرانی، تهران، انتشارات میزان.

دهشیار، حسین (دی ۱۳۹۰)، روسیه پوتین: تعارض با آمریکا ، **پژوهشکده مطالعات استراتژیک خاورمیانه.**

دهشیار، حسین (دی ۱۳۸۸)، سیلووکیها و نوگرایی محافظه‌کارانه، **پژوهشکده مطالعات استراتژیک خاورمیانه.**

رحیمی، مصطفی (۱۳۷۳)، **چرا شوروی متلاشی شد**، تهران، انتشارات البرز.

رمضانی‌بونش، فرزاد (۱۳۹۲)، **نقش متغیرهای دخیل در روابط روسیه و عربستان**، قابل دسترسی در:http://www.mihanma.com/spesaial/1866.html

رضا صولت (۱۵ مرداد ۱۳۹۲)، "چشم انداز روابط ترکیه و روسیه"، **پژوهشکده مطالعات استراتژیک خاورمیانه**

زرین‌نرگس، یحیی و سلیمی، آرمان (۱۳۹۵)، **کودتای ۱۵ جولای ۲۰۱۶: زمینه‌ها، علل ناکامی و پیامدهای آن**، قابل دسترسی در: http://alwaght.com/fa/News/61147

سایکس، سرپرسی (۱۳۷۰)، **تاریخ ایران**، ترجمه گیلانی، تهران، دنیای کتاب.

سپهر، احمدعلی (۱۳۳٦)، **ایران در جنگ بزرگ ۱۹۱٤ تا ۱۹۱۸**، تهران، چاپ نخست.

سجاد پور، محمد کاظم (بهار ۱۳۷٤)، گسستگی هویت در جمهوری‌های بازمانده از شوروی، فصلنامه آسیای مرکزی و قفقاز، شماره ۹.

سلیمی، آرمان (۱ بهمن ۱۳۹٤)، آینده روابط ایران و آمریکا پس از اجرایی شدن برجام، قابل دسترس در: http://alwaght.com/fa/News/40677

سنایی، مهدی و کرمی، جاهنگیر (۱۳۸۷)، **روابط ایران و روسیه**، تهران، انتشارات ایراس.

سنایی، مهدی، (۱۳۸۷)، روابط ایران و روسیه: مشکلات و دورنمای پیش رو ، انتشارات ایراس.

شهبازی، عبدالله (بی‌تا)، **جنگ کریمه و انحطاط روسیه ،ظهور رفورمیسم غرب گرایانه**، کتابخانه مجازی تابناک.

شکوهی، سعید (۱۳۹۰)، **بررسی مولفه های دکترین "عمق استراتژیک" داود اوغلو و تأثیر آن بر سیاست منطقه ای ترکیه**، قابل دسترسی در: /http://peace-ipsc.org/fa

شوری، محمود (تابستان ۱۳۸۸)، روسیه، آمریکا و مسئله ایران، **فصلنامه راهبرد**، سال هجدهم، شماره ۵۱.

شوری، محمود (شهریور ۱۳۸٤)، رویکردهای چند جانبه در سیاست خارجی روسیه، معاونت پژوهش‌های سیاست خارجی، گروه مطالعات اورآسیا.

شوری، محمود (تابستان ۱۳۸۸)، ایران و روسیه، از موانه قدرت تا مساله هویت، **فصلنامه بین‌المللی روابط خارجی**، سال اول، شماره دوم.

طالبی، سمیرا (۱۳۹۳)، **نقش اوراسیاگرایی در سیاست خارجی روسیه**، دانشگاه گیلان - دانشکده ادبیات و علوم انسانی ، رساله‌ی کارشناسی ارشد.

عابدی، عفیفه (تابستان ۱۳۸۸)، سیاست خاورمیانه‌ای روسیه، فصلنامه راهبرد، سال هجدهم، شماره ٥١.

عزیزی، حمیدرضا (۲۰۱٥)، **بازنده اصلی بحران در روابط روسیه و ترکیه کیست؟**، قابل دسترسی در: http://ir.sputniknews.com/opinion/20151126/967268.html

فیضی، سیروس (بهار ۱۳۹۰)، منطقه نفوذ؛ راهبرد قدرت‌های بزرگ، فصلنامه راهبردی جهان اسلام، **موسسه مطالعات اندیشه‌سازان نور**، سال دوازدهم، شماره ٤٥.

قاسمی، اختر (اسفند ۱۳۹۳)، سیاست خاورمیانه ای روسیه و گفتمان اوراسیاگرایی، **پژوهشکده مطالعات استراتژیک خاورمیانه.**

قلی‌پور، مجتبی (۱۳۹۳)، **ارزیابی گفتمان‌های رقیب در خاورمیانه**، قابل دسترسی در: http://borhan.ir/NSite/FullStory/News/?Id=7456

قوام، عبدالعلی (۱۳۸٤)، **روابط بین‌الملل نظریه‌ها و رویکردها**، تهران، سمت.

کرمی، جهانگیر (بهار و تابستان ۱۳۸۹)، روابط ایران و روسیه در سال های ۱۳٦۸ تا ۱۳۸۸: بسترها، عوامل و محدودیت‌ها، فصلنامه **مطالعات اوراسیای مرکزی**، سال سوم، شماره ٦.

کرمی، جهانگیر (پاییز ۱۳۸۹)، ایران و روسیه: متحد شرقی یا تهدید جنوبی، **فصلنامه بین‌المللی روابط خارجی**، سال دوم، شماره سوم.

کوزیروف، آندره (۱۳۷٤)، مشارکت یا صلح سرد، ترجمه بدیع‌الزمان شهبازی، فصلنامه مطالعات آسیای مرکزی و قفقاز، سال چهارم، دوره دوم، شماره ۱۲.

کولای، الهه (۱۳۷۸)، **فدراسیون روسیه**، تهران: دفتر مطالعات سیاسی و بین‌المللی.

کولایی، الهه (زمستان ۱۳۷٤)، روسیه، غرب و ایران، فصلنامه مطالعات آسیای مرکزی و قفقاز، سال چهاردهم، دوره دوم، شماره ۱۲.

کوزه‌گرکالجی، ولی (۱۳۹۱)، **تاملی بر روابط پر فراز و نشیب مسکو- آنکارا**، قابل دسترسی در: http://www.farsnews.com/printable.php?nn=13910816000148

کیسینجر، هنری آلفرد (۱۳۸۳)، **دیپلماسی**، ترجمهٔ فاطمه سلطانی یکتا، رضا امینی، تهران: اطلاعات.

کوهن، آریل (۱۱ خرداد ۱۳۹۲)، **اندیشکده هریتج: تحویل سلاح‌های روسی به سوریه چه پیامدهایی برای ایران و آمریکا خواهد داشت**، قابل دسترس در: http://eshraf.ir/index.php/political/3658-1392-03-11-12-53-24

گودرزی، مهناز (۱ خرداد ۱۳۹۱)، بازگشت پوتین: تغییر یا تداوم سیاست امنیتی روسیه؟، **پژوهشکده مطالعات استراتژیک خاورمیانه**.

گریفیتس، مارتین (۱۳۹٤)، **نظریه‌ی روابط بین‌الملل برای سده‌ی بیست و یکم**، ترجمه علیرضا طیب، تهران، نشر نی، چاپ سوم.

لاروئل، مارلن (۱۳۹۰)، **اوراسیاگرایی روسی (ایدئولوژی امپراتوری)**، مترجمان سید جعفر سیدزاده، محمد حسین دهقانیان، تهران، انتشارات موسسه ابرار معاصر تهران.

متقی، ابراهیم و دیگران (تابستان ۱۳۹۳)، عمل‌گرایی راهبردی در روابط جمهوری اسلامی ایران و روسیه، **فصلنامه راهبرد دفاعی**، سال دوازدهم، شماره ٤٦.

مدنی، سید جلال الدین (۱۳۸۷)، نگاهی به روابط ۵۰۰ ساله ایران و روسیه، **پژوهشگاه علوم انسانی و مطالعات فرهنگی**، شماره ۷۲.

مشیرزاده، حمیرا (۱۳۸٤)، **تحول در نظریه‌های روابط بین‌الملل**، تهران: سمت.

مصلی‌نژاد، عباس (بهار ۱۳۹۰)، ایران و ضرورت تشکیل پیمان دفاعی: رهیافت ها و فرایندها، **فصلنامه ژئوپلیتیک**، سال هفتم، شماره اول.

منصوری، محسن (۱۳۹٤)، **روسیه و ترکیه؛ از روابط تجاری تا تنش سیاسی**، قابل دسترسی در: http://esfahanshargh.ir/82903/

میری، یاسر (۱۳۹۵)، **منافع مشترک؛ معیار دوستی و دشمنی ترکیه و روسیه**، قابل دسترسی در سایت دیدبان روسیه با آدرس: http://www.russiaviewer.com/fa/doc/report/624/

مصلی‌نژاد، عباس (پاییز ۱۳۹۰)، تحلیل سیاست موازنه قدرت ایران در رهیافت رئالیستی و نئورئالیستی، **فصلنامه پژوهش‌های روابط بین‌الملل**، دور نخست، شماره یکم.

معاونت پژوهش‌های سیاست خارجی (۲۹ اردیبهشت ۱۳۸۸)، ایران روسیه و غرب، قابل دسترس در: www.csr.ir

معاونت پژوهش‌های سیاست خارجی (۲۰ تیر ۱۳۸۲)، ایران و آمریکا در سیاست خارجی روسیه، گروه مطالعات اوراسیا، قابل دسترس در: www.csr.ir

مک میکن، شون (۲۰۱۳)، **جنگ جهانی اول و پیامدهای آن در خاورمیانه**، مترجم منوچهر امیرپور، قابل دسترسی در: http://www.goethe.de/ges/phi/prj/ffs/the/a100/fa12235119.htm

ملچین، لئونید (۱۳۷۹)، **یوگنی پریماکف، زندگی یک دولتمرد. ترجمه بخش مطبوعاتی سفارت جمهوری اسلامی ایران در مسکو**، تهران: دفترمطالعات سیاسی و بین‌المللی.

ملکی، عباس (۱۳۸٦)، چالش‌ها و فرصت‌های ایران در آسیای مرکزی، **سایت ایراس**.

المن، کالین (۱۳۹٤)، واقع‌گرایی، در کتاب **نظریه‌ی روابط بین‌الملل برای سده‌ی بیست و یکم**، به کوشش مارتین گریفیتس، مترجم علیرضا طیب، تهران، نشر نی، چاپ سوم.

مرادی، منوچهر (۱۳۹٤)، شصت و هفتمین نشست تخصصی گروه پژوهشی مطالعات اوراسیای مرکزی، با عنوان «**عوامل تنش در روابط ترکیه و روسیه**»، قابل دسترسی در: http://cep.ut.ac.ir/

موسسه بین المللی مطالعات دریای خزر (بهار ۱۳۸۷)، روابط ایران و روسیه پس از جنگ سرد، . فصلنامه آسیای مرکزی و قفقاز، شماره ٦١.

نظام‌مافی، رضاقلی (۱۳٦۲ شمسی)، **کتاب سبز**، تهران، نشر تاریخ ایران، چاپ نخست.

نقیب‌زاده، احمد (۱۳۸۹)، **تاریخ دیپلماسی و روابط بین‌الملل**، تهران، نشر قومس، چاپ نهم.

نوازنی، بهرام (۱۹۲۱)، **عهدنامه مودت ایران و شوروی، بررسی تحلیلی زمینه‌های انعقاد عهدنامه مودت، و اثرات آن در تأمین منافع ملی ایران**، تهران، جلد نخست.

نیاکویی، سید امیر و بهمنش، حسین (زمستان ۱۳۹۱)، بازیگران معارض در بحران سوریه: اهداف و رویکردها، **فصلنامه روابط خارجی**، سال چهارم، شماره چهارم.

هوشنگ مهدوی، عبدالرضا (۱۳٤۹)، **تاریخ روابط خارجی ایران**، تهران، جلد نخست.

هینه بوش ریموند و احتشامی انوشیروان (۱۳۹۰)، **سیاست‌خارجی کشورهای خاورمیانه**، تهران، انتشارات دانشگاه امام صادق.

واعظی، محمود (مهر ۱۳۸٦)، نمایش قدرت؛ تحلیل رفتار روسیه در قبال اقدامات ایالات متحده آمریکا: دلایل و فرضیه‌ها، **معاونت پژوهشهای سیاست خارجی**.

والِریونا ریژُوا، آنا (۱۳۹۵)، **چشم انداز همکاری اقتصادی روسیه و ترکیه**، مترجم رقیه کرامتی‌نیا، موسسه مطالعات ایران و اورآسیا، قابل دسترسی در: http://www.iras.ir/fa/doc/note/1606/

- Alhomayed, Tariq (March 22, 2012), **Mullah Lavrov!** Arab News. Available at: http://arabnews.com/opinion/columns/article591390.ece.

- Balcer, Adam (2016), is there going to be a war between Russia and Turkey? **New Eastern Europe**. Available at: http://neweasterneurope.eu/interviews/1898-is-there-going-to-be-a-war-between-russia-and-turkey

-Broder, M. John (13 October 2000), Despite a Secret Pact by Gore in '95, Russian Arms Sales to Iran Go On, Available at: http://www.nytimes.com/2000/10/13/world/despite-a-secret-pact-by-gore-in-95-russian-arms-sales-to-iran-go-on.html?pagewanted=all

- Campbell, John C. (1972), The Soviet Union and the United States in the Middle East, **The Annals of the American Academy of Political and Social Science**, Vol. 401, America and the Middle East.

- Cornwell, Rupert (2015), **A long history of tension underlies Turkey's downing of Russian jet**. Available at: http://www.independent.co.uk/voices/a-long-history-of-tension-underlies-turkeys-downing-of-russian-jet-a6747516.html

-Cohen, Ariel and Phillips A. James (5 April 2001), Countering Russian-Iranian Military Cooperation, Available at: http://www.heritage.org/research/reports/2001/04/countering-russian-iranian-military-cooperation

-Doran, Micheal and Boot Max (26 September 2012), **Reasons to Intervene in Syria Now**, Available at: http://www.nytimes.com/2012/09/27/opinion/5-reasons-to-intervene-in-syria-now.html

- Druzhinin, Alexei (2015), **Russian relations with Saudi Arabia in facts and details**. Available at: http://sputniknews.com/politics/20150123/1017274274.html

- Fadai, Lana Ravandi (Nov 2015), Russo-Iranian Relations and the Vienna Nuclear Agreement, **Arab Center for Research and Policy Studies.**

-Farmanfarmaian, Roxane (15 Nov 2012), **Redrawing the Middle East map: Iran, Syria and the new Cold War**, Available at: http://www.aljazeera.com/indepth/opinion/2012/11/201211131142404 8459.html

-Friedman, George (1 April 2008) Russia and Rotating the U.S. Focus", Stratfor.com

-Hopf, T. and ed. (1999). Understandings of Russian foreign policy. Pennsylvania: Pennsylvania State University Press.

- Freedman, Robert O (2000), " **Russian- Iranian Relations in the 1990s** " , The Middle East Journal, Volume 4, No. 2- , Available

online   at   2008-08-17   at: http://
meria.idc.ac.il/journal/2000/issue2/jv4n2a5. Html

- Freedman, Robert O. (2001), RUSSIAN POLICY TOWARD THE
MIDDLE EAST UNDER YELTSIN AND PUTIN, **Jerusalem Letter
/ Viewpoints**, No. 461   14 Elul 5761.

- Fukuyama, Francis (1992), **The End of History and the Last Man**,
THE FREE PRESS, A Division of Macmillan, Inc. NEW YORK.

- Fukuyama, Francis (Summer 1989), **The End of History?** The
National Interest.

- Gressel, Gustav (2016), is there going to be a war between Russia
and   Turkey? **New   Eastern   Europe**.   Available   at:
http://neweasterneurope.eu/interviews/1898-is-there-going-to-be-a-
war-between-russia-and-turkey

- Halliday, Fred (2016**), The Great Powers and the Middle East**.
Available at: http://www.merip.org/mer/mer151/great-powers-middle-
east

- Henderson, Simon (2015), **Here comes the Saudi-Russian alliance**,
The Washington Institute For Near East Policy. Available at:
http://www.washingtoninstitute.org/

- IEEJ Newsletter (2005), **The Institute of Energy Economics**,
Japan, September 9, Available online at 2008-08-17 at: http://
eneken.ieej.or.jp/en/data/pdf/301.pdf.

- Katz Mark N. (Autumn 2001), **Saudi-Russian Relations in the Putin Era**, The Middle East Journal, Vo. 55, No. 4.

- Katz Mark N. (March 9, 2012), **Do Russia and America Really Disagree on Syria?** Travels and Observations blog. Available at: http://katzeyeview.wordpress.com/2012/03/09/do-russia-and-america-really

-Kassianova, Alla (December 2006), Russian Weapons Sales to Iran Why They Are Unlikely to Stop PONARS Policy Memo No. 427.

-Kozhanov N (2012), **Russian-Iranian Economic Relations: Opportunities and Challenges**, The Maghreb Review, Vol. 37, № 3 – 4.

-Kozhanov, Nikolay (2015), Understanding the Revitalization of Russian-Iranian Relations, Carnegie Endowment for International Peace.

-Kurtov Ajdar (18 December 2008),"Iranian vector in Russia's international economic strategy", Available at: http://rbth.com/articles/2008/12/19/191208_iran.html

- Kirshner, jonathan (2010), **the tragedy of offensive realism: classical realism and the rise of china**, European journal of international relations.

- Markedonov, Sergey, Ulchenko, Natalya (2011), **Turkey and Russia: An Evolving Relationship**. Available at: http://carnegieendowment.org/2011/08/19/turkey-and-russia-evolving-relationship-pub-45383

- Nazer, Fahad (2015), **Russia and Saudi Arabia are tense rivals over oil, Syria and so much more. Can this uneasy relationship survive current tensions?** Available at: http://nationalinterest.org/feature/are-saudi-russian-relations-fraying-14138

- Pakhomov, Nikolay (2016), **Moscow and Riyadh have incompatible goals, from energy to extremism**, the National Interest. Available at: http://nationalinterest.org/feature/russia-saudi-arabia-are-headed-showdown-16362?page=2

- Rabinowitch, Alexander (2008), **The Bolsheviks in Power: The First Year of Soviet Rule in Petrograd**, Indiana UP.

- Reich, Bernard, and Alexander J. Bennett (1984), Soviet Policy and American Response in the Middle East, **Journal of East and West Studies,** 13, no. 2.

- Saidel, Nicholas (May 16, 2016), **Saudi Arabia, the Mediator Israelis and Palestinians Have Been Waiting** For? Available at: http://www.haaretz.com/opinion/.premium-1.719848

- Sakw, Richard (2002), **Russian Politics and Society**, Routledge, London.

- Saunders, Paul J. (January 12, 2016), **Why Iran-Saudi fallout will be costly for Moscow**, Al-Monitor's Russia Mideast Pulse. Available at: http://www.al monitor.com/pulse/originals/2016/01/saudi-iran-dispute-russia-middle-east-foreign-policy.html

- Segal, Gerald (1992), **Openness and foreign policy reform in communist states**, Routledge, ISBN 978-0-415-08275-4.

- Shipping, tang (2008), **from offensive realism to defensive realism: a social evolutionary interpretation of china's security strat**egy, Cornell University press

- Sun, Yun (February 27, 2012), **Syria: What China Has Learned from its Libya Experience**, Asia Pacific Bulletin, East-West Center, No.   152

http://www.eastwestcenter.org/sites/default/files/private/apb152_1.pdf

.

-Stephen Blank, (16 November 2011), "A New Rapprochement between Moscow and Tehran," **Eurasia Daily Monitor** 8, Issue 212.

- Surkov, Nikolay (Jan 18, 2016), **Russia won't support Iran in its face-off with Saudi Arabia. Here's why**. Available at: http://www.russia-direct.org/analysis/russia-wont-support-iran-its-face-saudi-arabia-heres-why

- Swain, Geoffrey (2014), **Trotsky and the Russian Revolution**, Routledge.

- Titov, Alexander (2015), **Russia and Turkey: a long history of turbulent relations**. Available at: http://theconversation.com/russia-and-turkey-a-long-history-of-turbulent-relations-51424

- Trofimov, A (10 April, 2003), An Analysis of Views on the Governance of Iran and Russian Perspectives in the Region, **Institute**

for the **Study of Israel and the Middle East.**
http://www.iimes.ru/rus/stat/2003/10-04-03.htm

- Walt, Stephan (1987); **The Origins of Alliance**, Ithaca: Cornell University Press.

- Waltz, Kenneth (1979); **Theory of International Politics**, New York: Random House

سایت‌ها

http://www.bbc.com/persian/world/2011/08/110824_ussr_timeline_new.shtml

http://www.irdiplomacy.ir/fa/page/1938326

http://alwaght.com/fa/News/42669

https://ir.mondediplo.com/article2148.html

http://www.bbc.com/persian/world/2015/06/150626_l16_primakov_died

http://www.irdiplomacy.ir/fa/page/1914223/

http://www.mfa.gov.tr/turkey_s-political-relations-with-russian-federation.en.mfa

http://www.irdiplomacy.ir/fa/page/12262

http://www.irdiplomacy.ir/fa/page/1710

http://uawire.org/news/russia-and-saudi-arabia-reach-10-billion-arms-deal

http://alwaght.com/fa/News/42669

https://fa.wikipedia.org/wiki/%D8%A7%D8%AA%D8%AD%D8%A7%D8%AF%DB%8C%D9%87_%DA%A9%D8%B4%D9%88%D8%B1%D9%87%D8%A7%DB%8C_%D9%87%D9%85%D8%B3%D9%88%D8%AF.

http://irdiplomacy.ir/fa/page/1702

http://webcache.googleusercontent.com (9 June 2010), Security Council Imposes Additional Sanctions on Iran, Voting 12 in Favour to 2 against, with 1 Abstention.

http://ir.sputniknews.com/iran/20150423/171849.html

Title: Russia's Middle East policy: Relations with Iran, Turkey, Saudi Arabia (1991- 2016)

Author: Behzad Diansaei

LCCN: 2016920431

ISBN: 978-1942912316

Publisher: Supreme Art, Reseda, California

Prepare for publishing by ASANASHR.com

Russia's Middle East policy

Relations with Iran, Turkey, Saudi Arabia (1991- 2016)

Behzad Diansaei